SAGEN
RUND
UM STUTTGART

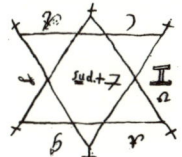

Klaus Graf

SAGEN RUND UM STUTTGART

G. Braun

Fotos

Germanisches Nationalmuseum, Nürnberg (H 65): 212
Hauptstaatsarchiv Stuttgart (Plf 9/12, H 107/3 Nr. 10): 173
Heimatmuseum Denkendorf: 141
Herzog August Bibliothek, Wolfenbüttel (Porträtsammlung A 13830): 131
Landesbildstelle Württemberg, Stuttgart: 69, 147, 191
Landesstelle für Volkskunde, Stuttgart: 81
Werner Richner, Saarlouis: Umschlag
Manfred Schaeffer, Karlsruhe: 9
Staatliche Kunsthalle, Karlsruhe: 79
Staatsgalerie Stuttgart / Graphische Sammlung: 165
Stadtarchiv Esslingen: 132
Städtisches Museum im Kornhaus, Kirchheim/Teck: 123
Württembergische Landesbibliothek, Stuttgart (Joachim Siener): 37, 97, 101, 111, 183

G. BRAUN BUCHVERLAG

© 1995 G. Braun (vorm. G. Braunsche Hofbuchdruckerei und Verlag) GmbH,
Karlsruhe
Satz: Barbara Herrmann, Freiburg
Herstellung: G. Braun, Druckerei GmbH & Co. KG, Karlsruhe

Die Deutsche Bibliothek – CIP-Einheitsaufnahme

Sagen rund um Stuttgart / Klaus Graf. –
Karlsruhe : Braun, 1995
ISBN 3-7650-8145-0

Inhalt

Einleitung

Als Karl der Große eines Tages über Land reiste, traf er ein altes Mütterchen. „Guten Tag, Karl der Große", sagte das alte Mütterchen. „Guten Tag, altes Mütterchen", erwiderte Karl der Große leutselig und ritt winkend weiter. Solche und ähnliche Geschichten erzählt man sich in der Eifel noch heute von der Leutseligkeit Karls des Großen.

Robert Gernhardt/F. W. Bernstein/F. K. Waechter,
Welt im Spiegel (September 1964)

Gegenüber den allzuvielen bierernsten Versuchen, das Wesen der Sage mit raunenden Worten zu beschwören, fallen die wenigen Sagen-Parodien leider nicht ins Gewicht. Dabei könnten sie eine heilsame Wirkung entfalten, wenn es darum geht, mit den Klischees aufzuräumen, die das Thema „Sage" fast bis zur Unkenntlichkeit überwuchert haben.

Sagen sind, so liest man es noch heute allenthalben, Zeugnisse einer uralten mythischen Zeit, sie sind das über Generationen treu in mündlicher Überlieferung bewahrte bäuerliche Glaubenswissen. Ähnlich formulierte man schon in der NS-Zeit. So schrieb etwa ein Germanist in den Monatsheften für Germanenkunde 1943, die Volkssagen führten uns „zu den Wurzeln unserer volklichen Existenz hinab: zur lebendigen, mütterlich-bewahrenden Seele unseres Volkes". Die ideologische Belastung der überwiegend im Rahmen des Fachgebiets Volkskunde betriebenen Sagenforschung wird jedoch in den populären Sagenbänden stets ausgeklammert. Da man die Sage gern mit der Aura des „Zeitlosen" umgibt, will man nicht wahrhaben, daß die Beschäftigung mit ihr oft sehr zeitgebundene Formen annimmt.

Anstößig sind jedoch nicht nur gewisse Ansichten über Sagen, auch die Texte selbst enthalten manches, was bei näherem Hinsehen Unbehagen hervorruft. Sagen sind nämlich, um ein Modewort zu ge-

7

brauchen, nicht immer „politisch korrekt". Daß die Art der Darstellung der französischen Untaten während des pfälzischen Erbfolgekriegs am Ende des 17. Jahrhunderts in den Sagen zur Völkerverständigung beiträgt, wird man beim besten Willen nicht behaupten können. Es fragt sich, ob bei der Entstehung und Weiterverbreitung dieser Erzählungen die chauvinistische Hetzpropaganda in Zeitungen und Büchern nicht eine weit größere Rolle gespielt hat als die mündliche Überlieferung einfacher Leute. Auch die Lektüre der Hexengeschichten hinterläßt einen bitteren Nachgeschmack. Dieser „Volksaberglaube" hat sich nämlich nicht nur in den Hexenprozessen des 16. und 17. Jahrhunderts überaus verhängnisvoll ausgewirkt. Noch im 19. und 20. Jahrhundert haben die Erzählungen über angebliche Hexen und ihre Untaten dazu beigetragen, den Glauben an die Möglichkeit von Schadenszauber aufrechtzuerhalten. Wer die Geschichten mit ihren geradezu exotisch anmutenden Details liest, ahnt nicht, welches Leid für die betroffenen Frauen die Abstempelung als „Dorfhexe" mit sich gebracht hat.

Während es heute problematisch erscheint, eine Geschichte wie die vom in Stuttgart spukenden Geist des Jud Süß abzudrucken, hatten frühere Sagensammler andere Schwierigkeiten mit der Auswahl der in eine Veröffentlichung aufzunehmenden Erzählungen. Neuere wissenschaftliche Arbeiten haben deutlich gemacht, daß die Sagensammlungen aus dem 19. und frühen 20. Jahrhundert kein unverfälschtes Abbild vergangener Erzählkultur bieten. Sie sind zuallererst das Resultat der Vorlieben und Neigungen der gelehrten Sammler. Diese dürsteten nach „echter Volkspoesie", sie fragten gezielt und ließen weg, was ihnen zu unscheinbar oder anstößig erschien. Die Befragten wiederum verschwiegen oft, was sie zu wissen glaubten, weil sie nicht als „abergläubisch" gelten wollten. Schon der Tübinger Orientalist Ernst Meier, Autor der 1852 gedruckten ersten wichtigen Sammlung schwäbischer Sagen, wußte: „Man darf da nicht mit der Thür ins Haus fallen und nur etwa fragen: ,gibts keine Sagen hier?' Auf so plumpe Fragen wird man ein einfaches Nein zur Antwort bekommen; oder das Volk antwortet wie jene Bäckerfrau auf die nämliche Frage etwa so: ,noi, Sagen hent mer koine, aber Wecken!'".

Die Gattung Sage ist ein Kind der Romantik. In den Jahren nach 1800 wurde der unübersichtliche und vielgestaltige Strom mündlicher und schriftlicher Traditionen gleichsam in mehreren Flußbetten kanalisiert. Am einflußreichsten war die Tätigkeit der Brüder Grimm, die

Böser Geist, Zauberer und Hexe, Ausschnitt aus einem Bilderbogen für Papiertheater, Mitte 19. Jh.

Volksmärchen und Volkssagen in getrennten Veröffentlichungen dem Publikum vorstellten. Auch die „schwankhaften", die lustigen und heiteren Erzählungen und die frommen Legenden wurden von den Sagen abgetrennt. In der vornehmlich aufgrund von gedruckten Quellen erstellten zweibändigen Sammlung der „Deutschen Sagen" (1816/18) wollte das patriotisch gesinnte Brüderpaar die „Überbleibsel von dem großen Schatze uralter deutscher Volksdichtung" retten. Während der erste Band den sogenannten Ortssagen gewidmet war, in denen vor allem dämonische Gestalten und Geister auftraten, galt der zweite Band den „historischen Sagen", die sich meist an historische Persönlichkeiten der deutschen Geschichte knüpften. Die so hergestellte Verbindung von Spukgeschichten und Geschichte ist bis heute für den Sagenbegriff ausschlaggebend geblieben.

Die Gelehrten des 19. Jahrhunderts waren vor allem fasziniert von der Möglichkeit, in den Erzählungen des einfachen Volks letzte Spuren von altgermanischer Religion und Götterglauben sichern zu können. So hielt man überwiegend Ausschau nach solchen mythologischen Überlieferungen, die als Bausteine dieses mit unglaublichem

Eifer betriebenen Rekonstruktionsversuchs geeignet schienen. Dies gilt auch für den bereits erwähnten Tübinger Professor Ernst Meier. Bereits die Gliederung seines Buchs läßt erkennen, daß sein besonderes Augenmerk den „Mythologischen Sagen" galt. Nur etwa ein Achtel der Erzählungen sind „Geschichtliche Sagen".

In Meiers Nachlaß blieben eher unbeholfen wirkende Aufzeichnungen eines Gewährsmanns erhalten, von denen einige hier erstmals abgedruckt werden. Daß Meier sie überging, zeigt, worauf es ihm ankam: auf eine gefällige und abwechslungsreiche Zusammenstellung, auf abgerundete und poetisch reizvolle Fassungen. Die „Poesie" der in Prosa abgefaßten Sagen-Erzählungen des 19. Jahrhunderts sah man nicht zuletzt in ihrer sprachlichen Gestaltung begründet. Das große Vorbild war der von den Brüdern Grimm in harter Arbeit geschaffene spezifische „Sagenton", der volkstümliche Einfachheit und Schlichtheit garantieren sollte.

Als außerordentlicher Glücksfall kann der Fund einer umfangreichen ungedruckten Sammlung schwäbischer Volkssagen aus der Mitte des letzten Jahrhunderts gelten. Es handelt sich um zwei dicke handschriftliche Bände in der Württembergischen Landesbibliothek Stuttgart, die hier erstmals ausgewertet werden. Mit ihnen blieb das Rohmaterial eines geplanten Sagenbandes erhalten, den der Sammler, Albert Schott der Jüngere, nicht mehr ausarbeiten und vollenden konnte. Der 1809 geborene Schott verstarb bereits am 21. November 1847 als Professor für deutsche Sprache und Literatur an der oberen Schule des renommierten königlichen Gymnasiums zu Stuttgart. Bevor er 1842 die Stuttgarter Stelle antrat, war er als Lehrer in Zürich tätig gewesen. Einen wissenschaftlichen Namen hatte sich der Germanist und Historiker mit zwei Büchern über die Walser in der Schweiz und in Piemont (1840 und 1842) gemacht. 1845 erschien bei dem bekannten Stuttgarter Verlag J. G. Cotta von den Gebrüdern Arthur und Albert Schott eine Ausgabe walachischer Märchen, die Arthur im heutigen Rumänien gesammelt hatte. Albert steuerte vor allem gelehrte mythologische Anmerkungen bei.

Sieht man von ganz wenigen Texten ab, die Albert Schott selbst aufgezeichnet hat oder die ihm von Gewährsleuten mitgeteilt wurden, stammen die allermeisten Sagen von seinen Gymnasiasten. Ein erheblicher Teil der Texte ist sogar in der eigenhändigen Niederschrift der Schüler erhalten geblieben. Offensichtlich hatte Schott ihnen die Aufgabe gestellt, mündliche Überlieferungen ihrer Heimat wiederzugeben.

10

Von den 54 hier aufgenommenen Texten wurde etwa die Hälfte im Jahr 1847 niedergeschrieben. Die Erzählungen sind zwar alphabetisch nach Orten geordnet, doch ist Schott nicht mehr dazu gekommen, eine Druckfassung zu erstellen und die vorgesehenen mythologischen Kommentare beizufügen. Immerhin markieren gelegentliche Verweise auf die deutsche Mythologie seine Abhängigkeit von dem damaligen Übervater der Germanistik, Jakob Grimm.

Daß die Stuttgarter Gymnasiasten ihrem Lehrer einen Bären aufgebunden und die Sagen selbst erfunden haben, darf wohl ausgeschlossen werden. Da die Sammlung des Stuttgarter Gymnasialprofessors ungedruckt und unbekannt blieb, eignet sie sich vorzüglich, das Ausmaß der Fluktuation ortsgebundener Erzählungen abzuschätzen. Vergleicht man die in ihr erhaltenen Texte mit der nur wenige Jahre später publizierten Zusammenstellung Ernst Meiers, so fällt auf, wie wenige Übereinstimmungen zu registrieren sind. Ebenso erscheinen nur ganz wenige der von Schott zusammengetragenen Erzählungen noch in späteren Quellen – und dies auch nur in veränderter Form. Die romantische Vorstellung, die im 19. oder 20. Jahrhundert aufgezeichneten Sagen seien die Reste eines umfassenderen uralten Bestandes, muß offensichtlich revidiert werden. Vielmehr hat man mit einem ständigen Wandel und Austausch des mündlichen Erzählguts vor Ort zu rechnen: Sagen bildeten sich häufig neu und konnten bald wieder durch andere ersetzt werden. Und: Nicht alle Erzähler verfügten über den gleichen Fundus. Was der eine Sammler aufschnappte, konnte dem anderen trotz eifrigen Umhörens verborgen bleiben. Natürlich gab es auch Geschichten, die allgemein bekannt waren, doch dürften dies in einem Ort immer nur wenige gewesen sein. Oft hat erst der Heimatkundeunterricht in der Schule breitere Kreise mit dem vermeintlich „traditionellen" Erzählgut vertraut gemacht.

Bei der Produktion, Aufzeichnung und Verbreitung örtlicher Sagen hat die Lehrerschaft und die Vermittlungsinstanz Schule eine kaum zu überschätzende Rolle gespielt. An einem württembergischen Lehrerseminar wurden 1850 die Zöglinge mit dem Auftrag in die Ferien geschickt, die volkstümlichen Überlieferungen ihres Heimatorts aufzuzeichnen. Sechs Texte dieses Bandes wurden den damals angefertigten Niederschriften entnommen. In noch größerem Maßstab bezog man 1899/1900 die württembergischen Volksschullehrer bei der Sammlung der volkstümlichen Überlieferungen ein. Die sogenannten „Konferenzaufsätze", die damals im Rahmen der Konferenz der Lehrer eines

Schulbezirks anzufertigen waren und die wie die erwähnten Seminaraufsätze von der Württembergischen Landesstelle für Volkskunde verwahrt werden, enthalten meist mehr oder minder ausführliche Hinweise auf die örtlichen Sagen. Auch wenn nicht alle einschlägigen Passagen vollständig abgedruckt werden konnten, so hat diese Quelle doch nicht weniger als 45 Texte für diesen Band geliefert. Wie bei allen Umfragen war die Qualität des Rücklaufs recht unterschiedlich. Während einige Pädagogen mit besonderem Eifer bei der Sache waren, dürften andere den Sammelauftrag eher als lästige Pflicht empfunden haben. Gelegentlich verfaßten auch die Pfarrer die Aufsätze. Es liegt auf der Hand, daß die Schäflein recht reserviert blieben, wenn sich ihre Seelenhirten nach Volksaberglauben und Gespenstergeschichten erkundigten.

Die vielfältigen Aktivitäten der „Heimat"-Bewegung in den ersten Jahrzehnten unseres Jahrhunderts wurden maßgeblich von Lehrern getragen. Lehrer verfaßten Heimatbücher, in denen Sagen vielfach einen Ehrenplatz erhielten. In den Sagen sollte das geschichtliche Leben des „heimatlichen Bodens" lebendig werden. Nicht selten war das Ergebnis ihrer Bemühungen süßlicher Sagen-Kitsch. Wichtiger als die unveränderte Wiedergabe mündlicher Erzählungen war diesen Lehrerpoeten eine anschauliche Darstellung, die sich an den literarischen Mustern der Heimatdichtung orientierte. Nur wenige solche Texte wollte ich dem Leser dieses Bandes zumuten.

Aufgeworfen ist damit die wichtige Frage nach dem Verhältnis von Sage und Literatur. Weil Sagen meist von Volkskundlern und nicht von Literaturwissenschaftlern erforscht wurden, hat man die intensiven Wechselbeziehungen bislang weitgehend übersehen. Fixiert auf die vermeintlich volkstümliche Mythologie der Spinnstuben-Erzählungen vernachlässigten nicht wenige Volkskundler über Gebühr jene Texte, die deutliche Beziehungen zwischen dem Lesegeschmack der ersten Jahrzehnte des 19. Jahrhunderts und den damals aufgezeichneten Sagen erkennen lassen. So sind die von den Schülern Schotts aufgezeichneten schaurigen Stories letztlich ein Reflex der zeitgenössischen Trivialliteratur. Ebenso hängen die Rittergeschichten der Sagen eng mit den damals überaus beliebten Ritterromanen zusammen. Vielfach wurden die literarisch gestalteten „Sagen der Vorzeit", eine am Ausgang des 18. Jahrhunderts aufgekommene Gattung historischer Erzählungen, als Volkssagen ausgegeben. Auch die in der Mitte des letzten Jahrhunderts vielgelesenen Erzählungen aus der „vaterländischen" (württembergischen) Geschichte tarnten sich nicht selten als Sagen. Umgekehrt stammen Ingredienzien vermeintlicher Volkssagen wie das Vemegericht aus populären Ritter-Schmökern. Die heute bekanntesten „Sagen" der Stadt Stuttgart sind, wie unten in einem eigenen Kapitel nachzulesen ist, erfundene Geschichten, die in der „Stadt-Glocke" des Buchdruckers Munder (erschienen 1844 bis 1848) das Licht der Welt erblickten.

Während der heutige Leser erwartet, daß ihm Sagen nur in Prosa serviert werden, fand man bis vor wenigen Jahrzehnten auch an Sagen in Gedichtform großen Gefallen. Solche Sagen-Poesie führt freilich ein Schattendasein in der Sagenforschung, ist sie doch nicht nach dem Geschmack der volkskundlichen Gralshüter der „echten Volkssage" – wo immer die sich verbergen mag. In der schwäbischen Romantik gehörte es jedenfalls fast zum guten Ton, eine Sagen-Ballade zu dichten. Als Beispiel ist in diesem Band Gustav Schwabs Gedicht über die Glocke der Sindelfinger Martinskirche vertreten.

Die vielen Spuk- und Gespenstergeschichten der Sagensammlungen müssen auch im Zusammenhang mit den okkultistischen Strömungen seit dem Ausgang des 18. Jahrhunderts gesehen werden. In Schwaben war es vor allem Justinus Kerner, der sich intensiv um übersinnliche Phänomene kümmerte. Aus dem Jahrgang 1840 seiner Zeitschrift „Magikon" drucke ich gekürzt den Aufsatz des damaligen Pfarrers von Schwaikheim ab, der die „sagengemäße" Geschichte einer Geistererlösung für bare Münze nahm.

Leichtgläubig waren also nicht nur die einfachen Leute auf dem Lande. Sagen gelten ja gemeinhin als Ausdruck des primitiven magisch-mythischen Weltbilds der Bauern. Übersehen wird dabei ein Phänomen, das Peter Assion einmal treffend als „Anti-Sage" bezeichnet hat. Man erzählte sich im Dorfwirtshaus nämlich nicht nur Geschichten, die den Glauben an Gespenster und Geister bestätigen sollten, sondern auch solche, in denen Gespenstergläubige verspottet oder rationale Erklärungen für vermeintliche Geister vorgeschlagen wurden. Wer Kindern mit Geschichten über Geister Angst einjagte, um sie ins Bett zu jagen, mußte das Erzählte nicht notwendigerweise auch selbst glauben. Noch weiter gingen Spitzbuben, die – wie aus Korb berichtet wird – beim Holzstehlen im Wald Laternen aufstellten, weil sie mit der Geisterfurcht ängstlicher Gemüter rechneten. Natürlich sind viel mehr Sagen als Anti-Sagen bekannt – kein Wunder, denn für die Sagensammler waren solche Geschichten ja eher wertlos. Als Kontrapunkt dazu beginnt meine Sammlung bewußt mit einer Anti-Sage: mit dem Spott, den

15

der Stuttgarter Gymnasiast Hegel – ganz der junge Aufklärer – in seinem Tagebuch über jene Leute ausschüttet, die von der Existenz des wilden Heers der Geister, des „mutigen Heers", überzeugt waren.

Wenige Jahre später sah der werdende Philosoph Hegel die Erzählungen des gemeinen Volkes etwas positiver. In Reflexionen über die nationale Phantasie – heute würde man von nationaler Erinnerungskultur sprechen – aus den Jahren 1795/96 wertet er den Volksaberglauben, der beispielsweise „als Gespensterglauben das Andenken eines Hügels erhält, auf welchem einst Ritter ihr Unwesen trieben", als „Rest eigner Phantasie" des Volkes, der die Ausrottung der alten germanischen Kultur durch das Christentum überdauert habe.

Hegels Bemerkung verweist auf einen bedeutsamen Zusammenhang. Nicht allein die sogenannten historischen Sagen lassen vielfältige Bezüge zur Erinnerungskultur und zum Geschichtsverständnis ihrer Zeit erkennen – der Zeit wohlgemerkt, in der sie aufgeschrieben oder erzählt wurden. Die in den Sagenbänden nachlesbaren Geschichten über mittelalterliche Raubritter zum Beispiel stammen ja nicht etwa aus dem Mittelalter, sondern aus dem 18., 19. oder 20. Jahrhundert. In ihnen haben die Ansichten, die man seit der Aufklärung in verbreiteten Geschichtsbüchern über die Zeiten des sogenannten Faustrechts nachlesen konnte, ihren Niederschlag gefunden. Wenn man sich in der Mitte des 19. Jahrhunderts in der kleinen Schurwaldgemeinde Schlichten wohl nicht ohne Stolz erzählte, daß Kaiser Barbarossa in der Dorfkapelle eine Messe gehört habe, so ist das gewiß nicht eine viele Jahrhunderte lang im Mund des Volkes bewahrte Überlieferung. Entscheidend war vielmehr die damals grassierende Stauferbegeisterung des Bildungsbürgertums.

Historischen Traditionen kommt, auch wenn sie sich aus der Sicht des Historikers als unrichtig erweisen, große Bedeutung für das Selbstverständnis und die Identität von Gemeinschaften zu. Solche Überlieferungen haben seit den Brüdern Grimm als „historische Sagen" einen festen Platz in den Sagenbüchern. Obwohl häufig aus der Studierstube von Gelehrten hervorgegangen, sind diese Erzählungen zum Teil recht populär geworden. Eine Reihe von Beispielen aus gedruckten und ungedruckten Quellen seit dem Ende des 16. Jahrhunderts soll auch in diesem Band das Phänomen der lokalen Traditionsbildung illustrieren. Überwiegend betreffen sie Gründungserzählungen von Städten wie Stuttgart, Waiblingen oder Schorndorf.

Erzählungen, die Auskunft über Ursprung und Anfang des eigenen Gemeinwesens versprachen, gab es jedoch nicht nur in den Städten. Auch in Dörfern hat man sich Gedanken über das eigene „Herkommen", die eigene Vergangenheit gemacht. Traf man beispielsweise außerhalb der Siedlung bei Erdarbeiten Mauerreste an, so führte dies regelmäßig zu der Annahme, daß der Ort einst viel größer gewesen sei. Erklärungsbedarf bestand auch bei den alten Steinkreuzen in der Flur, deren ursprünglicher Entstehungsanlaß – meist wurde das Kreuz zur Sühne eines Totschlags errichtet – in Vergessenheit geraten war. Die Geschichten, die man sich über diese Kreuze erzählte, gehören zu einer besonderen Gruppe von Erzählungen, die von der Sagenforschung als Erklärungssagen (ätiologische Sagen) bezeichnet werden. Mit ihnen sollte Ungewöhnliches der eigenen Lebenswelt – etwa die in der Göppinger Oberhofenkirche befindliche Kanonenkugel – begreifbar und verständlich gemacht werden.

Sage und Wissenschaft gehören enger zusammen, als man gemeinhin annimmt. Das von den Sagenbänden suggerierte statische Bild der Sage als „geglaubter Tradition" führt in die Irre, weil es die oft heftigen Diskussionen über Sagen und die Versuche, den Dingen auf den Grund zu gehen, konsequent ausblendet. Bei Thomashardt auf dem Schurwald gibt es einen auffälligen Hügel, den Nonnenbuckel, angeblich die Stelle eines ehemaligen Klosters. Von hier aus soll ein unterirdischer Gang in die Ortsmitte führen. Weil man am Anfang unseres Jahrhunderts wissen wollte, was es damit auf sich hat, haben die Besitzer des Nonnenbuckels, so wurde mir erzählt, eine Grabung veranstaltet – wenn auch ohne Erfolg.

Ein junger Tramper aus dem gleichen Ort ließ mich wissen, sein Opa habe gesagt, im Wald habe ein Kloster gestanden. Es sei aber im Krieg zerbombt worden. Natürlich kann man diese Version leicht als Irrtum entlarven. Aber was ist damit gewonnen? Die Praxis von Sagenforschern, bestimmte mündlich weitergegebene Geschichten als „echte Sagen" anderen vorzuziehen, kann mit einer „einseitigen Diät" verglichen werden. Allzuoft wurde die in den unterschiedlichen, nicht selten widersprüchlichen Fassungen greifbare bunte Welt lebendiger Erzählkultur den starren Auffassungen der Sagensammler vom Wesen der Sage geopfert.

Heute können diese Defizite nicht mehr korrigiert werden. Worüber Sagensammler seit beinahe zweihundert Jahren klagen, inzwischen ist es Realität: Die Epoche ergiebigen mündlichen Sagensammelns ist endgültig vorbei. Ganze zehn Texte in diesem Band können den Herkunftsvermerk „Mündlich" für sich in Anspruch nehmen. Am zähesten haben sich erstaunlicherweise die Überlieferungen über unterirdische Gänge gehalten – ohne daß ich eine überzeugende Erklärung dafür wüßte. Einige wenige habe ich abgedruckt, doch sind mir wesentlich mehr Beispiele bekanntgeworden. Weil Gang-Überlieferungen erzählerisch allzu unscheinbar sind, vermitteln die seltenen Erwähnungen in gedruckten Sagensammlungen einen ganz unzutreffenden Eindruck von ihrer tatsächlichen Verbreitung.

Zuletzt noch einige Worte zur Auswahl der Texte. Von jenen Produkten des Buchmarkts, die aus fünf alten Sagenbänden rasch einen neuen zusammenstoppeln, möchte sich dieser Band bewußt unterscheiden. Die überaus aufwendigen und mühevollen Recherchen nach ungedruckten und kaum bekannten Erzählungen haben sich, wie ich denke, gelohnt: genau die Hälfte der 264 Texte konnte ungedruckten, überwiegend handschriftlichen Quellen entnommen werden. Allein die Schottsche Sammlung bietet eine Fülle von neuem Material für die Erzählforschung. Darüberhinaus kam es mir auf eine möglichst abwechslungsreiche und bunte Mischung der vertretenen Erzählinhalte an, wobei das Ergebnis meine subjektiven Vorlieben und Abneigungen sicher nicht verleugnet. Erzählungen, die zu umfangreich waren, mußte ich leider weglassen. Meine gelegentlich beigefügten Kommentare machen auf abweichende Fassungen aufmerksam oder enthalten andere interessante Zusatzinformationen zur „Geschichte" der betreffenden Geschichte.

Was heißt: rund um Stuttgart? Ich ziehe einen großen Bogen um die Landeshauptstadt: von Schorndorf über Göppingen, Kirchheim, Nürtingen, Böblingen, Weil der Stadt, Leonberg, Markgröningen, Ludwigsburg und Winnenden. Für diesen Kernraum Württembergs liegt damit zum ersten Mal eine flächendeckende regionale Sagen-Anthologie vor.

Stuttgart und seine
Stadtteile

Cannstadt, Stahlstich, 1838

G. W. F. HEGEL:
DAS MUTIGE HEER 1785

Samstags den 9 Julii. Hat je der Aberglaube ein schrökliches unter aller Menschen-Vernunfft dummes Abentheuer ausgebrütet, so ist es gewiß das sogenannte Muthes Heer (muthige Heer). Am vergangenen Sonntag Nachts um 1 oder 2 haben viele Leute behauptet sie haben es [gesehen], sogar (pudendum dictu) Leute, von denen man mehr Aufklärung erwartet, und die in offentlichen Amtern stehen. Dieses alte Weib will einen feurigen Wagen mit Menschen gesehen haben, jene wieder was anders. Gemeiniglich sagt man, es seye der Teufel in einem feurigen Wagen, vornen daraus fliege ein Engel Gottes, und rufe jedermann zu: Aus dem Weg das mutige Heer kommt, wer dieser göttlichen Warnung nicht folge werde von Herrn Teufel in seine Residenz geschleift.

Sonntags den 10 Julii. Doch auf das Mutige Heer von Sonntag zu kommen, so erzält man es mit den nemliche Umstände, und verschiedene Personen sind mir genannt worden, die es gesehen oder gehört haben (es ist nemlich ein abscheuliches Gerassel). Einige Tage hernach klärte es sich auf, daß es – (o Schande! Schande!) Gutschen waren. Herr von Türkheim gab nemlich ein Concert, das sehr zalreich war; es dauerte bis um 2; um nun die Gäste nicht in der Finsterniß heimtappen zu lassen, ließ [er] alle mit Gutschen und Faklen heimfüren. Und das war dieß Muthige Heer. Ha! Ha! Ha! O tempora! o mores! geschehen Anno 1785. O! O!

Monntags den 11 Julii. Bei diesem Vorfall trug sich noch folgende Anekdote zu. Burgersleute kamen auf die Hauptwacht, und erzählten diesen Vorfall, batten zugleich den kommandierenden Officier, er möchte Acht geben lassen, ob denn das muthige Heer wiederkomme. Der Lieutenant gab der Wacht den Befel, er sollte Acht geben. Der Soldat, der villeicht noch nichts davon gehört hatt fragte: Wenn es kommt, befelen Ewr Gnade der Herr Lieutenant, daß ich es anhalten soll. Ja, ja, sagte der Lieutenant, halt er es nur an. Es blieb aber aus.

Dienstags den 12 Julii. Eine änliche Geschichte ereignete sich neulich. 4 Frauenzimmer furen von ChausséeHaus, auf der Ludwigsburger Strasse hieher (man kommt am Galgen vorbei) und es war um 12 Uhr Nachts. Bei ChausséeHaüslein seye nun ein reutender Postknecht OHNE KOPF zu inen gekommen, und immer bald neben bald vor bald hinter der Gutsche mit inen geritten. Der Gutscher wollte ausweichen allein der Postknecht folgte immer, bis er endlich am Thor verschwand. Dies beruhte doch auf der Aussage von 5 oder 6 Personen. Erst etliche Tage nachher erklärte ein Officier, daß er gerade an dem Ort und zu der Zeit zu einer Gutsche gekommen, und mitgeritten sey, er habe aber nicht durch dieses Thor hinein mögen, seye also da von inen hinweg und einen andern Weg geritten. Er sagte dabei, Er habe nicht begriffen können, warum ihm der Gutscher immer habe ausweichen wollen. (1)

STUTTGART

DAS MUOTISHEER ÜBER STUTTGART

Das „Muotisheer" nimmt manchmal in der Nacht seinen Weg über die Stadt Stuttgart hin, und wenn das geschieht, kann man sich darauf verlassen, daß es am folgenden Tage brennt. Oft wird ein solcher Brand freilich nicht offenbar, weil ihn die Hausbewohner vertuschen; aber mit der Sache hat es nichts desto weniger seine Richtigkeit. Einmal wird das Muotisheer auch wieder den Weg über die Stadt hin machen und diese dann ganz in Feuer aufgehn. (2)

STUTTGART

DIE WEIßE FRAU ZU STUTTGART (I)

Es ist bekannt, daß sich, bevor eine fürstliche Person unseres Landes stirbt, in dem alten Schlosse eine weiße Frau sehen läßt. So viel ich gehört habe, steigt sie dann allemal aus der Gruft in der Stiftskirche und wandelt über den sogenannten Schillersplatz dorthin. Vor etwa 60 Jahren bekam der hiesige Kaufmann M. einen Schlaganfall. Die Magd mußte sogleich in die Apotheke und zwar in die Hofapotheke. Wie sie beim alten Canzleigebäude hineingehen will, versperrt ein riesiges Weib ihr den Weg. Alles mögliche versucht sie, hinein zu gelangen, ohne sich im Geringsten zu fürchten. Vergebens! Sie muß wieder umkehren. Bei ihrer Herrschaft angelangt, erzählt sie das Vorgefallene. Man hält sie für eine furchtsame Träumerin und schickt den Knecht fort. Aber diesem widerfuhr dasselbe: eine Gestalt huscht immer vor ihm her, so daß er unmöglich hinein kommen kann. Er geht weg und in den König von England, wo sein Kamerade als Hausknecht dient. Er sagt ihm, was er gesehen hat: „Hä", ruft dieser, „das ist nichts so Seltenes! Gieb Acht, da ruft der Tod Jemand vom Hofe wieder ab!" Er wartet bei ihm ein wenig, und geht dann wieder hinüber. Alles ist ruhig, und er gelangt ungefährdet in die Apotheke und von da zurück. Wenige Tage darauf starb eine Herzogin; welche? kann ich nicht angeben. (3)

Außerdem erzählte man, daß ein Grabstein des 16. Jahrhunderts neben dem südlichen Eingang der Sakristei in der Hospitalkirche glatt wurde, wenn die weiße Frau wandelte. Einem Soldaten, der sie anzusprechen wagte, soll sie den Tschako vom Kopfe geschlagen haben.

DIE SAGE VON DER WEISSEN FRAU (II)

Eine Herzogin, welche im Schloß von Stuttgart wohnte, stellte, als ihr Mann gestorben war, einem fremden Grafen von 18 Jahren den Antrag, sie zu heirathen. Dieser aber sagte, sein junges Alter verbiete ihm, sich schon zu ehelichen, auch schäme er sich vor vier Augen einer solchen That. Die Herzogin glaubte, er schäme sich vor den zwei Söhnen ihres verstorbenen Mannes und ließ diese tödten. Hierauf gieng sie zum Grafen und sagte ihm, er brauche sich jetzt nicht mehr zu schämen, da sie die vier Augen aus dem Wege geräumt hätte. Der junge Graf sagte nun, er schäme sich vor seinen und ihren Augen. Darüber ergriff Aerger und Reue die Frau und sie starb bald darauf.

Der Volksglaube hat sie nun zu dem schweren Geschäfte verdamt, ihrer Kinder Gruft zu besuchen, wo diese unverwest im Marmorsarge ruhen sollen. Man hat sie schon auf diesem Gange im schneeweißen Kleid sehen wollen. Sie kommt von dem südöstlichen Theil des Schlosses den bekannten Reitschnecken herab und verschwindet in der sogenannten Dürnitz. (4)

22

DAS SILBERGLÖCKLEIN AUF DER
STIFTSKIRCHE

Eine Gräfin von Wirtenberg zog einst von ihrem Stammschloß Wirtenberg aus, begleitet von einem glänzenden Gefolge, auf die Jagd. Sie selbst, eine leidenschaftliche Jagdliebhaberin, verfolgte noch gegen Abend ein von den Hunden aufgespürtes Wild mit solchem Eifer, daß sie sich immer weiter von ihrem Gefolge entfernte und dieses sie bald aus den Augen verlor. Unermüdlich setzte sie ihre Verfolgung fort; kein Weg war ihr zu schmal, kein Abhang zu steil. Erst als die Nacht hereinbrach und sie sich genöthigt sah, ihrem Eifer Grenzen zu setzen, bemerkte sie, daß sie gänzlich vom rechten Pfad abgekommen war. Vergebens suchte sie umher nach einem Ausweg: sie hatte sich zu tief in dem Walde verirrt, als daß sie in finsterer Nacht sich hätte zurechtfinden können. Sie stieß in ihr Horn, um ihrem Gefolge ein Zeichen zu geben, allein vergebens, sie vernahm keine Erwiederung. Schon glaubte sie im Walde übernachten zu müssen, als von Ferne das Läuten eines Glöckleins an ihr Ohr drang. Sogleich schlug sie ihren Weg nach der Richtung hin ein, von welcher aus ihr das Geläute zu kommen schien und langte auch wirklich nach Mitternacht in Stuttgart an, während sich ihre Jagdgenossen, durch ihr langes Ausbleiben erschreckt, erfolglos in den Wald umher zerstreut hatten.

Kurze Zeit darauf stiftete sie aus Dankbarkeit für die ihr unerwartet zu Theil gewordene Hilfe das sogenannte silberne Glöcklein auf den Stadtkirchenthurm Stuttgarts unter der Bedingung, daß es jede Nacht um 12 Uhr geläutet werden solle, damit solchen, die in einen ähnlichen Fall kamen, durch dieses Geläute ein Zeichen gegeben werde, nach welcher Gegend sie sich zu wenden hätten, um auf den richtigen Pfad zu gelangen.

Noch heut zu Tage wird dieses Glöckchen Nachts 12 Uhr geläutet, und heißt das silberne, weil bei der Verfertigung desselben ziemlich viel Silber eingemengt wurde. Der Ton desselben ist auch wirklich so auffallend, daß man ihn in weiter Ferne deutlich vernimmt. (5)

Der Bebenhäuserhof, 1896

STUTTGART

DAS BETTELHAUS ZU STUTTGART

In einem der Gebäude, welche den Bebenhäuser Hof zu Stuttgart bilden, im sogenannten Bettelhause, muß zu einer gewissen Zeit des Jahres Brot an die Armen gereicht werden. Unterbleibt es, so entsteht in dem Haus ein solcher Unfug, daß es niemand aushalten kann. (6)

STUTTGART

DAS KREUZ IN DER SCHULGASSE ZU STUTTGART

Unter der Regierung König Friderichs (1806–1816) machten leichte Reiter (Chevaux legers) je drei zusammen allnächtlich die Runde durch die Straßen der Stadt. Als eine solche Schaar einmal in der Christnacht gegen 12 Uhr durch die enge Schulgasse herauf kam, die vom Markt in die breite Königsstraße führt, blieben die Pferde plötzlich stehn, ließen sich auch so sehr die Reiter spornten,

24

schnalzten und fluchten, nicht bewegen vorwärts zu gehn. Durch den Lerm aus dem Schlaf erweckt, öffneten zwei alte Leutchen, die hier wohnten, die Fenster und erblickten dicht vor den Pferden die Ursache des wunderbaren Auftritts. Vor einem steinernen Kreuze, das aus katholischen Zeiten in der Wand des gegenüberliegenden Hauses eingemauert war, kniete betend ein Kapuziner. Sie hatten jedoch nicht lange Zeit, die Erscheinung zu betrachten: ein Glöckchen auf der Stadtkirche fieng an zu läuten, da zerfloß das Bild und die Reiter setzten sich sofort ungehindert in Bewegung. (7)

STUTTGART

DER CAPUCINER IN DER ST. LEONHARDTSKIRCHE ZU STUTTGART

Vor ungefähr 60 Jahren hieß es in Stuttgart, der Geist eines Capuciners erscheine Nachts oft in der S. Leonhardskirche, und zwar in den heiligen Zeiten des Jahrs; er habe keine bestimmte Stunde. Dieses Gerücht pflanzte sich natürlich von Munde zu Munde fort, so daß wohl allmählig viel Abentheuerliches dazu gefabelt werden mochte. Der Meßner dieser Kirche mußte die Geschichte am besten wissen, und der Geist erschien ihm auch wirklich mehrere Male. Damals war noch ein Gottesacker um jene Kirche und man begrub die Gestorbenen in der Nacht. So mußte er denn auch einmal zu einer Leiche auf dem Thurm läuten. Plötzlich stand der Berüchtigte vor der Thurmthüre. Welcher Schrecken! Der Meßner ließ das Seil fahren und eilte die Treppe hinunter. Ein andermal hatte dieser Meßner ein Kind Sonntags aus Versehen eingeschlossen. Die Eltern des Kindes suchten überall nach ihm, fanden es aber nirgends. Als er den andern Morgen die Kirchthüre aufschloß, sprang ihm das Kind entgegen. Wie natürlich fragte er es sogleich, ob Niemand zu ihm gekommen sey, worauf es sagte, ein großer Mann sei auf es losgeschritten und habe zu ihm gesprochen: „Sei ruhig – ich thue dir nichts zu Leide – du bist noch unschuldig – du kannst mich nicht erlösen!" Mit diesen Worten sei er verschwunden. Einmal wollten die Franzosen hier einrücken; da kam erst um 9 Uhr der Befehl, alles Silber aus der Kirche zu flüchten. Der

Meßner nahm seinen Schlüssel, schloß die Thüre auf, wollte in die Kirche hinein, allein da stand der Kapuciner vor ihm und versperrte ihm den Weg. Doch er ließ sich nicht abschrecken. Durch Fluchen und Beten brachte er jenen zum Weichen und nun sah er ganz deutlich, wie er allmählig in die Lüfte zerfloß. Am Hochaltar in der Kirche war es am Unsichersten. Sogar bei Tag will er hier ein Zischen und Brausen vernommen haben. Oben habe ich von einem Gottesacker um die Kirche gesprochen: auch hier sah er ihn – eine riesige Gestalt – über die Gräber hinwandeln. Seit dieser zu einem freien Platz umgewandelt wurde, sah man hier nichts mehr. Aber im Innern war noch immer der Spuck. Vor ungefähr 16 Jahren brach man auch den Hochaltar ab, und fand unter ihm Geld u.s.w. Seither ist es auch innen ruhig. Der jezige Meßner kann ohne Furcht des Nachts auf den Thurm gehen. (8)

STUTTGART

DER WEISSMANTEL MIT DER GLÜHENDEN HAND

In einem der zahlreichen Weinberge, welche die Stadt Stuttgart umgeben, befand sich der junge Sohn eines Weingärtners allein bei unbesorgtem Spiel, während der Vater im untern Theil des Gutes arbeitete. Plötzlich stund bei dem Knaben ein Mann im weißen Mantel, bat ihn, daß er sich in einiger Zeit um eine gewisse Stunde wieder hier einfinden möge und verschwand hierauf. Da der Vater dem Knaben nicht gestattete, daß er sich zur bestimmten Zeit im Weinberg einfand, so besuchte der Geist den Knaben im Hause. Um seinem Sohne Ruhe vor diesen Besuchen zu verschaffen, legte der Vater die aufgeschlagene Bibel ins Zimmer und hieß den Knaben wenn der Geist wieder komme, mit dem Finger auf eine Bibelstelle, die er ihm bezeichnete, hinweisen. Das geschah: zornig, wie es scheint, legte hierauf der Weißmantel seine Hand auf das Buch, so daß nachher die fünf Finger deutlich darin abgeprägt waren; doch erschien er von dieser Zeit an nicht wieder. (9)

St. Leonhardskirche, Lithographie, um 1840

HERZOG ULRICHS ERLÖSUNG

In Stuttgart besteht folgende Sage. Ein Dienstmädchen wurde von ihrer Herrschaft in den Weinberg geschickt. Dieser lag auf Stuttgarter Markung in den sogenannten Kriegsbergen. Als sie in demselben angekommen war, kam ihr ein starker Mann von blasser Gesichtsfarbe, langem Barte mit blauem Samtornate angethan mit einem Degen umgürtet und um den Hals eine goldene Kette. Als das Mädchen ihm näher kam, erkannte sie den verstorbenen Herzog Ulrich. Das Mädchen war durch diesen Anblick sehr erschreckt, sie faßte sich aber wieder und derselbe kam ihr näher, indem er zu ihr sagte, sie sey geboren ihn zu erlösen, und ihr hernach die Stunde und den Ort bestimmte, an welchem die Erlösung vorgehen sollte. (10)

Lehrer Schott fragte seinen Schüler Lempenau mit roter Tinte zurecht: „Wo ist der Schluß?" So wird denn für immer unbekannt bleiben, ob der umstrittene württembergische Herrscher tatsächlich erlöst werden konnte.

DER GEIST DES JUDEN SÜSS ZU STUTTGART

In dem jetzigen Catharinen-Stifte vormaligen Palaste des berüchtigten Juden Süß, geht noch die Sage, daß sein Geist und der eines unschuldig Gemordeten spukten, und zwar in einem Höfchen, welches gegen Nordwesten offen liegt.

Als ich noch die Elementarschule besuchte, zeigte man uns an einer bei dem dortigen Brunnen befindlichen Mauer noch ganz deutliche Blutflecken, welche von jener That zeugen. Es war nämlich auf Befehl des mächtigen Finanzministers einem seiner Feinde, einem rechtschaffenen Manne, auf eine gräßliche Art das Leben genommen worden, wobei Süß vom Fenster aus grinsend herabgelacht haben soll. Der Gequälte verfluchte ihn und sein ganzes Geschlecht (unter den gräßlichsten Todesschmerzen) und versagte dem Geist des Juden den einstigen Eintritt in's Himmelreich; daher kommt es, daß noch heute die Klagen und Verwünschungen des Gemordeten und das Gelächter des Süß gehört werden und der Geist dieses manchmal schon die Ruhe und den Schlaf der Zöglinge gestört haben soll. (11)

Die deutlich antisemitisch gefärbte Geschichte bezeugt die publizistische Nachwirkung der aufsehenerregenden Hinrichtung des Joseph Süß Oppenheimer, des verhaßten Finanzrats Herzog Karl Alexanders im Jahr 1738.

STUTTGART

DIE SCHLANGE MIT DER GOLDKRONE

Auf der neuen Brücke in Stuttgart, da wo jetzt das Gutbrod'sche Haus steht, wohnte früher ein Seiler; der hörte einst im Nebenzimmer sein Kind, während es frühstückte, die Worte sprechen: „iß et no Ilch, iß au Ocke!" Weil das Kind allein in der Stube war, fiel dem Vater die Rede auf; er guckte deshalb durchs Schlüßelloch und sah alsbald, daß eine Schlange, die eine prächtige Goldkrone trug, mit dem Kinde aus einer Schüßel aß. Am folgenden Morgen passte er nun auf, und als die Schlange wieder kam und Milch trank, schlich er sich mit einem Beile hin und schlug sie todt. Durch die goldene Krone, die er so gewonnen, wurde er unermeßlich reich und baute sich ein neues, großes Haus, das seine Nachkommen noch heute bewohnen.

Mündlich aus Stuttgart. Auch von andern Häusern in Stuttgart geht die Sage, daß sie auf diese Art reich geworden. (12)

Schlange mit Krönlein, Holzschnitt, 1563

29

STUTTGART

DAS STUTENHAUS

Stuttgart ist die Fürstl. Residenz-Stadt dieses Herzogthums, ligt in einem schönen Thal mit vielen Wein-Bergen, (deren 11000 Morgen seyn sollen) umgeben, eine Stund vom Neccar, fast mitten in dem Herzogthum, allwo anfänglich nur ein Mayer-Hof gestanden, da man Stuten oder Mutter-Pferdt, in einem Garten erzogen, dann um das Jahr 986 als Leopoldus, ein Herzog in Schwaben, der zu Ravenspurg und Pfortzheim gewohnt und Hof gehalten, solle öffters in Schönbuch Jagens halber kommen seyn, in dieses Thal aber ein Thier-Garten mit einem eichenen Zaun umsetzt habe machen lassen, darinnen er wilde Pferd, und zahme Roß und Füllen gezogen, auch viel Stuten gehalten, dahero diesem Ort der Name Stuttgart erwachsen, so auch eine Stute oder Mutter-Pferdt in ihrem Wappen führet. (13)

Bis heute weiß man nicht sicher, ob die seit dem 16. Jahrhundert nachweisbare Überlieferung von dem Ursprung Stuttgarts aus einem Gestüt Herzog Liudolfs von Schwaben zutrifft.

STUTTGART

DAS ERDMÄNNLE

Ehe herzog Ulrich von Würtemberg an das regiment kommen, do hat er ain hofschuchmacher gehapt, genant der Kinspach. Desselbigen hausfraw ist uf ein zeit ein kindtbeterin gewest, und als sie ainsmals allain im haus, do ist unversehenlich ein sollichs kleins erdenmendle zu ir kommen; das hat ein kupferin kessel uf dem haupt getragen, das weib angeredt und von seines maisters wegen ir den kessel in die kindtbet schenken wellen. Aber die guet fraw ist ab ime so übel erschrocken, das sie ir nit enthalten künden, sonder überlaut anfahen schreien, darab das erdenmendle erzürnt, gesprochen: „Wolan fraw, wellt ir meins maisters gab und schenke nit dankbarlicher annemmen, so trag ich den kessel wider darvon." Darmit ist es mit seim kessel wider hinzogen. Es ist auch die fraw also erschrocken

30

gewesen, das sie nit gesehen, was im kessel gelegen, und haben domals vil verstendiger und erfarner leut nit anders vermaint, dann es sei vil gelts oder geltswert im kessel gewesen, oder aber der kessel hab ein wunderbarliche art und tugendt an ime gehapt. Ime seie aber, wie im welle, so ist er der guetten frawen nit bescheert gewesen, nach laut eins alten sprüchworts: „Was aim nit werden soll, das straift im ain reis ab." (14)

FASTNACHT DER GEISTER

Bei wenig jaren darvor und vast zu anfang, als das landt herzog Ulrich anname, wardt ein große fassnacht zu Stutgarten gehalten, dahin vil ehrlicher leut von lehenleuten und nachpurn kamen. Nun hett man in der ritterstuben ain große credenz ufgeschlagen, und dieweil es große ungelegenhait gehapt, ieder nacht das silbergeschier und anders an sein ort iedes zu behalten, do ließ man ain alten und wolvertrawten diener alle nacht in der stuben ligen, das silber zu verwaren. Der beschloß die stuben und het sorg. Begab sich ainer nacht, als der silberknecht in der nacht erwacht nach dem ersten schlaff, do sahe er etlich der alten grafen von Wirtenberg sampt iren weibern mit großer herrlikait hinein geen. Man trueg inen vil wintliechter vor; under denen allen er vil bei iren lebzeiten het gekennt. Ein tail tanzten, die andern saßen zu disch, detten, als ob sie eßen, drünken und ganz frölich weren, iedoch alles still. Der guet alt man sahe dieser abenteur lang zu, und war im nit gehewr darbei, dann er wol verstandt, das es alles ein gespenst was. Letzstlich, wie das wesen am bösten, do warden die personnen alle feurig und fueren mit ainandern zun fenster hinauß. Der alt man ist ab diesem gespenst in ain solchen schrecken gefallen, das er sein in ain tedlich leger kommen, iedoch nach langem wider zu gesundhait kommen, die er doch nit lang behalten, sonder des schrecken halb zum alten haufen gefaren. Diese geschicht ist gewisslichen also, wie gehört, beschehen. (15)

JOHANNES BRENZ UND DIE HENNE

Während der erzwungenen zeitweiligen Rückkehr Württembergs zum katholischen Glauben im sogenannten „Interim" (1548–1552) war der württembergische Reformator Johannes Brenz auf der Flucht vor den kaiserlichen Soldaten.

Brenz (...) ging nun, so lautet eine noch unter dem Volke gehende Sage, nach Hause, nahm einen Laib Brot unter den Arm, verließ schweigend sein Haus und schlug, sich der Leitung Gottes überlassend, den Weg in die obere Stadt ein. Er trat in das erste Haus, das offen stand (das noch stehende sogenannte Landhaus, wo später lange der reformirte Gottesdienst gehalten wurde), kam unbemerkt mehrere Treppen hinauf bis unter das Dach, wo er zwischen einem Holzstoß und dem Dach hindurchkroch und in einem Winkel sich zusammenkauerte. Des andern Tages rückte der kaiserliche Oberst wirklich in Stuttgart ein, besetzte die Stadtthore und erhielt von dem Herzog die Erlaubniß, Brenz zu suchen. Vierzehn Tage lang wurden alle Häuser und Speicher durchsucht, und Brenz hörte täglich von der Straße herauf von sich reden. Der Laib Brot, den er mitgenommen, war schon in den ersten Tagen aufgezehrt und er hätte unfehlbar dem Hungertode entgegensehen müssen. Aber da kam den ersten Mittag und sofort jeden Tag eine Henne die Treppe herauf, schlich in seinen Schlupfwinkel und ging, nachdem sie ein Ei gelegt, ebenso still wieder fort. (16)

DER NIMMERSATT

In Stuttgart war ein Sohn so gottlos, daß er dem Bilde seines Vaters die Augen ausstach, weil, ohne sein Wissen, der kränkliche Mann mit einer Flasche Wein sich gelabt hatte. Da sprach der Vater über ihn den Fluch: du sollst nicht mehr satt werden! Alsbald wurde der Sohn von Hunger ergriffen, welchen er auch, ungeachtet seines steten Essens, sein lebenlang nicht mehr stillen konnte. (17)

STUTTGART

WUNDERZEICHEN
ANNO 1586

In diesem Jahr hat man zu Stutgart, nachts zwischen 8 und 9 Uhren, ain weiß Hirschhorn, sambt einer Ruten am Himmel gesehen, welches doch alles, innerhalb einer Viertelstund, wider vergangen, was es beditten, hat die Zeit mit sich gebracht. (18)

STUTTGART

DER LINTWURM IM KELLER

Bei Stuttgart war am Wald ein Keller in Sand ausgehöhlt. Er gehörte einem Bierbrauer, welcher darin sein Bier aufbewahrte. In diesem Keller sah man die Mündung eines Loches, das sich weit in die Erde erstreckte. Einst wurde der Brauknecht vermißt, und da er nicht erschien, so glaubte man, er habe sich ums Leben gebracht. Auch sein Nachfolger im Dienste verschwand. Der dritte Brauknecht, welcher diesem folgte, schöpfte Verdacht, stellte in den Keller, der Mündung des Loches gegenüber, einen Spiegel und verbarg sich hinter ein Faß, wo er alles übersehen konnte. Nicht lange währte es, da schoß ein greulicher Lintwurm aus dem Loch gegen den Spiegel und fiel tot nieder. Der Brauknecht erntete großen Ruhm von dieser Tat. Andere sagen, er habe den Lintwurm erlegt. (19)

Basilisk, von Matthäus Merian

33

DIE RÄTHSELHAFTE
SCHWEINEHEERDE

Im Sommer 1800 machten zwei Jünglinge einen Ausflug nach Esslingen und hatten beim Zurückfahren nach Stuttgart nachstehende Erscheinung, wie mir der eine derselben der Graf v. *** als jezt anerkannt rechtschaffener und gebildeter Mann 1819 selbst erzählte.

Bei dem lezten Hause zu Berg hatte der Hauderer, welcher sie führte angehalten, bis das Chausseegeld bezalt war. Als er eine kleine Streke vom Dorfe auf der nach der Residenzstadt führenden Kunststrasse plözlich wieder stille hielt, wunderten sich die beiden jungen Herren und auf ihre Frage, ob etwas zerbrochen seye, und als er diese mit Kopfniken verneint hatte, auf ihre Äusserung, dass er doch fahren solle, sagte er leise: „Still, still! Da lässt sichs nicht reden! Ich weiss schon, was das ist", und zeigte zugleich mit der Hand auf die Strasse. Dies bewog die Jünglinge, den Grafen auf der rechten, seinen Reisegefährten auf der linken Seite aus der Chaise hinaus auf die Strasse zu sehen. Sie sahen beide eine Heerde halberwachsener Schweine gedrängt und im gewöhnlichen Schweinstrabe an ihnen vorbeigehen. Diese Thiere füllten nicht nur die breite Strasse zu beiden Seiten der Chaise, sondern liefen selbst unter dieser und den Füssen der Pferde durch, welche die Köpfe schüttelten und schnarchten. Die Heerde bestund wenigstens aus mehreren Hunderten, denn ihr Vorbeigehen dauerte von Stuttgart her gehend gegen Berg zu mehrere Minuten. Die Schweine waren von gleicher Grösse, dunkler Farbe und wenige die einzeln nacheilten, schlossen den langen Zug. Die beiden jungen Herren sahen ihm furchtlos und mit Vergnügen zu, und konnten genau sehen, weil es im Anfang einer Sommernacht, noch vor 10 Uhr Abends, auch die Scene vom Mondschein beleuchtet war. Nachher erst fiel es ihnen auf, daß keines dieser Schweinchen gegrunzt, und keiner von ihnen ihr Laufen gehört hatte, und dass weder ein Mensch noch ein Hund die Heerde begleitete. Auf ihre Nachfrage erfuhren sie, daß die nemliche Erscheinung auf gleiche Weise, wiewol selten, sich schon früher ereignet habe, und auch ihrem Hauderer schon bekannt war. (20)

SAGE VOM WASSERHAUS
BEI KANSTADT

In diesem Hause, das zwischen den Dörfern Berg und Untertürkheim über einem Kanale des Neckars erbaut ist, wohnte vor mehreren Jahrhunderten ein armer Mann mit einer zahlreichen Familie. Als einmal wieder der Schnee auf den Bergen zu schmelzen anfieng, gieng dieser Mann zu einem Bäcker in das benachbarte Wangen, und bat ihn um einige Laibe Brod, wann die Flöße wieder gehen, wolle er ihm das Geld dafür bezahlen. Der Bäcker aber war ein harter Mann und gab ihm kein Brod, und in derselben Nacht stieg das Wasser bis zur Türschwelle des Hauses, und blieb 6 Tage lang so stehen. Nachdem aber das Wasser wieder gefallen war, fand man die ganze Familie des Wassermannes verhungert. Einige Wochen darauf fand man auch jenen harten Bäcker todt in seinem Bette; der Schlag hatte ihn getroffen und sein Gesicht war aschgrau gefärbt.

Und oft schon, ehe das Wasser zu steigen begonnen, erschien dieses Männchen am Wasserhaus, stierte mit seinen hohlen Augen die Bewohner an und hob seine entfleischten Hände in die Höhe und gieng stumm wieder aus dem Hause, ohne eine Thüre zu öffnen, gleich als wollte er die Bewohner ermahnen, sich mit Lebensmitteln zu versehen. Gleich am andern Morgen stieg das Wasser, und als sich niemand mehr der Thüre nähern konnte, da pochte es um Mitternacht an das Fenster und der Mann stand unfern von der Schwelle und winkte und vom Eingang bis wo er stand, lag ein Schattenstreif, wie ein festes Brett über das Wasser. Da er aber Niemand verführen konnte sich in das Wasser zu wagen, verschwand er endlich, als der Morgen heranbrach. Bei Nacht soll es um das Haus oft stöhnen und heulen und eine Gestalt mit emporstehenden Haaren, die Faust vor der Stirne mit verdrehten Augen, soll von der Straße herüberkommen und sich mit einem gellenden Schrei in das tiefe Wasser stürzen. (21)

DIE KANNE IM WAPPEN

Anfänglich stand nur je ein Wirtshaus links und rechts am Nekkar bei der Fähre für die Fuhrleute. Der Wirt über dem Wasser führte eine Schenkkanne im Schild. Als man nun Fürhabens war, eine Stadt zu bauen, zankten die beiden Wirte und ihre Freunde. Beim Weinkauftrinken nahm der Wirt zur „Schenkkanten" das Schenkfaß und sagte: da die Kant stehet, soll gebauen werden, welchem der größt Hauf beigefallen und ein jeder bei der Kanten wollen bauen und geschrieen: da die Kant steht, da die Kant steht, wollen wir bauen. Ist also dieser Stadt Wappen und Nam geblieben bis auf diesen Tag. (22)

Wappen aus dem Kupferstich Cannstadt, Merian, 1643

DAS WASSERMÄNNCHEN BEI KANNSTADT

Unter dem Volke in Kannstadt, Berg und der Umgegend geht die Sage, daß auf der Insel zwischen genannten Orten, auf welcher jezt das Koch'sche Bad steht, über welche der Fußweg nach sowie die Eisenbahn von Stuttgart nach Kannstadt führen, immer 24 Stunden vor bedeutender Anschwellung des Neckars, sich kleine schwarze Männchen sehen lassen, welche unaufhörlich die Worte rufen: Räumet auf! Räumet auf! Diese Männchen sollen sich in dem nassen Sommer 1817 gezeigt haben, wo der Neckar, nachdem er durch den anhaltenden Regen ausgetreten war, alles auf den Feldern verwüstete; auch im Jahr 1824 sah man sie und hörte ihr warnendes Rufen 24 Stunden ehe der Neckar die damalige ungeheure Größe er-

Jakob von der Heyden, Burg Württemberg, Kupferstich, vor 1601

reichte, alle Keller in Kannstadt mit Wasser füllte und noch vielen andern Schaden anrichtete. Viele behaupten, daß diese Männchen die Geister von Menschen seien, die früher auf der Insel oder in der Nähe derselben gewohnt haben, aber durch eine plötzliche furchtbare Anschwellung des Neckars ums Leben gekommen seien. (23)

DER NAME WÜRTTEMBERG (I)

Es sagen auch ander, daß vorzeiten ein herr in der gegne, da ietzundt das dorff der Rottberg genantt ligt, sei gesessen, zu welchem der kaiser, ich waiß nitt welcher, mermals wann er auff dem gejagt sich verspättet hab, kumen sei und bei im über nacht herberg gesucht hab, deshalb in der kaiser seinen wirt am berg genant. (24)

DER NAME WÜRTTEMBERG (II)

Vor früheren Zeiten war ein Rüterknecht aus dem gegenwärtigen Würtemberg in Conditzion am keiserlichen Hof in Oestereich, und verliebte sich in eine Prinzessin daselbst. Da er sie sehr lieb hatte und sie auch ihn, so wußten sie wohl, daß sie sich aus dem Lande oder wenigstens einige 100 Stunden von dem Hofe entfernen mußten, wen sie je heurathen wollten, da der Kaiser nie zu solcher Ehe eingewilligt hätte. Sie flüchteten sich also in die Gegend, wo jezt Würtemberg heißt, und bauten unten an einem Berge bey Neuffen [!] ein Wirthshaus. Da hieß man den Wirth den Wirth am Berg. Einmal kam der Keiser von Oestereich in diese Wirthschaft, um ein Mittagmahl zu genießen. Die Prinzeßin sah ihn daher fahren und verstekte sich. Als der Kaiser einen Schoppen getrunken, fragte er nach der Wirthin, indem er gerne ein Mittagmahl hätte. Der Wirth meldete es seiner Frau und sie kochte dem Kaiser seine Lieblingsspeise ohne daß ers befahl. Als er selbiges verzehrt hatte, sagte er zum Wirth, er wolle auch die Wirthin sehen. Obgleich sie sich ungern zeigte, so kam sie doch hervor. Er wollte von ihr wißen, woher es sie es wisse, daß gerade diese seine Lieblingsspeise seye. Als er aber mit ihr sprach, erkannte er sie, und empfieng sie als seine Tochter. Als sie mehrers mit einander besprochen, so sprach der Kaiser: komt mit mir auf diesen Berg. Als sie hinauf kamen, sprach der Kaiser: Sie dieses Land, alles, das wir von hier aus sehen, will ich euch schenken. Auch schenkte ihnen der Kaiser den Fürstentittel und das Land erhielt den Nahmen Wirthamberg. (25)

SCHLOSS GOLDBERG

Als ich den verflossenen Sommer auf einem steilen Bergpfade den Kappelberg bei Fellbach erstiegen hatte, traf ich einen ziemlich bejahrten Mann unweit der auf diesem Bergrücken stehenden weithin sichtbaren Linde an. Nachdem ich mich mit dem gesprächigen Alten in eine Unterredung eingelassen hatte, gab er, da

er als ein ehemaliger Dorfschulze mit der Sage der benachbarten Orthschaften Weiler und Höfe vertraut seyn mußte, mir nicht nur die Namen derselben an, sondern erinnerte mich auch an die in der Nähe derselben vorgefallenen geschichtlichen Begebenheiten. Nachdem er mich
auf diese Weise von der Örtlichkeit vieler Dörfer unterrichtet hatte,
machte er mich auf einen im Thale unter dem Schatten der überhän-
genden Obstbäume dahin führenden engen Weg aufmerksam, den er
im nächtlichen Dunkel für nicht „geheuer" hielt, und als ich ihn um
eine Erklärung der Sache bat, erzählte er mir Folgendes:

Noch kurz vor dem dreisigjährigen Kriege (diesen versetzte übrigens der wohlbeleibte Dorfälteste ins sechzehente Jahrhundert) hätte
ein vornehmer und im untern Neckarthale reich begüterter Herr ein
Schloß, behufs des von ihm leidenschaftlich betriebenen Waidwerks, an
dem steilen Abhange des über dem besagten Wege sich erhebenden Hügels erbauen lassen und von hier aus habe er alsdann nicht nur bei seinen zahlreichen Jagden die Saatfelder der benachbarten Orthschaften
verwüstet, sondern auch, da er selbst ein eifriger Katholik war, die ket-
zerischen Bauern auf jede Weise bedrückt, ja soweit soll der blinde Ey-
fer desselben gegangen seyn, daß, als er einmal einige Bauern des unter
seiner festen Behausung liegenden Dörfchens Goldberg beim Lampen-
scheine in einer Scheuer die Bibel lesend angetroffen habe, die sämtli-
chen Bewohner dieses Orts in einer kalten Frühlingsnacht aus ihren
Wohnungen treiben ließ. Dieses gerade erhielt den Unglücklichen, welche bei mitleidigen Nachbarn untergebracht wurden, das Leben; denn in
der darauf folgenden Nacht machte sich ein Theil des besagten Hügels
in Folge eines lange anhaltenden Regens los und stürzte samt dem darauf befindlichen Jagdschlosse den Abhang herunter, indem es das von
seinen Einwohnern verlassene Dörfchen mit seinen Trümmern bedeckte, jener Wütherich kam aber mit seinen Jägern und Falkeniers
nicht mehr zum Vorschein. Heutzutage, setzt die Sage hinzu, sehe man
ihn an gewissen Tagen auf einem weisen Roß sitzend, vom Goldberg auf
dem oben angeführten Wege, den man auch deswegen für nicht geheuer
hält, durch eine Schlucht (Klinge) nach dem Walde reiten. An der Stelle,
wo ehemals das Dorf Goldberg gestanden, sind jetzt theils anmuthige
Wiesen mit Obstbäumen theils Weingärten, welche sich den ganzen
Goldberg hinaufziehen; Korn oder überhaupt Frucht kann aber nach
Aussage der Bewohner des Dorfes Rothenberg, in dessen Markung der
fragliche Ort liegt, nicht wohl gebaut werden, weil der Spaten auf die
Trümmer des gewanderten Schlosses in geringer Tiefe trifft. (26)

DER MÖNCHSTEIN

Vor einigen hundert Jahren soll in dem Dorf Münster bei Kannstatt das Haus auf der linken Seite der Kirche von Cistercienser-Mönchen bewohnt gewesen sein. In diesem Kloster nun haben die Mönche ein sehr fröhliches und üppiges Leben geführt, wozu sich die Herrn von Palm von Mühlhausen (eine Stunde von Münster) sehr häufig einfanden. Einer der Mönche zeichnete sich durch starken Körperbau und übermäßiges Essen und Trinken hauptsächlich aus. Eines Tags als sie wieder bis spät in die Nacht gezecht hatten, ging ein Herr von Palm mit eben diesem Mönche eine Wette ein: Im Klosterhof lag ein ungeheurer Stein, welchen kein Pferd von der Stelle zu bringen vermochte, der Mönch erbot sich ihn weiterzubringen, jedoch mit der Bedingung, so weit er ihn trüge, sollten die Felder des Herrn von Palm dem Kloster anheimfallen, er hingegen würde sich ein halbes Jahr des Weines und Fleisches enthalten. Bald darauf brachte der Mönch den Stein in die Nähe von Mühlhausen, würde ihn aber, wie er sagte, dem Freiherrn hinter den Ofen gesetzt haben, so daß auch das Haus dem Kloster gehören würde, wenn er nicht Mitleid mit ihm gehabt hätte. Bis auf den heutigen Tag geht die Markung an diesen Stein, der den Namen Mönchstein führt, und noch jetzt auf derselben Stelle zu sehen ist. (27)

In Münster bestand kein Zisterzienserkloster, sondern eine Pflege (Verwaltungsmittelpunkt) des Benediktinerklosters Lorch bei Schwäbisch Gmünd.

MÜNSTER

DER TOPF MIT GOLDENER SPREU

Ein Bauernhaus bei Münster am Neckar wird lange Zeit durch einen Poltergeist beunruhigt, der insbesondere die Bühne zu seinem Aufenthalt hat. Die Bäurin geht daher nie allein dorthin; wie sies einmal doch wagt und allein geht, ist die Gelegenheit gegeben, den Schatz zu heben und den Geist zu erlösen: Sie sieht einen

Hofen am Neckar, Holzstich, 1913

Topf mit goldener Spreu gefüllt, aber statt eilig die Schürze drüber zu decken, läuft sie nach ihrem Mann, und hinfort tobt der Geist so, daß das Haus für immer verlassen werden muß. (28)

MÜNSTER

DIE VERSUNKENE GLOCKE

Von einer geweihten Glocke wird auch erzählt, die auf dem Kirchturm gehängt sei und bloß bei Gewittern geläutet wurde. Die Franzosen hätten die Glocke heruntergeholt. Sie wollten dieselbe auf einem Floß über den Neckar bringen, dann sei ihnen die Glocke in den Neckar gefallen. Sie ist bis heute noch nicht gefunden. (29)

DER STEINERNE LAIB BROD

Auf dem Gottesacker von Hofen bei Cannstadt ist auf einem Monument in den Stein ein Laib Brod eingemeiselt. Es geht die Sage, die Schweden hätten das Schloß Hofen belagert. Es war eine große Not unter den vertheidigenden Leuten drinnen. Die Schweden wurden dessen inne, ließen hineinsagen: wenn sie noch zwei Laib Brod vorzeigen können, den einen für die Mannschaft, den andern für die Loskaufung der Herrschaft, so dürfe die Besatzung frei abziehen und die Burg dürfe nimmermehr zerstört werden. Die drinnen hatten aber blos noch einen Laib Brod; das Schloß wurde zerstört, wovon die Trümmer jezt noch sichtbar sind. Später, wahrscheinlich von einer Herrschaft, wurde zum Andenken ein Wappen mit dem steinernen Laib Brod auf dem Kirchhofe angebracht zur ewigen Gedächtnuß des unglücklichen Falles der Hofener Burg. (30)

BURG HOFEN

Wie an alle zerstörten Burgen die dichtende Sage epheuartig sich anrankt, so auch an die hiesige. Auch hier sind natürlich noch Schätze zu heben (obwohl zweifelsohne die Schweden nach ihrer bekannten Manier schon ordentlich aufgeräumt haben) und werden von schuldbeladenen Geistern, die der Erlösung harren, gehütet. Ritter im Harnisch und im Zivil, sowie Edelfräulein mit Federhüten und Samtkragen, Frauen mit Kindern auf dem Arm – entsteigen dem Gewölbe, wo einst der Turm stand, schweben zum ehemaligen Söller empor und lassen sich Sonntagskinder sogar mittags 12 Uhr – sehen. Einmal stiegen Kinder hinab in das noch erhaltene Verließ, entdeckten dort eine verschlossene Eisenthüre (welche man seither vergeblich sucht), fanden davor eine Pergamentrolle, brachten diese herauf – dieselbe wurde ihnen aber von, wie darauf bereits harrenden, Unbekannten entrissen, welche damit spurlos verdufteten. Auch Studenten sollen durch den Gang vorn in der Ecke des sogenannten

Hirschgrabens (Herzog Karl ließ nämlich Rehe und Hirsche dort ein-
schließen – auch in der Ruine Jagdmahle abhalten – es bestanden
noch Turm und Gemächer und die Küche – der Wasserstein ist jetzt
noch im Hintergrund oben an der Mauer sichtbar –) vorgedrungen
sein und hinter dem abgeschlagenen Mörtel eine eingemauerte Perga-
mentkapsel entdeckt und mit derselben verschwunden sein. (Tradition
der Familie Späth, der nachmaligen Besitzer der Burg.) Ja, sogar eine
ganze Kiste sei von fremden unbekannten Touristen in einem Gewölbe
eruiert und von denselben als gute Prise mitgeschleppt worden. Auf
derartigen Erzählungen basiert ohne Zweifel die Bemerkung in der
Oberamtsbeschreibung über zu Hofen in der Ruine gefundenen und
geraubten Dokumente. Unwahrscheinlich!

Ferner wird berichtet: aus dem unterirdischen Gang, der unter
dem Neckar bis Zuffenhausen hinüberführte und nach der oben erwähnten Engelsburg abzweigte, kamen einst in mondheller Nacht
Männer, darunter einer mit Abtsmitra und Stab, vor das Lager eines
Schulmädchens im neuen Schlößchen, und suchten es durch Aussicht
auf Gold und Glück für diesseitiges und jenseitiges Leben zu bewegen, ihnen zu folgen, um sie zu erlösen. Da es ihren verlockenden Anerbietungen kein Gehör schenkte, wurde es, sehr unritterlich, mit einer
derben „Backpfeife" regaliert und mit davon geschwollener Wange
verlassen. (31)

HOFEN

GRÜNTÖFFELE

Besonders aber ist ein gespenstisches Spukwesen, das bis in die
neuere Zeit sich schreckbar zu machen wußte und da es ihm
zweifelsohne in den verfallenen Gewölben langweilig vorkam,
mit den Bewohnern des neuen Schlosses (jetzt Schul- und Rathaus
nebst Privatwohnungen) sich in Rapport zu setzen sucht – der gefürch-
tete Grünpantoffel (vom Volksmund gewöhnlich im Diminutiv das
„Grüntöffele" genannt). Dieses, der Sage nach vor Zeiten ein hochmü-
tiges Edelfräulein, ist wegen Üppigkeit, Hartherzigkeit gegen die Armen, Verachtung des lieben Brotes und anderer Delikte „verwun-
schen", kommt herüber und rumort bald wie ein echter Poltergeist mit

infernalem Lärmen, bald in seiner hoffnungsfarbigen Fußbekleidung daherschlurfend, bald nur als luftiges, wie Sturmwind die Wangen streifendes, mit fahlem Lichtstrahl vorbeiziehendes Gebilde, in den Gängen herum und erfüllt die Seele des Kühnen und mehr noch die des Hasenfußes mit Grausen. (32)

ZAZENHAUSEN

DER GEIST AM WEIDENBRUNNEN

Am Weidenbrunnen führt ein Geist die des Nachts dort Vorüberwandelnden irre, und die Schulzen sind unter Umständen jetzt noch zum „Umgehen" verdammt. Auch im Schulhaus, wo früher das Rathaus untergebracht war, soll es „spucken." (33)

ZAZENHAUSEN

EIN UNTERIRDISCHER GANG

Von den jungen Weinbergen sei früher ein unterirdischer Gang zum Mäuerach bestanden. (34)

STAMMHEIM

DAS BODENLOSE LOCH

Der Bach oder Wiesengraben lauft am untern Ende des Wiesenthales in einen runden, etwa 10–12 m breiten, fast ganz eben mit Schaum angefüllten Trichter. Hier hört der Bach auf, d. h. das Wasser versickert und soll der Sage nach bei Mühlhausen (5/4 Std. östlich) in den Neckar fließen. Es soll seinerzeit einmal Spreu hineingefüllt und bei Mühlhausen wieder angeschwemmt worden sein. Vielleicht hat diese Sage ihren Ursprung in der Thatsache, daß der genannte Trichter über zerklüfteten Kalkfelsen sich befindet, welche ein Versickern des Wassers, auch in größeren Mengen, als sehr wahrscheinlich annehmen lassen. (35)

FEUERBACH

DAS STEINKREUZ VON DER HOHENWARTE

Vor Jahren schon erzählte mir Herr Postinspektor Gottlieb Schwarz hier folgendes darüber: „In meines Vaters Weinberg in der Hohenwarte, am Weg zum Hohenwartbrünnele, steht ein altes Steinkreuz; es steckt tief im Boden. Es geht die Sage, zur Zeit der napoleonischen Kriege habe dort ein Weingärtnerssohn seinem Vater aufgelauert und ihn erschossen, weil der Vater nicht leiden wollte, daß der Sohn Soldat werde. Der Sohn habe durchaus als Freiwilliger auf Abenteuer in den Krieg ziehen wollen. Die Familie habe dann zur Sühne dieser Untat das Steinkreuz setzen lassen müssen." (36)

FEUERBACH

DER BLUTENDE HUND

Eine alte Bäurin aus Feuerbach erzählte mir vor einiger Zeit, daß sie vor vielen Jahren, als sie in einer entlegenen Klinge des Waldes Holz sammelte, einen großen schwarzen Hund gesehen habe, welcher obgleich aus einer tiefen Wunde am Hals blutend, doch mit aller Anstrengung einen mit Blut befleckten Sack aus dem Laube herauszuarbeiten gesucht habe. Ohne auf das Winseln des Hundes, welcher sie zur Hülfe aufzufordern schien, zu achten, sei sie sogleich heimgelaufen, und habe ihren Vater aufgefordert, er solle mit ihr in den Wald eilen, da sie vielleicht einem Unglücklichen das Leben retten könnten. Ihr Vater habe ihr aber ernstlich verboten, jene Stelle jemals wieder zu besuchen, da auf ihr ein schwerer Fluch laste. Auf ihre Frage, wie denn diß gekommen sei, habe er ihr Folgendes erzählt:

In einem benachbarten Städtchen lebte vor ungefähr 30 Jahren ein geachteter Mann, der aber durch den Betrug eines Viehhändlers bald um sein ganzes Vermögen und an den Bettelstab kam. Er schwur daher, an dem Betrüger blutige Rache zu nehmen. Dieser gieng an einem heissen Sommertage durch den Feuerbacher Wald in Begleitung eines grossen Hundes; und da er ein wenig zu ruhen wünschte, legte er sich in einer schattigen Klinge am Fuße eines Baumes nieder und schlief ein. Plötzlich stürzte hinter dem Baum ein Mann hervor, stieß dem Hund, ehe dieser durch Bellen ihn verrathen konnte, sein Messer in den Hals und warf sich dann auf den Schlafenden. Mit wenig Stichen tödtete er ihn und band den Leichnam in einen Sack, den er dann unter Laub und Wurzeln vergrub. Beim Weggehen bemerkte er, wie der schwerverwundete Hund seinen Herrn hervorzuscharren suchte. Wüthend sprang der Mörder auf ihn los, gab ihm den Todesstoß und schrie: „Nicht besser möge es dem gehen, der die Leiche hervorgräbt; er möge dir Gesellschaft leisten bis an der Welt Ende!“ Bis jetzt wollte noch Niemand diesen Fluch auf sein Haupt laden und der Geist des getreuen Hundes wird sich noch lange abmühen müssen, seinen Herrn ans Tageslicht zu bringen. (37)

WEILIMDORF

GLAUBE UND SAGE ANNO 1900

Gespenster: Am Föhrich (Waldteil) soll eine weiße Frau, in der krummen Gasse (Ortsstraße) ein weisses Schwein manchmal zu sehen sein; im Lindenthal (Waldteil) sei ein Reiter ohne Kopf zu sehen; auf dem Lotterberg (Markungsteil) soll ein Herr bei hellem Tag in hellem Überzieher laufen. Umgehende Tote: Eine vor verschiedenen Jahren Verstorbene soll zu ihrer Mutter gekommen sein und gesagt haben, sie solle nicht so um sie (ihre Tochter) weinen, sonst habe sie keine Ruhe. Im Bürgerwald soll ein früherer Waldmeister in Bauerntracht von Frauen gesehen worden sein, welche gegrast haben; ein anderer verst. Bauer soll in einem andern Wald auch schon gesehen worden sein. – Ein früherer Ortsvorsteher soll manchmal mit dem Schlüsselbund auf das Rathaus, natürlich bei Nacht, gehen; ein früherer Schlößlesbesitzer auf Berkheim soll im Waldteil „Selach“ gehen.

Gespenstige Tiere: Vor dem Haus eines verstorbenen Wirts soll nach dessen Tode öfters ein großer, weißer Hund gelegen sein. Ein Rindle soll in der Nähe der Zehentscheuer schon gesehen, aber gleich wieder verschwunden sein – es sei ein Zehentmeister gewesen. Irrlichter: solche sollen am Münchinger Eisenbahndurchlaß zu sehen sein; rühren aber natürlich nur von den dort befindlichen sumpfigen Wiesen her. Spuk: Im Kräuterwald soll es spuken, weil sich dort einmal einer gehenkt habe.

Muetes Heer: Wenn Kinder recht unartig sind, so sagt man, sie kommen daher „wie's Muetes Heer". (38)

WEILIMDORF

NOTZEITEN

Im 30jährigen Krieg sollen sämtliche Häuser bis auf 2, an welchen die Jahreszahl 1628 ? steht, abgebrannt sein. (...)
Glocken: dieselben sollen in den Napoleonischen Kriegen nach Gerlingen geschleift und dort vergraben worden sein. (39)

WEILIMDORF

HERZOG KARL

Als Herzog Karl im vorigen Jahrhundert auf der Solitude wohnte, habe er einmal die bekannte Allee von Ludwigsburg bis zur Solitude mit Viehsalz bestreuen lassen und sei im Sommer mit seiner Hofgesellschaft Schlitten gefahren! Auch habe er einmal Pfarrer Sarwey ein leeres Blatt auf die Kanzel legen lassen und ihm befohlen, er solle über den auf dem Blatt stehenden Text eine Predigt halten. Der Pfarrer nahm das Blatt, wollte lesen, fand nichts, drehte um und fand dort auch nichts; nun aber begann er: Hier ist nichts und da ist nichts und aus Nichts hat Gott die Welt geschaffen u.s.f. Nun erhielt er vom Herzog das beste Lob. (NB. die Geschichte kann auch gar nicht oder sonstwo passiert sein!) (40)

DER GEIST DES FALSCHMÜNZERS

Auf dem Hasenberg in der Nähe der Gaiseiche befindet sich eine Kluft, von der folgende Geschichte, die man mir auf einem Spaziergang erzählte, im Umlaufe ist:
In dem nahe gelegenen Dorfe Bothnang – doch wurde es mir nicht als gewiß angegeben – lebte einst ein Mann, der mit einer Bande, die er um sich gesammelt hatte, das Falschmünzerhandwerk trieb. Schon lange hatte er dieses Geschäft getrieben und vieles schlechte Geld unter die Leute gebracht, ohne daß man ihm auf die Spur gekommen wäre, bis er ganz unerwartet von der aufmerksam gemachten Polizei in seinem Hause, gerade während er im besten Zuge war, Geld zu prägen, überrumpelt wurde, deren Händen er sich jedoch durch einen raschen Selbstmord entzog. Nun fieng er an, die Bewohner des Dorfes beständig zu stören, indem er bei Nacht Geld schmiedete und dabei einen großen Lärmen verführte. Endlich wagte es der Ortsgeistliche, sich in sein Haus zu begeben, um ihn zu bannen. Er beschwor den Geist, faßte ihn in einen Sack und trug ihn in die besagte Schlucht am Hasenberg, wo er ihn herausließ. Dort soll er seitdem hausen und Gold schmieden, bald allein bald von seinen ehemaligen Gehülfen, welche eines natürlichen Todes gestorben waren, unterstützt. Komme jedoch der Tag, so sehe man ihn hie und da während des Sonnenaufgangs unter der Gaiseiche sitzen mit einem Haufen gemachten Geldes vor sich, den aber bis jetzt noch niemand zu berühren wagte, und seinen Handwerkszeug in den Händen. (41)

SAGE VON DEM VERSTORBENEN HERZOG KARL VON WIRTEMBERG

Auf dem Platze, den die Hauptstraße zwischen Leonberg und Stuttgart mit der früheren herzoglichen Anlagenallee bei dem Schlosse Solitüde bildet, soll sich schon öfters der verblichene Herzog Karl als gewalthätiger Spuckgeist bemerkbar gemacht haben.

Es stand nämlich früher auf einer Anhöhe neben dem besagten Platze gegen Westen eine Reiterstatue in Lebensgröße, welche den Herzog Karl vorstellen sollte.

Nun brach einmal in dem Dörfchen Rudesheim, Oberamts Leonberg, Feuer aus, welches durch verspätete Hülfe sich schnell verbreitete und beinahe alle Häuser der Ortschaft verzehrte. Der Feuerreiter von Rudesheim sagte nun aus, als er Nachts an den oben bezeichneten Platz gekommen sei, sei der Herzog Karl mit seinem Schimmel mitten dagestanden und habe ihn nicht weiter gelassen, sein Pferd sei scheu geworden und habe ihn abgeworfen. Er sei nun auf die Seite getreten, um nach Stuttgart zu gelangen, aber auch [hier] sei ihm der Spuck in den Weg getreten, so daß er genöthigt gewesen sei, seinen Weg über Weilimdorf nach Stuttgart zu nehmen. Dadurch wurde natürlich die Hülfe um einige Stunden verzögert. (42)

DEGERLOCH

DER RAINBRUNNEN

Im Schacht dieses Schöpfbrunnens sollen zwei gekreuzte Degen aufgestellt gewesen sein; gelang es nun einem Übeltäter, die Weite des Brunnens zu überspringen, so war er frei, mißglückte der Sprung, so spießten die Degen den fallenden Körper auf. (43)

DEGERLOCH

WAS MAN SICH AN LANGEN WINTERABENDEN ERZÄHLTE

An den langen Winterabenden vor 60 und mehr Jahren, wenn gedroschen war und draußen der Wind über die Filder pfiff, mit hohem Brausen in die Wipfel der nahen Wälder fuhr, wo die Eulen huschten und der Waldkauz schrie, gingen in Degerloch die Bauern zum „Schwaatz". Den hielt man in der Werkstube des Schuhmachers D. ab. Da wurden die Märlein aufgetischt vom „Woddes Heer", vom Flecken-Säule, von den Streitäckern und Schlößlesäckern.

Bauer N. z. B. wußte von Woddes (Wotan) Heer. An einem schönen Sommertag habe er das Heer deutlich gehört. Auf den Bockwiesen (Gegend der heutigen Waldstraße) sei's „hergange wie net' gscheit, g'surrt het's und brauset in der Luft, daß arg g'wese sei". Und dann sei das Rauschen das Tal (oberer Ramsbach) hinunter und den Wolfsberg wieder 'nauf, ganz fürchterlich. (44)

DEGERLOCH

DAS FLECKEN-SÄULE

Um die Weihnachtszeit bei nebeligem Wetter zeigt es sich im kleinen Falter, war aber nicht für jedermann sichtbar. Dort trollte es sich gemütlich die Dorfgasse hinunter und verschwand dann spurlos in einem Hof. (45)

DEGERLOCH

DER STREITACKER

Um den Streitacker sollen sich einstmals viele Jahre lang zwei Brüder, denen der Acker als Erbteil zufiel, gestritten haben und eines Tages, als der Streit heftiger denn je entbrannte, habe der eine zum Messer gegriffen und den Bruder getötet. Daher der Name Streitacker. (46)

DEGERLOCH

DIE SCHLÖSSLESÄCKER

Über sie geht die uralte Legende von einem Schloß, das auf der anmutigen Höhe zwischen dem Ramsbach und dem Weidachtal vor vielen Jahrhunderten gestanden haben soll, aber spurlos untergegangen sei, „im Sumpf versunken". (47)

DEGERLOCH

DIE HEILKRÄFTIGE GLOCKE

An die größere Glocke in Degerloch, O.A. Stuttgart, knüpft sich der Glaube, daß Personen, welche heiser sind, oder die Stimme verloren haben, geheilt werden, wenn sie ihren Namen daran schreiben. (48)

SILLENBUCH

DER SCHATZ UNTER DER STIEGE

In einem Haus, das einst von zwei Gräfinnen bewohnt wurde, erschienen 1622 diese in schwarzer Gestalt mit weißem Gesicht dem wegen ihres Umgehens gerufenen Geisterbanner Martin Schreyer aus Esslingen, damit er den von ihnen unter der Stiege vergrabenen Schatz wegnehme. Dies gab er jedenfalls zehn Jahre später zu Protokoll, als man wegen Hexerei gegen ihn ermittelte. (49)

HEUMADEN

DIE „HEUMÄDER" LINDE

Die „Heumäder" Linde ist ein seltsamer Baum. Sie hat viele große, kropfige Auswüchse, so daß sie dadurch nach und nach zu einem stattlichen Umfang gekommen ist. Da, wo sie sich verästet, hat sie ein Loch. Nun geht die Sage, der Räuber Schinderhannes sei einmal auf den Fildern von seinen Häschern verfolgt worden und auf der Flucht an der „Heumäder" Linde vorbeigekommen. Er habe das Loch bemerkt und sei durch dasselbe in das Innere des hohlen Baumes gekrochen. Er blieb dort längere Zeit, ohne daß ihn seine Verfolger entdeckten. Seine Spießgesellen brachten ihm an Essen und Trinken das Beste, was sie aufbieten konnten. Als die Gefahr vorüber war, wollte der Räuber wieder heraus. Aber die gute

Kost hatte ihn so feist gemacht, auch war das Loch durchs Zuwachsen enger geworden, so daß er nicht mehr herauskonnte. Und so steckt der Schinderhannes noch heute in der „Heumäder" Linde. (50)

HEUMADEN

DER AUEMER GEIST

Auf den Fildern, südöstlich von Stuttgart, so ziemlich in der Mitte zwischen Heumaden, Ruith, Kemnat und Riedenberg findet man im Feld eine Quelle, die einen kleinen Teich bildet und von den umliegenden Äckern durch Hecken geschieden, von dem nahen Feldweg aus aber zugänglich und durch einen benachbarten Birnbaum, von der Gattung seiner Früchte Brecherlesbirnbaum genannt, weithin kenntlich ist. Ihr Wasser fließt unter dem Namen des Auchbachs oder Auemer Bachs an Riedenberg vorbei in den Ramsbach, der sich unterhalb Hohenheim mit der Kersch vereinigt. Die Einwohner der benachbarten Orte haben die Überlieferung, daß hier vor Alters ein Schloß und diese Quelle im Hof desselben gewesen sei. Für den ersten Theil dieser Behauptung spricht, daß in den Gemeinden Heumaden — einen sogenannten Auer Zehnte besteht [!] und daß man danach den ehemaligen Umfang einer Auer Markung bestimmen kann.

In den Umgebungen der Quelle ist es nicht geheuer. Als ein ganz neues Ereignis wurde mir folgendes erzählt: ein zwanzigjähriger Bursche von Heumaden fuhr eines Morgens aufs Feld, um Säcke mit Kartoffeln, die draußen lagen, heimzubringen. Als er mit Aufladen fertig war und sich zur Abfahrt anschickte, sah er auf der Deichsel einen seltsamen Mann sitzen, der einen blauen Kittel trug und einen großen Hut aufhatte, aber keinen Kopf. Der Knecht sprach kein Wort, sondern fuhr ab, die Pferde konnten jedoch den Wagen kaum von der Stelle bringen. Wie er an den Wegweiser kam der mit einem Arm nach – mit dem andern nach Heumaden deutet, sprang der Geist von seinem Sitz und gieng auf dem dritten Wege, der nach Kemnat führt, weiter, der Knecht sah ihn über die Felder beim Birnbaum hingehn. Das geschah zur Mittagsstunde. Von jetzt an zogen die Pferde den Wagen mit Leichtigkeit, der Knecht aber kam todtenbleich in Heumaden an und konnte selbigen ganzen Tag nicht einen Bissen mehr hinunterbringen. (51)

52

HEDELFINGEN

DIE ERDLEUTLEIN

Früher ging die Sage von Erdleutlein (Zwergen), die im Lai-Eichle wohnen und den Leuten bei Nacht „ihr Sach" arbeiten. (52)

MÖHRINGEN

DER SCHATZ IM KRESSART

Einmal in einer Sommernacht ging ein Möhringer Bürger in Halbschuhen durchs Kressart. Da lag auf dem Weg ein Spreu-häufchen, in welches er unversehens trat, so daß ihm einige Spelze in seine Schuhe fielen. Zu spät merkte er, daß dieses Häufchen zu dem Kressartschatz gehörte; denn als er zu Hause die Spelze aus den Schuhen schüttelte, fielen lauter blanke Taler heraus. Voll Begierde ging er auf den Platz zurück. Aber umsonst war das eifrigste Suchen; das Spreuhäufchen blieb verschwunden. (53)

MÖHRINGEN

ATTILAS HEERSTRASSE

Am „Heilbrönnele" vorbei führte früher ein ziemlich breiter, wenig befahrener Weg, der den Namen „Heerstraße" trug. Attila, König der Hunnen, soll auf seinem Zug gegen den Rhein diese Straße benützt haben. Gerade in der Nähe des „Heilbrönnleins", wo diese Straße niedrig lag, und ziemlich sumpfig war, soll man vor alten Zeiten viele sonderbar geformte Hufeisen gefunden haben. (54)

DIE BURGFRÄULEIN

In Plieningen spricht der Aberglaube von Burgfräulein, die durch ihre Erscheinung manche Angst erregt und in manchen Häusern zum öftern gesungen, aber auch bei Feldgeschäften geholfen haben sollen. (55)

DER SEE DES PARACELSUS

Man will bei Plieningen noch den See wissen, in welchen der Diener (des Theophrast v. Hohenheim) vor dem Tode seines Herrn die so berühmte Goldtinctur habe werfen müßen, und welche dann ein so donnerähnliches Krachen verursacht haben solle. (56)

Erfundene Sagen:
Die „Stuttgarter Stadt-Glocke"
und ihre Folgen

Marktplatz in Stuttgart, Stahlstich, 1841

Geehrtes Publikum! Hab' endlich ein kleines Dienstle bekommen und dasselbe am heutigen Tage angetreten. Bin ‚Glokkenzieher' geworden, und zwar – wie mein Bestallungsbrief lautet – in der ersten Haupt- und Residenzstadt des Königreichs Würtemberg." So launig annoncierte am 22. Dezember 1844 der Redakteur der „Stuttgarter Stadt-Glocke" sein neues Tag- und Nachtblatt, das jeden Tag – außer montags – erscheinen sollte. Verlegt wurde es von dem Buchdrucker und Stadtrat Johann Gottfried Munder. Dieser wurde am 15. August 1802 in Stuttgart geboren und soll im Zusammenhang mit den Ereignissen von 1848/49 nach Amerika ausgewandert sein.

Angekündigt wurde „der Vorzeit Thaten und Sagen, wie mir's mein Urgrosvater hinterlassen, zu erzählen, in gar einfacher Rede ohne Prunk". In der Tat bot Munders Blatt spannende Unterhaltung und historische Belehrung, indem es lange Fortsetzungs-Erzählungen „meist örtlichen und vaterländisch-historischen Inhalts" präsentierte. Den Auftakt machte das Tagebuch eines Hundertjährigen, das sich als Beitrag zur Sittengeschichte des 18. Jahrhunderts, besonders in Württemberg, ausgab und die wichtigsten Ereignisse des Jahrhunderts in Form eines Erlebnisberichts Revue passieren ließ. Sein angeblicher Autor, Anton Weberous, hat sogar in ein sonst grundsolides Sammelwerk, in die „Allgemeine Deutsche Biographie" Eingang gefunden. In Wirklichkeit handelt es sich nicht um eine zeitgeschichtliche Quelle, sondern um einen erfundenen Text. Damals waren solche historisch-patriotischen Erzählungen aus der „Vorzeit" eine überaus beliebte und gerngelesene Gattung. Lebendiger als trockene Geschichtsbücher, führten sie in alte Zeiten zurück und stillten das Bedürfnis des Publikums nach der Darstellung anrührender menschlicher Schicksale. Daß es seine Leser in den April geschickt hatte, gibt das „Tagebuch" übrigens am Schluß augenzwinkernd selbst zu verstehen. Der Protagonist Weberous stirbt an einem 1. April beim Abzählen einer Bestellung von 500 Stück Waschklämmerlein.

Natürlich enthielt jede Ausgabe der Stadt-Glocke auch kleine Beiträge und Anzeigen, aber im Vordergrund stand doch die Fortsetzungsgeschichte, die „die Geschicke verschwundener Geschlechter zur Warnung und Lehre" erzählen wollte, wie es in Nr. 25 heißt. Munders originelles Blatt hatte Erfolg – bereits nach einem Monat betrug die Auflage 1000 Stück. Es erschien bis 1848, und es muß von den Stuttgartern begeistert verschlungen worden sein.

Entfaltet wurde nicht weniger als eine vollständige Mythologie

Stuttgarter Stadt-Glocke.

Ein Tag- und Nachtblatt.

Dieses Blatt erscheint, mit
Ausnahme Montags, jeden
Tag, und kostet hierorts mo-
natlich 9, auswärts 12kr. Die
Einrückungs-Gebühr für die
Petitzeile, oder deren Raum,
beträgt 1½ Kreuzer.

FIAT ✶ LUX

Mit der Expedition d. Blat-
tes, Büchsenstr. Nr.18, ist ein
Commiss.-Comtoir verbun-
den, in welchem alle Auf-
träge billig besorgt werden.
Morgens aufgegebene An-
zeigen erscheinen Abends.

Nr. 2.   Dienstag, den 24. December 1844.   **Auflage 6000!**
netto.

der Stadt, die alle namhaften Stuttgarter Örtlichkeiten als Erzähl-
Male in den Geschichten erscheinen ließ und umgekehrt alle wichtigen Epochen der württembergischen Geschichte an heimatlichen „Sagen" verdeutlichte. Gewiß, es war Trivialliteratur in der Art der Kol-
portageromane, was man in der Stadt-Glocke vorgesetzt bekam –
aber das war es, was die Leute lesen wollten: „Blutscenen, Greuel, Wi-
derwärtigkeiten und merkwürdige Schicksale". Trotzdem ist die Stadt-
Glocke und ihre bemerkenswerte Wirkungsgeschichte ein Stück ver-
gessener Stuttgarter Literaturgeschichte des Vormärz, das es wiederzu-
entdecken lohnt. Denn der phantasiereiche Verfasser der Erzählungen
in der Stadt-Glocke war zweifellos ein literarisches Talent, der, in der
Tarnung erfundener Quellen, meisterhaft mit einer gewollt altertü-
melnden Sprache zu experimentieren verstand.

Zur Postmichels-Geschichte bemerkte Carl Weitbrecht 1898:
„Mancher glatte Novellenschreiber unserer Tage, der vielleicht die
Nase rümpft über diese 'naive Schauergeschichte', dürfte sich gratulie-
ren, wenn er so etwas machen könnte, d. h. wenn er die Kraft der an-
schauenden Phantasie, die geradeausgehende sachliche Erzählungs-
kunst und die unverzagte Gewalt über die Sprache besäße, die sich
hier offenbart". Im Autor stecke „doch ein gutes Stück von einem
rechtschaffenen Poeten".

Wer die Geschichten der Stadtglocke verfaßt hat, läßt sich nicht
mit letzter Sicherheit sagen. Man hat sich zwar inzwischen auf den Bru-

57

der des Buchdruckers geeinigt, auf Wilhelm Friedrich Munder, geboren in Stuttgart 1799, Pfarrer in Ochsenwang, Dürrenzimmern, Ganslosen und zuletzt Eltingen, wo er 1851 starb. Allerdings stützt sich diese Zuweisung ausschließlich auf die Versicherung Julius Hartmanns, der dafür keinerlei Quelle angab. Ungelesen blieb bislang die 1844 erschienene Gedichtsammlung des Buchdruckers Munder „Poetische Versuche eines Buchdruckers in seinen Feierstunden". Sie enthält bereits einige der später in der Stadt-Glocke verwendeten Stoffe, so auch die Geschichte vom Postmichel. Da überdies die gleichen „schaurigen" Ingredienzien vertreten sind wie in der Stadt-Glocke, wird man den Buchdrucker vielleicht doch als Schöpfer dieser „Sagen" betrachten dürfen.

In Eduard Mörikes reizvollem Märchen „Das Stuttgarter Hutzelmännlein" aus dem Jahr 1853 begegnet in den Anmerkungen mehrmals Marchthalers von Eßlingen „Hauschronik" als Vorlage für eigenwillige Wortprägungen („Morgenatz", „Wiegentag"). Bei dieser angeblichen Hauschronik handelt es sich aber um eine der nie existenten „Quellen" Munders. Munders Sprachschöpfertum ist somit bei Mörike auf fruchtbaren Boden gefallen – zumindest diese, von der Mörikeforschung bislang kaum registrierte Abhängigkeit sichert dem Stuttgarter Buchdrucker (oder seinem Bruder) ein bescheidenes Neben-Plätzchen im schwäbischen Dichter-Olymp.

Mit der Einstellung der Stadt-Glocke 1848 war die Erfolgsgeschichte der in ihr enthaltenen „Sagen" nicht beendet. Munder selbst verwertete sie erneut in seinem 1849 herausgekommenen historischen Unterhaltungs-Buch für jeden Stand und jedes Alter: „Die Glocke". Eine ganze Reihe seiner Erzählungen wurde wenige Jahre später in das württembergische Volksbuch „Württemberg wie es war und ist", das 1854/55 erstmals erschien, aufgenommen. Es erlebte bis 1898 acht Auflagen, und noch 1980 kam eine Auswahl in neuer Fassung heraus (mit einem wichtigen Nachwort von Volker Trugenberger und Georg Wieland). 1875 veröffentlichte Friedrich Nick (1827–1876) seine „Stuttgarter Chronik und Sagenbuch". Dieses Buch stellt zu großen Teilen nur eine wörtliche Übernahme der Munderschen Geschichten dar, die in einzelne Episoden aufgeteilt wurden – es handelt sich im Grunde genommen also um ein Plagiat. Auch der Sagenband der „Württembergischen Volksbücher" des Lehrer-Unterstützungs-Vereins von 1905 und Wilhelm Seytters populärer Wälzer „Unser Stuttgart" von 1904 sorgten für die weite Verbreitung der Geschichten aus der Stadt-Glocke. Zwar behauptet die Schriftstellerin Hedwig Lohß in ihrem 1936 und 1960 erschienenen Buch „Alt-Stuttgarter Geschichten und Sagen", sie habe „alle alten Chronik- und Sagenbücher, die ich nur auftreiben konnte, durchgestiert nach alten Stuttgarter Geschichten". In Wirklichkeit hat sie aber im wesentlichen nur das Nicksche Buch zugrundegelegt. Angesichts dieser Resonanz wundert es nicht, wenn einige „Sagen" der Stadt-Glocke heute als die Stuttgarter Sagen schlechthin gelten.

Eine ganze Reihe gelehrter Autoren hat sich abgemüht, die Haltlosigkeit und historische Unrichtigkeit der Geschichten der Stadtglocke darzulegen. „Unechtes Sagengut" lautet denn auch die Überschrift eines Artikels von M. Gerster, eine Abrechnung mit einigen der Stadt-Glocke entstammenden „historischen Sagen" Stuttgarts und Württembergs. Obwohl vieles in der Stadt-Glocke auf den ersten Blick „echt" wirkt und an „Detailrealismen" nicht gespart wird – schließlich sollten die Leser ihre Heimat ja wiedererkennen – ist das allermeiste phantasiereich erfunden. Natürlich hat der Autor gewisse Quellenstudien betrieben, doch dienten diese ihm nur als Anknüpfungspunkt für seine Kreativität, mit der er die unglaublichsten Geschichten herbeifabulierte. Julius Hartmann hat denn auch vorgeschlagen, „Württemberg wie es war und ist" umzutaufen in „Württemberg wie es nicht war" und das Nicksche Werk in „Stuttgarter Lügen-Chronik". Ein besonders krasses Beispiel ist eine bei Nick enthaltene Erzählung über das Moritzen-Türmle der Leonhardskirche, das seine Existenz ausschließlich einem Druckfehler in den „Annales Suevici" des Martin Crusius verdankt. Der Augsburger St. Moritz-Turm ist eine Zeile nach unten und damit nach Stuttgart geraten.

Hier kann verständlicherweise nur ein ganz kleiner Ausschnitt aus Munders Stadt-Glocke und ihrer Wirkungsgeschichte dokumentiert werden. Ausgewählt wurden zwei Textstücke aus der Stadt-Glocke, die etwas von dem Spiel mit sprachlichen Archaismen und Neuschöpfungen zeigen – mögen sie auch noch dem heutigen Leser munden! Die zweite Geschichte kam mit ihrer „reißerischen" Anspielung auf lockere Sitten in vorreformatorischen Klöstern dem Publikumsgeschmack weit entgegen. Karl Gerok (1815–1890), ein damals vielgelesener Stuttgarter Dichter, goß mehrere Vorlagen aus der Stadt-Glocke in poetische Form. Das vielleicht gelungenste Erzeugnis seiner von Munder inspirierten Muse, „Der Keller auf Reinspurg", wird hier abgedruckt.

Die schaurige Geschichte vom Silberglöcklein, die einer der Schüler Albrecht Schotts 1847 niederschrieb, findet sich in ähnlicher Form bereits in des Buchdrucker Munders „Poetischen Versuchen" von 1844. Nicht fehlen darf schließlich die populärste der Munderschen „Sagen", die Erzählung vom Justizmord am Postmichel, die hier ebenfalls in Nacherzählung eines Stuttgarter Gymnasiasten wiedergegeben wird. Die Esslinger haben „ihrem" Postmichel einen Brunnen errichtet und pflegen sein Andenken immer wieder mit Theateraufführungen. Kaum eine andere württembergische Ortssage ist – vor allem durch die dramatischen Fassungen des volkstümlichen Theaters – so bekannt geworden. 1993 erhielt eine Postmichel-Story in schwäbischem Dialekt den dritten Preis im Wettbewerb für Volksstücke.

Dem Esslinger Stadtarchivar P. Eberhardt war in den 1920er Jahren die Postmichel-Manie seiner Mitbürger gar nicht recht, und er verweist recht griesgrämig darauf, daß Munder durch seine Flunkerei mit den alten Chroniken den Eindruck erweckt habe, als handle es sich um eine wahre Begebenheit. Einer solchen bringe man ein ganz anderes Interesse entgegen als einer Dichtung. Damals wies man in Esslingen sogar das Gefängnis und den Grabstein des Postmichel vor. Zur Errichtung des Postmichel-Brunnens schrieb Eberhardt: „Wie hätte sich der selige Sagenfabrikant Munder ins Fäustchen gelacht, wenn er das noch erlebt hätte!"

DAS EWIGE LICHT AUF WEISSENBURG

WARNUNG VOR DEM BURGWEG

Aus Trittenheims und Naukler's „Hirsauens Sagentestament" J. 1690

(Fortsetzung)

Als man die Steintrümmer und den Schutt auf Weissenburg durchwühlte, fand man unter Anderm auch das „Silberglöcklein", welches nach Stuttgart gebracht, von Erwin Luz auf den kleinen Thurm der Stiftskirche aufgehängt, und zu verordneter Zeit pünktlich geläutet wurde. Als aber der dicke, 188 Fuß hohe Thurm, der 1490 angefangen, 1495 bis zum untern, 1513 bis zum mittlern und 1531 bis zum dritten Kranze erbaut war, ward das Silberglöcklein auf demselben aufgehängt. Das „ewige Licht" aber, welches bis zur Reformation gehalten wurde, verlöschte mit der Einführung derselben, und sein Stiftungsgut wanderte zu anderen Stiftungen. Von dieser Zeit an, entstand der Glaube: „Auf den Trümmern von Weissenburg brenne jede Nacht ein Licht, das von keines Menschen Hand entzündet noch geschüret werde und wodurch Nachtwanderer irregeleitet und nicht selten dadurch verunglückten. Wie es gar vielen schon geschehen." Es fand sich daher der Magistrat von Stuttgart im Jahr 1599 veranlaßt, Jedermann des Weges am Burggrund vorüber zu warnen, indem am letzten Kreuzerfindungstage der Ausburger Amermüller dorten in die Irre gelocket worden und fast elendiglich umkommen seie, wie aus folgender Erzählung des Benannten erhellet. „Am Morgen des gestrigen Tages, ging ich, nachdeme ich ein christlich Vaterunser andächtiglich gebetet und auch einige frommentliche Seufzerlein gethan hatte, von meiner Ehehälfte züchtiglich Abschied genommen, auch nebstbei meinen Haussegen allsammtlich geherzt – nach Echterdingen auf den Weg, um jung Gras zu feilschen. Weilen aber der Aigner unlässiglich war, verzog sich mein Bleiben und es dunkelte schont, als ich die Grußmark zu Echterdingen verließ. Völlige Nacht war eingesunken, da ich gen Degerloch kam und den Burgwald betrat, welchen ich tröstiglich und rüstiglich durchwandelte, obgleich es darinnen gar sehr krächzete, huschete, wuhete und uhuete. Als nunmehro die Rüsterei zu Ende ging und ich schon die Lichtlein im Thal zuweilen schauen konnte, da wo der Burgstand beginnet und der Weg sich dachet, da war mir's, als schreite Jemanden vor mir des Weges, bald waydelich bald saumig, mit erhelltem Windhaus (Laterne). Ihm nachzukommen spudetete ich mich, weil es mir liebder sein wollte, zu Andert zu laufen am Burggrund vorüber, vor wo mir die Haut schauderte und mehrmalen ich grieselich ging. Jemehr ich aber doppelte, desto eilfertiger sprang auch das Licht vor mir hoch und niedrig, rechts und links. Plötzlich sah ich es nicht mehr, hatte auch keinen Pfad mehr, stürzte über Mauern und Gestein, kollerte hilflos abhänglich hinab, bis ich zu hälftigen Leibs in der Burgstaue lag, aus welcher ich meinen Körper kaum als halben Leichnam herausholte mit vieler Noth, dabei lachte ein Ungesehner mich spottentlich aus. Also ist mir beschehen männiglich, was bezeiget mein wundgefallen Angesicht und meine geschurften Gliedmaßen." Auf diesen Fall hin, setzte man einige „herzhaftigentliche" Wächter aus, ob man die „Teuffelsluit" nicht zu fahen vermöge, welche „stette" Menschen irrig machen, in Noth führeten und hernach darinen „uzzen". Es wurde aber selbiger Zeit Niemanden „ertappet", wohl aber das Lichtlein „öffterlich" gesehen. Daher fand man für's beste, um dem Aberglauben zu steuern, den Weg vom Wald am Schloßgrund vorüber nach der Stadt eingehen zu lassen, und eine Straße über die Sandbrüche und die Weinberge von Degerloch herab, herzustellen durch Abfrohn, was denn auch geschah im Jahre 1616, seit welcher Zeit die Steige „Weinsteige" heißet, weil das erste Fuhrwerk, das sie nach ihrer Vollendung befuhr, ein Weinwagen war. Später wurde sie verbessert, ein größerer und „lägserer" Umrang genommen, und damit manchem Unglück vorgebeugt. Jetzt verbindet, zwischen beiden ehemaligen Steigen, die „neue Steige" Unter- und Oberwürttemberg auf eine ganz gefahrlose und wahrhaft angenehme Weise. Mit Recht hat man daher ihrem Erbauer, Oberbaurath v. Etzel, nach dessen Tod, ein Denkmal darauf gesetzt, im Jahre 1844. Von den Resten der zerstörten Burg wurde die Brücke erbaut, die von der Stadt durchs Hauptstätterthor führte; ebenso der runde Thurm, linksab an der Stadtmauer, welcher deshalb der „weiße", später aber der „Nachrichterthurm oder Schinders Kleiderkasten" hieß, weil er dem Scharfrichter, zur Trocknung seiner Felle, neben dessen Wohnung eingeräumt wurde. Der Platz, wo er stand, ist das linke Eck, wenn man vom Wilhelmsplatz in die Katharinenstraße einmündet und wurde zusammengerissen im Jahre 1820. Diesem Thurm gegenüber war ein Erdwall, die Haupt- oder Richtstätte, welche ebenfalls ummauert wurde, die Steintreppen zu derselben aber nebst dem Heusteigthörlein, holte man auf dem „Weissenburle", so daß Ausgang des siebzehnten Jahrhunderts nur noch die Hälfte eines Thurmes und wenige Gewölbe tief im Boden vorhanden waren, in welche aber Niemand wollte, weder bei Tag oder bei Nacht, und sie würden jetzt noch stehen, aus Furcht vor dem unheimlichen Lichte, das jedes Kind von Stuttgart schon gesehen haben wollte, wenn nicht nachfolgender Umstand, die gänzliche Schleifung aller Mauerwerke, im Jahre 1707, zur Folge gehabt hätte.

(Fortsetzung folgt.) (57)

DAS SILBERGLÖCKLEIN VON STUTTGART

Auf einem Berge in der Umgegend unserer Stadt lebte einst eine Edelfrau mit ihrer einzigen Tochter auf ihrem einsamen Schlosse. Ohne Wissen der Mutter hatte das Edelfräulein ein vertrautes Verhältnis mit einem hohen Beamten der Stadt, welcher in der Schulgasse wohnte. Um sich nun die Mutter vom Halse zu schaffen, ermordete die Tochter dieselbe im Einverständniß mit ihrem Geliebten und begrub sie sodann in des Schlosses Keller. Dieselbe gab nun vor, ihre Mutter müsse sich verirrt haben und es wurden Leute ausgeschickt, um sie zu suchen, aber man fand dieselbe natürlich nicht. Erst auf dem Sterbebette bereute die Tochter ihr Verbrechen, und um es wenigstens einiger Maßen wieder gut zu machen, nahm sie allen ihren Silberschmuck und ließ ein Glöckchen daraus gießen, das nach ihrer Verordnung jede Nacht um 12 Uhr geläutet werden mußte. Der Gehülfe an dem Mord soll sich noch hie und da durch ein Gestöhne im Keller eines alten Hauses in der Schulgasse, das ich selbst anzugeben weiß, kundgeben. (58)

DAS HEILIGGRAB IN DEN MÖNCHHALDEN

Nachrichten von Bürgermeister Hans Welling. 1530

In den Thorheiten der Vergangenheit,
Spiegelt sich der Gegenwart Narrheit.

Langsam dachet sich der Kriegsberg ab, nach den Mönchhalden hin, wo früher ein Kloster im Walde lag, und nicht fern davon eine Wallfahrtskirche, genannt „zum heiligen Grab" stand. Das Kloster soll gestiftet worden sein von dem Einsiedler Walder ums Jahr 800. Bald gelangte der Ort durch Schenkungen aller Art zu namhaftem Vermögen, besonders aber erwarb sich das Mönchhaus ein reiches Einkommen dadurch, daß ein Herr v. Tonzhowen eine Kirche, fünfhundert Schritte davon erbauen ließ, zum Andenken an seine „jäh verstorpene" junge, schöne und fromme Hauswirtin „gertruda", einer geborenen von Bunighaim (Bönnigheim), mit der er nur einen Sommer lebte. Diese seine Gertrud ließ er in die Kirche bestatten und nannte für sich den Ort ihrer Ruhe „zum heiligen Grab", und wollte täglich dahin um zu beten. Im Jahre 1118 brachte ein Pilger aus dem gelobten Lande eine Palme, welche er dieser Kirche schenkte und wodurch ein Wallfahrtort sich bildete, welchem die Menge von Nah und Fern zuströmte, und der besonders der erste Mai ein Festtag dorten war, bei welcher Gelegenheit ein „groß holzern eselthier" um die Markung gezogen wurde. Dieser Esel kam später in die Stiftskirche nach Stuttgart, und hatte seinen Platz hinten im Chor, wo er des Jahres einmal vor der Versammlung um den Altar geschoben wurde. (…)

Zwei hundert Jahre vor der Reformation, wurden die Mönche des Klosters beim heiligen Grab nach der „Statt Stuetgarten gedriepen," weil sie einen gar ärgerlichen Wandel führten, absonderlich Hilar Sprendel, von Neuseedorf gebürtig, der viele Mädchen und Frauen verführet und ein Drielager in seiner Celle hatte, während alle Uebrigen nur ein Zwielager schüttelten und doch war der jüngste an die „funfzigen" schon. Mehrere Jahre stand das Kloster geschlossen da, bis es zu einem Nonnenkloster gemacht wurde. Diese lebten aber auch nicht „musperlich", sondern nur „schmieralisch", dachten mehr an den Bauch, als an ihrer Gelübde Brauch, mehr an Breiteln und Rasten, als ans Beten und Fasten, zumal die Oberin, die sich mit „Rüthelein fizzen" ließ, keineswegs aber der Büssung wegen. Auch machten sie Ichschulden und herbergeten leichtfertige Irrling so zu ihnen kamen, worunter gar Ehemänner waren. So kam es, daß um die Fastnacht 1259 ein zahlreich Häuflein „Ehwirthinnen in Wallmänteln hinausgingen nach dem Klosterhaus, um daselbst ihre Männer zu suchen, und wurden williglich eingelassen, als aber die Nonnen merketen, daß die Gekommenen ihres Geschlechts waren, da jagten sie dieselbe blutrinnig hinaus. Als der Auszug der Frauen etwelchen Männern auf dem Burgerhaus, wo eben Schlaraffentanz war, bekannt wurde, machten auch sie sich auf den Weg nach dem heiligen Grabkloster und blieben daselbst bis zum andern Morgen, wodurch gar viel ärgerlich Ehegeschimpf entstand und so viel Wirrwarr in die Haushaltungen kam, daß der Stadtrath von Stuttgart Grav Ulerich den Zweiten bat, er möchte Sorge um bessere Zucht des Klosters tragen. Dieser jedoch war selbst kein Joseph und nahm wenig Gehör von der Bitte, sondern befahl nur die Thore der Stadt des Nachts „engelich" zu schließen. Als aber dieser Grav 1279 starb, führte Eberhard der „Allerweltsfeind" Zucht und Ordnung ein. Im Jahr 1286 aber kam der strenge und gewaltige Habsburger, entvölkerte das Kloster und machte es thür- und thorlos. Dadurch fiel mancher Frau ein schwerer Stein vom Herzen, besonders der v. Nelling."
(Fortsetzung folgt.) (59)

64

DER GEIST DES POSTKNECHTS
UND SEIN HORN

Vor mehreren Jahrhunderten wurde in Stuttgart das Landhaus gebaut, bei dessen Einweihung sich unter andern auch ein angesehener Mann von Eßlingen, namens Marchthaler, einfand. Er verließ Stuttgart in später Nacht, um noch nach Eßlingen zu gehen. Auf dem Wege dahin überfiel ihn Jemand und schlug ihn todt. Allem Anschein nach hat er sehr verzweifelnd um sein Leben gestritten und hiebei seinen goldenen Ring verloren. Morgens wurde der Leichnam oben an der Eßlinger-Steige übel zerschlagen gefunden und obgleich der Neffe des Ermordeten sich alle Mühe gab, den Mörder desselben zu ermitteln, so war doch alles Nachforschen vergeben. Einige Zeit nachher gieng ein Postillion von Eßlingen nach Stuttgart und fand den Ring, den er verheimlichen wollte; allein als er in einem Wirthshause einkehrte, erblickte Jemand den Ring und auf die Frage, woher er ihn habe, erschrack er und verbarg ihn. Er wurde verdächtig, festgenommen und nach Eßlingen gebracht, wo er unter den Augen des Neffen, der den Ring kannte, gefoltert und trotz aller Versicherung, daß er unschuldig sei, zur Hinrichtung verurtheilt wurde. Weil der Scharfrichter in Eßlingen, der die Hinrichtung hätte vollziehen sollen, gerade krank war, so ließ man den Scharfrichter von Stuttgart [holen], den der Postillion kurz vor der Hinrichtung bat, ihn ein Lied mit seinem Posthorn blasen zu lassen. Es wurde ihm verweigert, worauf er sagte, daß er noch nach seinem Tode blasen werde. Der Scharfrichter nahm das Posthorn und schlug ihm dann mit dem Schwert den Kopf ab. Von dieser Zeit ritt der Postillion jedesmal an dem Tage seiner Hinrichtung auf einem Schimmel mit dem Kopfe unter dem Arme vor das Haus des Scharfrichters, um daselbst sein Horn zu holen, auf dem [er] dann ein klägliches Lied blies. Nach Verfluß vieler Jahre fand sich der wirkliche Mörder und die Unschuld des Postillions kam ans Tageslicht. Es war Marchtalers Neffe selbst, der nach dieser Mordthat Eßlingen verließ und große Reisen machte, um die Gewissensbisse einigermassen zu unterdrücken; allein nach vielen Jahren kehrte er wieder heim und sein Gewissen quälte ihn so, daß er seine abscheuliche That dem Geistlichen entdeckte. Er starb in hohem Alter im Spital auf eine gräßliche und schauervolle Art, indem er bei Lebzeiten von Würmern beinahe soll gefressen worden seyn. (60)

KARL GEROK: DER KELLER AUF REINSPURG

STUTTGARTER SAGE

„Der Abt wählt sich den edlen Firnewein"
Schiller

Zwölfhundert sechs und achtzig nahm Kaiser Rudolfs Zorn,
Vasallentrotz zu strafen, Haus Wirtemberg aufs Korn,
Doch ob er sieben Burgen auf Stuttgarts Höhen bricht:
Er bricht den Stolz des Grafen, bricht Stuttgarts Thore nicht.

Die Fehde ward verglichen, das Wetter zog vorbei,
Was Roß und Mann zertreten, der Bürger pflanzt es neu,
Und wo die Burgen trotzten, blühn Rosen ums Gestein,
Wächst auf besonnten Hügeln ein purpurroter Wein.

Nach hundertneunzig Jahren – vernehmt was da geschehn:
Ein Mönchlein schlich durchs Seelthor, im Feld sich zu ergehn;
Die Frühlingssonne brannte ihm auf die Kutte warm,
Er liegt ins Gras zu rasten, den Kopf gestützt im Arm.

Es war am Hasenberge, wo einst die Reinspurg stand,
Nun weiden dort die Ziegen, Felsnelken blühn im Sand,
Das Mönchlein blickt beschaulich hinab ins grüne Thal,
Wo Stuttgarts Türme funkeln im Abendsonnenstrahl.

Da wehts ihm aus dem Boden so kellerkühl und feucht,
Die Erde, drauf er lagert, entrieselt und entweicht,
Als flöße sie nach innen durch ein geheimes Thor;
Dem Mönchlein dünkt es seltsam, es horcht und spitzt sein Ohr.

Es kehrt ums Vesperläuten gedankenvoll zur Stadt,
Und beichtet seinem Probste, was sich begeben hat:
Jörg Kerler war sein Name, war Abt zu Kloster Lorch,
Hielt eben Hof zu Stuttgart; – er lauscht und spricht: Horch! horch!

Er heißt den Bruder schweigen, läßt früh am andern Tag
Sich still die Stelle zeigen, wo der im Grase lag,
Legt selber sich zur Erden trotz dem Prälatenbauch,
Und wieder bläst vom Boden der kellerkühle Hauch.

Deß war er nicht erschrocken, die Geister forcht er nit,
Die in den Kellern spucken; aufs Rathaus geht sein Schritt,
Beut zwanzig Pfunde Heller, daß er, was ihm bequem,
Sich auf der Reinspurg hole; den Herren war's genehm.

Er dingt vier brave Männer, die graben ungesäumt
Und Schutt und Steingeröll wird fleißig weggeräumt,
Bald stößt man aufs Gewölbe des alten Ritterhaus,
Da führen siebzehn Stufen ins kühle Kellerhaus.

Ein Lämpchen wird entzündet, man leuchtet rings ins Rund,
Dem Abte wird so heimisch, das Mönchlein leckt den Mund:
Acht mächtge Lagerfässer ruhn an der Wand gereiht,
Ein Steinkrug und ein Becher steht jeglichem zur Seit.

Man klopft ans erste Stückfaß: o weh, das fällt in Staub;
Ans zweite: Schad! auch dieses zerstückt sich Daub um Daub;
Ans dritte: Ha! das dröhnet! nur klingt es hohl und leer;
Doch horch! Das vierte tönet so dumpf und inhaltschwer.

Der Hahnen ist verquollen, drum stracks gebohrt ins Faß!
Da rieselt und da sprudelt hervor ein goldnes Naß;
Man hält die Becher unter: bei Gott, ein firner Wein,
Nach hundertneunzig Jahren noch feurig, frisch und rein!

Fürsichtig wird gekostet und tapfer wird gezecht,
Vom Abt mitsamt dem Mönche, vom Meister samt dem Knecht,
Dann senden sie gen Stuttgart und thuns dem Rate kund,
Der jüngste Knecht muß laufen, zu melden ihren Fund.

Er steigt ans Licht: wie flimmert die Welt im Sonnenglanz!
Wie drehn sich alle Berge rundum im Ringeltanz!
Er dreht sich mit im Reigen, weiß nicht wie ihm geschehn,
Liegt jählings hart im Graben, kann nimmer auferstehn.

Drauf schicken sie den zweiten: den schmeißt es querfeldein,
Gleichwie den Bolz vom Bogen, an einen Mauerstein,
Er hat ein Bein gebrochen, weiß nicht wie ihm geschehn,
Kommt nimmer auf die Füße, kann nimmer Botengehn.

Nun sendet man den dritten, das war der Daniel Schwab,
Der tappt mit schweren Schritten breitspurig sich hinab,
Thät mit verglasten Augen und mit verklebtem Mund
Dem Stadtschultheiß, Herr Nüttel, das Abenteuer kund.

Der schilt den trunknen Boten, macht doch sich auf die Bahn,
Steigt mit drei Herrn vom Rate zur Reinspurg flugs hinan,
Da treffen sie beim Fasse das fröhliche Bankett,
Sie hören, staunen, kosten und zechen um die Wett.

Und als sie vollgetrunken, da deuchts dem Schultheiß recht,
Daß man die Faß gen Stuttgart ins Ratsgewölbe brächt;
Deß lacht der Abt: Vergebung! Ihr seid mein werter Gast,
Für meinen Klosterkeller wird dieser Wein gefaßt.

Um zwanzig Pfunde Heller, so wars den Herrn genehm,
Soll ich auf Reinspurg graben, mir holen was bequem;
Bequem sind mir die Fässer, dazu der edle Wein;
Wollt ihr die Steine haben – sie sollen euer sein.

Der Schultheiß ruft: mit nichten! und weil die Herrn schon warm,
Sind handgemein geworden der geist- und weltlich Arm,
Und weil auf ihren Füßen nicht allzufest ihr Stand,
So wälzen sie mitsammen sich brüderlich im Sand.

Die Fehde ward verglichen, der Friede ward gemacht,
Die Kirche wie das Rathaus ward billiglich bedacht,
Der Rat bekam zur Stärkung des Weines köstlich Naß,
Der Abt empfieng fürs Kloster sechs mächtige Stück Faß.

Als die ans Licht gekommen, da fand man eingebrannt,
Wie jedes Faß von Alters getauft war und benannt,
Das größte hieß der Mönchbauch, vier Fuder war es schwer,
Die Chronik nennt die andern, ich weiß nicht alle mehr. -

Der Wein der ist getrunken, die Fässer sind zermorscht,
Der Keller ist versunken, den einst der Mönch erforscht;
Doch fröhlich grünt der Hügel, darauf die Reinspurg stand,
Blickt weithin in die Runde, ins schöne Schwabenland.

Und als ich jüngst beschaulich am Sommernachmittag
Dort unter einer Linde in Gras und Blumen lag,
Da blies es nicht vom Boden wie feuchte Kellerluft,
Doch weht' es um den Hügel wie Rebenblütenduft.

Da pries ich mir mein Stuttgart, das keine Burgen mehr,
Doch hundert heitre Villen im Kreise zählt umher,
Da segnet' ich die Berge, darauf noch allezeit,
Trotz dem im Reinspurgkeller, ein Firnewein gedeiht. (61)

Remstal und Berglen

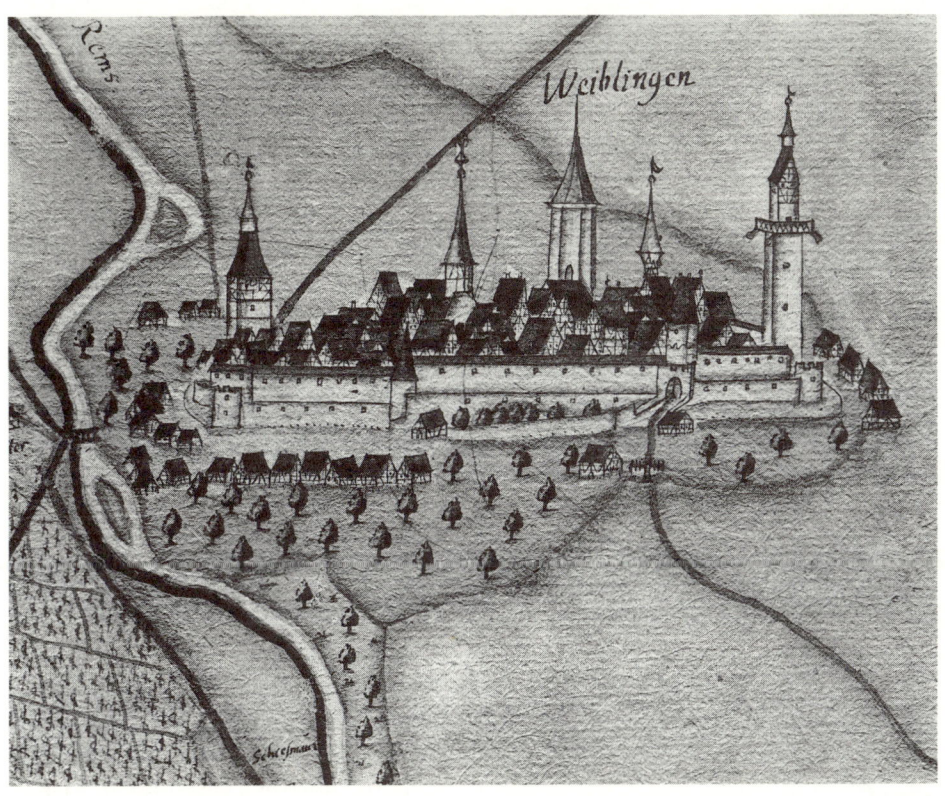

Waiblingen, Kiesersche Forstkarte, 1686

GEORG HAN

Schorndorff ist ein veste mit Wählen umgebne Statt in dem Rams-Thal gelegen, welche, ums jahr Christi 1190 noch ein Mayerhof gewesen, auf welchem ein Baurs Mann Georg Hane, der den Boden mit einer Schaufel, oder so genandten Schor umgraben, gewohnt; weilen nun immerzu mehr Häuser hinzu kommen, daß endlich ein Dorff draus worden, hat es den Nahmen Schorndorff bekommen, welches hernach an die Edelleute von Aurbach gelangt, die gar vermöglich waren, also, daß sie auf ihrem Grund und Boden von diesem Schorndorff biß nach Waiblingen reiten können. (62)

Die Gründungserzählung ist aus dem „redenden" Wappen Schorndorfs, das zwei gekreuzte Spaten („Schoren") zeigt, abgeleitet. Ein Neckreim aus unserem Jahrhundert bezieht sich ebenfalls darauf:

Wer se will en Schorndorf nähre'
muaß zu Hau ond Schaufel schwöre'!

DAS BOCKSGEWÖLBE ZU SCHORNDORF

Der Wall von Schorndorf ist von vielen kleinern und größern Gewölben durchhölt, deren eines aus unbekannten Ursachen den Namen Bocksgewölbe führt. In diesem Gewölbe liegt ein Stein mit rothen Adern, an den sich folgende Sage knüpft.

Ein Handelsmann aus Winterbach, namens Johann Veil, hat eines Tages eine große Summe Geldes eingenommen. Darnach wird sein Handelsbruder, Thomas Schädler, lüstern, und sucht dieselbe an sich zu bringen. Er vertraut einem Andern sein Geheimniß an, und dieser verspricht ihm Beistand. Nach zwei Tagen starb Veil an einem Steckflusse, wie man aussprengte, und die beiden reißen das Geld an sich. Um nun dasselbe nicht mit seinem Helfershelfer theilen zu müssen, sucht Schädler auch diesen aus dem Wege zu schaffen. Er stellt ihm vor, die Erben des Verstorbenen könnten dasselbe ansprechen und da müsse es denn vorher verborgen gehalten werden; nachher könnten sie sich ja darein theilen. Sie betraten das nächste beste Gewölbe – es war diß aber das sogenannte Bocksgewölbe – und verscharren das Geld. Nun ersieht sich Schädler einen günstigen Augenblick und erschlägt den Mitwisser seines Verbrechens. Aber auch seine Stunde hatte geschlagen; denn, als er das verscharrte Geld wieder ausgraben will, erscheint der Teufel in der Gestalt eines schwarzen Riesen und dreht ihm den Hals um. Nun muß Schädler alle Nacht um 12 Uhr auf dem Platze sitzen, wo er geendet hat, und allda sein Geld hüten, bis er erlöst wird. (63)

SCHORNDORF

ZAUBERER NUSCH

Mir ist glaublich vor 4 jahren gesagt worden / das im Würtenberger lande ein grösser Mörder umbgangen sey / der war ein grosser Schwartzkünstler / mit dem namen Nusch / kond sich unsichtbar machen / der zaubert sich auff ein zeit bey Schorndorff zu einem alten verdürtem baum / als nun ein gute arme fraw hinauß holtz auffzulesen gangen war / fand sie ungefehrlich den versoreten *(verdorrten)* block / nam in / lud in auff / trug in heim / als sie für das thor kam / fieng der Nusch an zu reden / und sprach / alte Hur stehe stil / laß mich gehen / du hast mich lang gnug getragen / die arm fraw erschrack hefftig / unangesehen das sie so hart getragen hatte / das ihr der schweiß darob außgangen / ließ den Sohren block fallen / lieff darvon / der aber verschwand. (64)

SCHORNDORF

DER KELLERGEIST IN SCHORNDORF

Unter dem alten Schloße in Schorndorf ist ein großer leerer Keller, in welchem früher ein württembergischer Graf, dem das Schloß gehörte, vielen Wein gehabt haben soll. Der Beamte nun, der über die umliegende Güter und über das Schloß gesetzt war, wußte dem Grafen Wein zu entwenden, welchen er dann in seinen eigenen Keller brachte, von welchem er einen verborgenen Gang in den des Grafen graben ließ. Da er oft deshalb ganze Tage im Keller zubrachte, so merkten es endlich seine Untergebenen, die ihn ohnehin wegen seiner Strenge haßten, und meldeten es dem Grafen, der gerade in der Nähe war.

Wüthend eilte dieser herbei, um sich an dem Beamten zu rächen, dieser war aber nirgends mehr zu finden und erst einige Wochen später sah man seinen Leichnam an der Wand des Kellers hängen.

Jetzt poltert, rasselt und stönt es in dem Keller, der nicht mehr gebraucht wird. Es sollen sogar schon Leute, welche hineingiengen, derbe Ohrfeigen bekommen haben. Besonders in guten Weinjahren hört man klopfen, wie wenn an Fasser geschlagen würde, deshalb schließen die Leute aus seinem Poltern auf einen guten Wein. (65)

SCHORNDORF

DER HASENSPRUNG

In dem schönen Remsthal-Gaue
Nah' bei Schorndorf liegt ein Wald,
Viel verschlung'ne Pfade führen
Durch die Buchen jung und alt.

Wohl der kühnste dieser Pfade
Heißt von alten Zeiten her
„Hasensprung" von einer Sage
Schaurig-schön und inhaltsschwer.

Denn der alte Graf des Gaues
Litt der Tochter Liebe nicht
Die dem nachbarlichen Ritter
Ewig Herz und Hand verspricht.

Darum kamen sie zusammen
Einst in monderhellter Nacht
In des Waldes düster'm Grunde
Und der treue Hund hielt Wacht.

72

Doch des Klosters schlauer Pfaffe
Hinterbracht's dem Grafen schnell
Und eh's die Verliebten dachten
War der Alte rasch zur Stell'.

Eh' des Grafen Donnerworte
Noch die Liebenden erschreckt,
Hatte sie die treue Dogge
Durch sein Knurren aufgeweckt.

Dieses Doppel-Lärmen jagte
Einen Hasen aus dem Busch,
Und den breiten tiefen Abgrund
Übersprang er husch husch husch.

Wie ein Blitz durchzuckt' es Beide,
Vor des Grafen blosem Schwert
Sich wie dieser Haas zu retten
Und sie thaten's – unerhört!

In gemeinschaftlichem Sprunge
War der Abgrund übersetzt;
Doch der Graf in seinem Zorne
Kam im Nu d'rauf nachgehetzt.

Mißt nicht lang den breiten Graben,
Sprang! doch nur an seinen Rand,
Taumelt rückwärts in die Tiefe,
Wo er nimmer auferstand. (66)

*Das Gedicht des Kameral-Verwalters Frost ist Bestandteil einer nicht gehalte-
nen, aber im Schorndorfer Anzeiger abgedruckten Rede anläßlich der Eröff-
nung der Remstal-Bahn in Schorndorf am 18. Juli 1861. Es sollte ein Toast auf
all jene sein, die „mit redlichem Eifer an dem schönen Werke unserer Eisenbahn mitgearbeitet haben, und dadurch unser schönes Remsthal der ganzen
Länge nach mit Einem Zuge überspringen".*

DAS WODANSHEER

In der Gegend von Schorndorf änderte sich dieses Wort ab in Modeseer. Das Modeseer ist ein Heer kleiner ungetaufter Kinder, die nach den Behauptungen Einiger singen in der Luft, nach den Behauptungen Anderer schreien, theils wie Ochsen, theils wie Esel u.s.w. Sie sind blos bei der Abenddämmerung hörbar. (67)

DIE BLUTWIESE BEI WINTERBACH

Man schrieb das Jahr 1689, als der französische General Melac mit einem Heere die Stadt Schorndorf belagerte, in der Hoffnung, sie ohne grossen Widerstand einnehmen zu können, worin er sich anfangs auch nicht getäuscht zu haben schien. Allein, als die Stunde der Übergabe nahte, hatten die Schorndorfer Weiber unter Anführung der Bürgermeisterin Künkelin auf der einen Seite den Männern Muth, auf der andern Seite den Feinden Respekt eingeflößt. Nachdem er von den Schorndorfern zurückgedrängt wurde, suchte er die Stadt durch Verrath an sich zu bringen, indem er in der Nacht vom 6. Januar Schorndorf überfallen wollte und zu diesem Zwecke 4 Bauern von Hohengehren unweit Winterbach genommen haben soll, welche in die Stadt gehen und darin auskundschaften sollten, wo man sie am leichtesten einzunehmen hätte. Diese machten sich gerne auf den Weg, aber in einer ganz andern Absicht und verriethen nach ihrer dortigen Ankunft den feindlichen Anschlag des Überfalls in der Nacht vom 6. Januar den Schorndorfern, welche sogleich die gehörigen Maaßregeln ergriffen. Hierauf kehrten sie mit der Überzeugung, nach ihrem Gewissen gehandelt zu haben, wieder zu Melac zurück und berichteten ihm Alles falsch, daß er bei seinem Überfalle geschlagen wurde. Melac, über die grobe Lüge der Bauern entrüstet, befahl, sie den andern Tag zu enthaupten. Sie sollen auf einer großen Wiese bei Winterbach geköpft worden seyn, welche von dieser Greuelthat den Namen Blutwiese erhalten habe. Alsbald ängstigten ihn gleich in der ersten Nacht schreckliche Träume, so habe es ihm z. B. geträumt, die Bauern haben ihn angefallen und in die Hölle geschleppt, auch sollen sie ihm, wenn er bei Nacht die Wachtposten visitierte, auf der Blut-wiese erschienen seyn und so jede Nacht, bis er endlich vor Entsetzen die Belagerung aufgehoben habe und vor die Stadt Göppingen gezogen sei. (68)

WINTERBACH

DER UNGLÜCKLICHE SCHULMEISTER
UND ANDERE GEISTER

Noch keine 50 Jahre sind es her, daß ein hiesiges Haus, ehe es die Erben übernahmen, von dem gefürchteten Hausgeist ge-säubert werden mußte. Ein in der Gegend überall bekannter Hexenbanner (Fuchs von Welzheim) wurde hergerufen. Unter Ausräu-chern, Kreiseziehen, Sprüchemurmeln wurde der spukende Erblasser in einen Branntweinkolben gebannt und dieser im sogenannten Sün-derhäuschen (Schutzhütte an der Staatsstraße nach Schorndorf in der Parzelle „Sünder") vergraben. Dort ist er gut aufgehoben, er hat sich nimmer blicken lassen.

In der Kirche geht ein Schulmeister, der sich mit dem Federmes-ser im Turmuhrgehäuse entleibt haben soll. Sein letztes Lied, das er auf der Orgel spielte, war: O Ewigkeit, du Donnerwort! Die Noten waren noch aufgeschlagen. Ein Waldplatz heißt das „Schulmeistergrab".

Auf dem Kirchplatz, der früher der Friedhof war, ist es ebenfalls nicht geheuer. Der Nachtwächter kam nie am Opferstock vorüber, so oft ers auch versuchte; er mußte immer wieder umkehren und einen andern Weg einschlagen. – In der Ecke dieses einstigen Kirchhofs sei ein Grab nicht eingesunken, woraus geschlossen wurde, daß dort ein mit Eisen beschlagener Toter liegt. Man vermutet, daß es das Grab eines Mannes sei, der sich mit Schwarzkunst abgegeben habe. Dieser Mann konnte 9 Hunde, jeden wieder von anderer Farbe, herzaubern und verschwinden lassen. Um sie los zu bekommen, mußte er ihnen mit dem nötigen Zauberwort etwas Lebendiges vorwerfen, das sie völ-lig zerfleischten und dessen Blut tranken. Das letztemal, als er die Höl-lenbrut herrief, konnte er sie kaum mehr im Banne halten; die Bestien stellten sich gegen ihn, und wenn er in selbigem Augenblick nichts Lebendes zur Hand gehabt hätte, das er ihrer Gier preisgab, so hätten sie ihn zerfleischt und zur Hölle entführt, der er verfallen war.

Wie da und dort, so hat auch hier ein Mann vom Bühnenfenster aus seiner eigenen Leiche nachgeschaut.

An verschiedenen Stellen, so besonders in den Weinbergen, streiften Lichter umher, deren Weg man allmählich verfolgen konnte; bei einem Flurhäuschen trafen sie zusammen und erloschen. (69)

WINTERBACH

RITTER ZÜLLENHARDT

Unser vornehmster Flurspuk war der Ritter Züllenhardt. Das erste Anrecht an diesem Geist hat eigentlich die Nachbargemeinde Weiler, die ihm einstens unterthan gewesen sein soll. Die Burg muß aber weit ab vom Dorf, rechts von der Rems, auf unserem Zehnten gestanden haben, denn von dort kam der Ritter über die Thalbreite her bis zum Weilerbrückchen geschritten, wo er verschwand. Dort soll er seinen Bruder, der Miterbe von Schloß und Dorf war, aus Habsucht erschlagen haben. Des Ritters Sporen glänzten wie Gold und waren so groß wie ein kleines Rad; seine Augen funkelten wie feurige Kohlen. Von einer Hochzeit kommend fuhr eine lustige Gesellschaft zur Mitternachtsstunde an der berüchtigten Stelle vorüber und rief den Ritter an. In selbigem Augenblick schon kam mit wenigen großen Schritten die geharnischte Gestalt vom Berg her über das Thal und die Rems geschritten und stellte sich vor die Pferde hin. Diese zitterten und schnaubten und waren nicht von der Stelle zu bringen, bis die Gestalt zurücktrat und den Weg freigab. Dann aber rasten sie in wilder Flucht dem Orte zu. Am heimatlichen Stall hielten sie, in Schaum und Schweiß gebadet, still. Die Männer aber waren blaß wie der Tod und wagten kaum von ihrem Abentheuer zu sprechen.

Dieses Vorkommnis, erzählt mir eine etwas über 40 Jahre alte geborene Winterbacherin, „hat meine Mutter noch miterlebt; sie nannte uns oft einen sonst sehr beherzten Jäger, der von dieser Stunde an um keinen Preis mehr in einem Zimmer schlief, dessen Fenster gegen das Weilerbrückchen hinaus ging. Das sind kaum 70 Jahre her, und heute

weiß, wie ich sicher glaube, kein Kind mehr etwas vom Ritter Züllenhardt, dessen Namen auch ich in frühester Jugend noch keck und stolz
am hellen Tage ausrief, worauf ich mich in der Nacht aber, in Gedanken daran, tief unter die Decke steckte". Mit der Tracht, mit den alten
Sitten und Gebräuchen sind auch die meisten Spukgestalten verschwunden. (70)

TRAGISCHE FOLGEN DES
GESPENSTERGLAUBENS

Ungefähr um Mitternacht, als ich (reverenter zu melden) das
Wasser entblößen wollen und noch aller voller Schlafs, habe
ich das Deckbett, gar seltsam geformiert und gebildet, auf-
recht auf dem andern Bett stehen sehen, welches gar abscheulich und
furchtsam zu sehen. Als es sich auch anfangen zu regen und mir doch
auf mein Anschreien, Anreden und Zusprechen kein ein Wort nicht
antworten wollen, habe ich meinem Jungen oftmals und mit heller, lauter Stimme zugeschrieen, aber niemand hören oder mir zulaufen wollen. Indem suche ich mein Wehr, dies vermeinte Gespenst (dafür habe
ichs auch gehabt) aber sich noch geregt, habe ich aus Furcht und
Schrecken ein solches lautes jämmerliches Geschrei zum Laden hinaus nicht fern von solchem Bett gehabt, das es unmöglich, es müssens
Leute in Häusern daselbst herum gehört haben, mir aber niemand antworten wollen. Indem ich mich nach gedachten vermeinten Gespenst
umsehe, ist mir ein Rappier in die Hand worden, welches ich leider zu
meinem großen Unglück erwischt. Indem wischt solches Deckbett von
demselben Bett herunter auf mich dar, also weich ich zurück, mit dem
Rappier heraus, mit Bedrohung und diesen Worten: Halt inne, halt
inne, oder ich stich zu, welches ich auch leider, Gott erbarme es, als es
meiner härtiglich begehrt, vollbracht. Und durch das Deckbett hindurch, so viel mir wissend, welches das Deckbett bezeugen wird, gesto-
chen. (71)

*Zu spät bemerkte der Berichterstatter, der adlige Schorndorfer Obervogt Jakob
von Gültlingen, daß er seinen Vetter Konrad von Degenfeld erstochen hatte, der,*

77

in eine Bettdecke eingehüllt, sitzend zu schlafen pflegte und sich in das zweite
Bett gelegt hatte. Nur fünf Tage später, am 15. Oktober 1600, wurde der Täter
ohne ein ordentliches Gerichtsverfahren auf herzoglichen Befehl auf dem Waiblinger Marktplatz hingerichtet. Der aufsehenerregende Vorfall wurde bereits
1601 in einem langen Erzähllied literarisch verarbeitet, das später auch in „Des
Knaben Wunderhorn", die bekannte Liedersammlung der Romantiker von Ar-
nim und Brentano, Eingang fand. Als einen Fall von „Kabinettsjustiz" stellte
der liberale Schriftsteller Wilhelm Zimmermann 1854 das Geschehen dar. 1960
wurde ein Schauspiel von Maria Hauska „Die Tragödie des Jakob von Gültlingen" bei den Geradstetter Heimattagen uraufgeführt.

HEBSACK

EINE GEISTERERLÖSUNG

In Hebsack, einem Orte in dem Remsthal, lebte ein im Alter noch
nicht sehr vorgerücktes Mädchen, welchem in einer gewissen
Nacht ein Geist erschiene, worüber sich dieses Mädchen nicht
sehr kümmerte und nur meinte, es sei ein Traum gewesen. In der nächsten Nacht konnte es nicht viel schlafen und der Geist kam wieder. Jezt
war es nun völlig überzeugt, daß es wache, und obgleich es vor ihm erschrack, so faßte es doch nach und nach Muth und redet ihn an, was er
hier zu thun habe, worauf der Geist sagte, es müsse, um ihn aus seiner
schrecklichen Lage zu befreien, die nächste Nacht um 12 Uhr, mit einer
Hacke versehen, auf der Cannstadter Höhe erscheinen, und dort an
einem gewissen Orte graben, bis es auf einen mit Geld gefüllten Koffer stosse, wovon es die Hälfte für sich behalten, die andere aber unter
die Armen austheilen solle. In der Nacht machte es sich auf den Weg,
und erreichte um 12 Uhr die bezeichnete Stelle, in welcher, wie der
Geist anzeigte, sich der Koffer vorfand. Der Deckel sprang mit einem
dumpfen Knalle auf, der Geist stand plötzlich wieder da, und erzählte,
daß er das Geld sich [durch viele große Verbrechen] verschafft, und,
von dem Gewissen immer gepeinigt, sich endlich hier an dem Baume
aufgehenkt habe. Er dankte dem Mädchen und sagte dabei, nur es
habe ihn befreien können, weil von dem Baume sein Bettlädlein gemacht worden sei. (72)

GEISTER UND HEXEN

Der Glaube an Kobolde und Hexen ist bei den Meisten vorhanden. Es befinden sich in Großheppach besonders einige Keller, welche besonders berüchtigt sind. In einem derselben liegt ein Schatz. Der Geist ist sehr unruhig; einen Vetter von mir überschüttete er mit einem Butten voll Most, den er in später Nacht in das Faß schütten wollte, so daß er über die kleine Leiter hinunterfiel. Ein altes Weib holte Kartoffeln im nämlichen Keller. Sie fand hier schöne, glänzende Vögelein, von denen sie einige für ihre Enkelein in die Tasche schob und die dann oben, als sie dieselben den Kindern geben wollte, schöne Goldstücke waren.

Auf dem Kappelberg, wo einst das Stammschloß des württembergischen Hauses stand, sieht man besonders um Weihnachten viele Fackeln, die furchtbar auf einander losschlagen.

Besonders aber glaubt man hier an Hexen. Ein Verwandter zu mir, ein Gardist, wurde so geplagt, daß er, weil er nichts sagte und man ihm später nicht mehr helfen konnte, sterben mußte. Solche Hexen plagen aber nicht nur Menschen, sondern auch Thiere. Erst in der Vakanzzeit *(in den Ferien des aufzeichnenden Seminaristen)* mußte eine Kuh weggethan werden, welche zu sehr geplagt wurde. Man bat die Canaille 3 mal um Gottes willen, sie möchte doch helfen (wenn man Hexen so bittet, so müssen sie helfen); aber sie sagte: es ist schon zu spät. Ein Kamerad von mir machte in der Charfreitags-Nacht um 12 Uhr auf einem Kreuzweg mit einigen Andern ein sogenanntes Hexenstühlein von 9erlei Holz und am Charfreitag sah er alle Hexen, von denen Eine eine Faust gegen ihn machte. Wegen dieser Hexen soll man z. B. jedes Stückchen Kuchen an einem Eck anbeißen; ist der Geber des Kuchens eine Hexe, so wird der Kuchen schwarz. Oder bekommt man zu trinken, so stellt man das Glas auf den Mittelfinger, welches dann in jenem Falle zerbricht. Eine Hexe, die einen Menschen des Nachts plagt, kann man dadurch auf den Platz bannen, daß man das Kissen hinauswirft und spricht: „In 3 Teufels Namen bist du gekommen und in 3 Gottes Namen bleibst du da!" Und sie muß auf dem Kissen bleiben, bis man sie des Morgens, nachdem sie ordentlich gezeichnet ist, gehen läßt.

Der Ausdruck „es thut wie Modesheer" kommt oft vor, woher er aber eigentlich kommt, konnte mir Niemand sagen.

Sonstige Sagen in Beziehung auf Geister und Hexen kann man noch viele finden. In Beziehung auf das Wasser hört man oft sagen von Wagweibchen, die einen an einem furchtbar tiefen Platz der Rems hinunterziehen. (73)

Die Hexengeschichten in diesem Aufsatz aus dem Jahr 1850 lassen nicht erkennen, welche psychische Gewalt der Hexereivorwurf im Dorf gegen die betroffenen Frauen ausübte. Nach dem Ende der großen Hexenverbrennungen des 16. und 17. Jahrhunderts blieb der Glaube an Schadenszauber und Hexerei bis zur Gegenwart präsent. Über die sozialen Folgen äußert sich kurz der Winterbacher Schullehrer Benz in seinem Konferenzaufsatz von 1902:

Als Hexe angesehen zu werden, ist ein bitteres Los, alles Schlimme kommt von ihr, man deutet mit den Fingern auf sie, und das Schimpfwort klingt ihr, trotz aller Angst, bei jeder Gelegenheit an den Kopf. Oben genannte Winterbacherin sagte: „Oft und viel hat eine solche ‚Hexe' bei uns gar bitterlich geweint."

GROSSHEPPACH

DER PFOBÜHLMICHELE

Noch eine Geistergeschichte, die man als ganz gewiß erzählt, will ich angeben: Von einem besondern Feldweg, der Pfobühlstraße herein fährt in verschiedenen Zeiten mit 4 Rappen ein Geist und verführt ein solches Geschrei, daß schon Leute hinaus sind, ihm zu helfen. Dieß versuchte auch ein Schmied, der aber dann eine ordentliche Tracht Schläge bekam. Die Erscheinung dieses Geistes, der Pfobühlmichele genannt wird, ist aber den Weingärtnern besonders recht, weil man glaubt, so oft er erscheine, gebe es ein gutes Jahr, besonders aber guten Wein. (74)

Denkmal eh'licher Zärtlichkeit, am Grabe des zu B..spach 1796 lebendig begrabenen Farren errichtet von Dessen hinterbliebenen tiefgebeügten Kühen.

Beutelsbacher Bullenopfer, Flugblatt Anfang 19. Jahrhundert

BEUTELSBACH

DER EINGEGRABENE HUMMEL

Einst herrschte in Beutelsbach eine arge Viehseuche. Ein altes Weib, die Wahrsagerin, Hexe des Dorfes, riet, den Hummel (Zuchtstier) lebendig einzugraben, dann werde die Seuche aufhören. Der Hummel wurde mit Blumen bekränzt und im feierlichen Zug, das alte Weib an der Spitze, zur tiefen Grube geführt. Dreimal stürmte das starke Tier heraus, dreimal wurde es lebendig eingegraben. Bei dem dritten Male erstickte es. Hummelbacher ist Übernahme der Beutelsbacher. Ein vielleicht noch sichtbares Wandgemälde in Beutelsbach stellt die Begebenheit dar. (75)

Der Erzählung liegt ein tatsächliches Ereignis zugunde. 1796 begruben die Beutelsbacher ihren Gemeindefarren lebendig und wurden daraufhin an den Pran-

81

ger des aufgeklärten Zeitgeistes gestellt. In einem der zwei auf fliegenden Blättern verbreiteten Lieder auf den Vorfall heißt es denn auch:

Der Vater vieler Dummheit ist
bekanntlich – Aberglauben,
der manchem sucht mit plomper List
sein bischen Wiz zu rauben.
Und diß geschieht im Schwabenland
ach leyder gar nicht selten!

BEUTELSBACH

EMMERICH VON BEUTELSBACH

Die Legend sagt, Emmerich I, Agnat und naher Verwandter König Clodwigs des Großen von Frankreich habe bereits 500 die Burg Beutelspach auf dem Kappelberge erbaut. Diesem Emmerich mutmasslichem Franken und General Chlodwigs, hätte nach der Legende diser König das Jagdrevier vom Kappelberge über Aichelberg und die Stettemer Berge bis Württemberg (Rothenberg) geschenkt. Daher die Hirschhörner im Wappen und habe dann Emmerich seine Burg auf dem Kappelberge errichtet. (76)

Der Bericht des Beutelsbacher Pfarrers Hoffmann von 1847 fußt auf den im 17. Jahrhundert ausgebildeten gelehrten Theorien über angebliche Ahnherren der württembergischen Grafen, als deren „Wiege" Beutelsbach ja galt. So soll ein – ebenfalls unhistorischer – Emmerich II., Hofmeister des Frankenkönigs Dagobert, die Beutelsbacher Stiftskirche um das Jahr 640 erbaut haben.

BEUTELSBACH

DER UNTERIRDISCHE GANG

Ein unterirdischer Gang soll von der Burg nach dem Stifte gegangen seyn, davon man Spuren wahrnehmen kann. (77)

82

SCHNAIT

DER FRANZOSE IM BACKOFEN

Nach der verlorenen Schlacht bei Leipzig – das wäre 1813 gewesen – soll auf der Flucht ein Trupp Franzosen hier Quartier bezogen haben. Dabei habe ein Schnaiter einen Franzmann beobachtet, der um seinen Körper eine Leibbinde mit daran befestigten Beuteln trug. Der Schnaiter vermutete darin Geld und soll dann dem Franzosen aufgelauert, ihn umgebracht und den Leichnam im Backofen versteckt haben. Später soll er ihn dann in den Steiggärten, unterhalb der Steigkelter, begraben haben, und zwar unter einem Birnbaum, den man nachher den „Franzosenbirnbaum" genannt habe. Mit dem geraubten Geld soll der Schnaiter einen Weinberg im Kostobel gekauft haben. (78)

STETTEN

GESPENSTISCHE TIERE

Vom Haldenbachthal komme von Zeit zu Zeit der Haldenbachschimmel, weshalb man auch abends die Kinder mit dem Haldenbachschimmel „fürchtig" macht. In der Pommergasse sei noch bis vor wenigen Jahren der „Gäßlespudel" abends herumgelaufen. In der Klostergasse soll das „Klostersäule" gehen. (79)

STETTEN

DER SCHLÖSSLESGEIST
DER YBURG

In der Ruine Yburg gehe bestimmt ein Geist, der Schlößlesgeist, der schon oft gesehen worden sei. In derselben liegen Schätze vergraben, nach welchen schon gegraben wurde, aber ohne Erfolg. Einem solchen Schatzgräber seien 2 weiße Fräulein begegnet, worauf derselbe die Ruine schleunigst verließ. Von der Yburg führe ein unterirdischer Gang in das eine starke Stunde von hier entfernte Beutelsbach. (...)

Ein unterirdischer Gang führe ebenfalls vom „Bruderhaus" (Überrest eines Hauses im Gemeindewald Stetten) nach Eßlingen. (80)

ROMMELSHAUSEN

EIN ALTER ORT

Allhero nach Cantstatt gehört auch das Dorff Rommelshausen, so auch ein altes Ort seyn solle, und, wie etliche melden, von Rommellsge, einem Könige der Teutschen, der ihme unfern am Neccar einen Stuhl hieher gebaut, so er Rommelshausen genandt. Allhier soll auch eine Burg gestanden seyn, so aber abgangen. Andere melden, daß dises Dorff anfänglich nur ein Schaff-Hauß gewesen, darinnen der Schäffer Hanß Rumel geheissen. Weil nun zu disem Schaff-Hoff oder Hauß noch mehr Häuser kommen, daß es endlich zu einem Dorff worden, so seye ihme der Nahm Rummelshausen geblieben. (81)

ROMMELSHAUSEN

EINE KUH RETTET DIE BEIBURG

Auf einem bewaldeten Bergvorsprung am Nordabhang des Kernenberges – erzählt die Sage – stand in alten Zeiten die Beiburg. (...)
Die Beiburg wurde einst zur Winterzeit lange von grimmigen Feinden eingeschlossen gehalten. In der Burg waren die Vorräte an Lebensmitteln beinahe erschöpft. Ihre tapferen Verteidiger standen bangen Herzens vor der Waffenstreckung. Da fiel ihrem Anführer eine List ein. Er ließ den letzten Vorrat von Getreide, ein Stümpchen Kernen (gegerbten Dinkel), der letzten Kuh füttern, die noch im Stall der Burg stand. Dann wurde das Tier geschlachtet. Seine Eingeweide wurden von der Ringmauer aus den Feinden zugeworfen. Aus dem Inhalt des Tiermagens glaubten diese mit Bestimmtheit schließen zu dürfen: „Wenn in der

84

Burg noch so viel Frucht vorhanden ist, daß das Vieh den schönsten ‚Kernen' zu fressen bekommt, dann kann man im grimmen kalten Winter ihre Übergabe nicht erwarten!" Im Schutz der Nacht zogen die Belagerer ab. Unbeschreibliche Freude herrschte auf der Beiburg, als sie sich im Glanz der Morgensonne vom Feind befreit sah. Die höchste Erhebung über der Beiburg aber nannte man zur Erinnerung an die mit so glänzendem Erfolg angewandte Kriegslist des klugen Beiburgers den Kernenberg. So heißt diese Höhe bis auf den heutigen Tag. (82)

FELLBACH

DIE LINDE

Bei Fellbach soll eine Linde stehen, an die sich die Sage knüpft, daß einst auf der dortigen Ebene eine große Schlacht geschlagen werde. Der Sieger wird seine Waffen an diesem Baume aufhängen. (83)

FELLBACH

DER WILDERER VON FELLBACH

Ein aus Fellbach gebürtiger junger Weingärtner soll unter der Regierung des Herzogs Karl in den benachbarten, früher sehr ausgedehnten Gemeindemarkungen von Untertürkheim, Rothenberg und Uhlbach auf so freche Weise gewildert haben, daß er, überdieß im Rufe stehend, er könne dem Jäger den Schuß stellen, der Schrecken sämmtlicher Forstdiener der Umgegend wurde. Noch lange würde er so sein Unwesen fortgesetzt haben, wenn ihn nicht die Militärpflicht hievon abgerufen hätte. Dieser Umstand führte aber seine Entdeckung herbei; denn auf einem in Ludwigsburg abgehaltenen Scheibenschiessen lenkte er durch seine ausserordentliche Geschicklichkeit die Aufmerksamkeit des gerade anwesenden Herzogs auf sich. Dieser in dem Burschen sogleich den entschlossenen Wildschützen erkennend, erkundigte sich nach seinem Namen und Geburtsort, und da des Herzogs nicht ungegründete Vermuthungen mit dessen Äußerungen zusammentrafen, so verurtheilte er ihn zu langwieriger Festungsarbeit; allein nachdem er einige Zeit auf Hohenasberg gesessen, änderte Herzog Karl seinen früheren Urtheilsspruch dahin ab, daß er mit der eben abmarschirenden und an die Holländer verkauften Mannschaft das Land verlassen solle. Dieser scheinbar mildernde Urtheilsspruch war für ihn noch schmerzlicher, als der erstere, weil er ihm die Möglichkeit raubte, jemals seinen Freund, der während seiner eigenen Strafzeit von einem Förster auf der Jagd erschossen wurde, zu rächen. Bei seinem Abmarsch schwur er aber im Falle seiner Rückkehr den vorgefaßten Racheplan blutig zu vollführen.

Nach Verfluß einiger Jahre kam er aus Indien, wo er sich durch Muth und Verstand bis zum Officier hinauf gearbeitet hatte, in seine Heimath zurück, wo er seine frühere unabhängige aber gefahrvolle Lebensweise fortsetzte. Nur fand bei seinen jetzigen Streifereien der Unterschied statt, daß er, seinem Schwur getreu, den Wald nicht mehr um der Rehböcke und Hasen willen, sondern um auf den Mörder seines Freundes zu stossen, durchirrte. Diesen traf er dann auch eines Morgens in Begleitung einiger Jagdgehülfen in der vom Heimbacher Wege bis nach Uhlbach sich hinunter ziehenden Schlucht an und schoß ihn todt, er selbst aber wurde von den nachsetzenden Begleitern des Ermordeten eingeholt und da er sich zu vertheidigen suchte, ebenfalls niedergeschossen. Seitdem, erzählte man mir, wurden die in jener Schlucht sich befindenden Güterstücke als die in der „Brennersklinge" (Brenner hieß nämlich der besagte Wildschütze) liegenden, von den dortigen Weingärtnern bezeichnet werden (!). Auch soll er sich, setzt die Sage hinzu, oft in dem über jener Schlucht sich erhebenden Wäldchen gezeigt haben. (84)

SCHMIDEN

UMGEHENDE GEISTER

Ein Fuhrmann namens Härdtle, der in dem nach ihm benannten Härdtleswald wohnte, soll ohne Kopf gehen müssen. Auch im hiesigen Pfarrhaus soll ein Geistlicher, der sich am Opfer vergangen habe, gehen. (85)

86

Feldmesser der Württembergischen Landesvermessung, Lithographie, Mitte 19. Jh.

LANDMESSER UND ANDERE GESPENSTER

Der Glaube an umgehende Tote ist hier bei manchen noch zu finden. So z. B. wollen einige Leute auf dem Aldinger Feld am hellen Tag Männer in alter Tracht gesehen haben, welche sich mit Vermessen von Grundstücken beschäftigten, dabei mit ihren Füßen den Boden nicht berühren. Die Leute glauben, daß diese Männer deswegen „geistweis" gehen müssen, weil sie sich zu Lebzeiten Ungerechtigkeiten beim Vermessen haben zu Schulden kommen lassen.

Im früheren Klostergarten soll sich manchmal ein Schwein ohne Kopf zeigen.

Einige Leute wollen ferner eine brennende und rauchende Feuergarbe gesehen haben, welche sich dem Dorf näherte und wieder verschwand.

Vom Hardtwald wird erzählt, daß dort gespenstische Jäger (Wildschützen) birschen. (86)

WAIBLINGEN

URSPRUNG UND NAME

Was man sonsten vorgibt, daß nemblich, Weiblingen vor Zeiten mehrertheils der HochTeutschen Könige Hauptstatt gewesen, aber folgendts von Attila zerstöret worden, und dann von dem ersten Christlichen König in Franckreich Clodovaeo, seiner Gemahlin Clotildi zu Ehren, wider erbawet, und zu ihrer Gedächtnuß Weiblingen genandt worden sey, das läßt man auff seinem Werth, und Unwerth beruhen. (87)

WAIBLINGEN

DIE HEILIGEN DREI KÖNIGE

Man sagt auch glaubwürdig unnd wie man von den alten Weiblingern gehört hat, daß die heilige drey Künig Leichnamb, welche zur Zeit Kayser Friderichs Barbarossa inn Eroberung und Zerstörung der Statt Mailand, doselbst außgegraben und nach Cöllen gefüert worden, underwegen zue Weyblingen übernacht gestanden, alda in dem Hoff, do jetzund daß Saltzhauß und Georg Sattlers aufgebawen standen, geherbergt worden. Doselbst ist eynn Edelman Sütz und umbmaurter Hoff vor viellen Jaren gewesen. (88)

Die Tradition von einer Rast der Reliquien der heiligen drei Könige bei ihrer Überführung nach Köln 1164 ist auch in Schwäbisch Gmünd und Dinkelsbühl bezeugt. Die Erinnerung an bedeutsame Ereignisse der Stauferzeit sollte die jeweilige Stadt aufwerten – ein wahrer Kern kann nicht erwiesen werden.

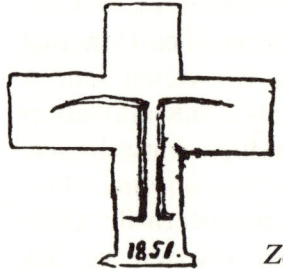

Zeichnung des Beinsteiner Steinkreuzes in der Ortschronik

DAS ALTE STEINKREUZ

In der Mauer, auf welcher früher der Steeg über den sogenannten „Rosch" angebracht war, befindet sich ein Werkstein in der Form eines Kreuzes, worauf zwei Sensen eingehauen sind. Unten steht die Jahreszahl 1851, wo fragl. Stein durch Maurer Raichle renovirt und das vordere Theil mit den ursprünglich eingehauenen Sensen nach hinten gerichtet worden.

Man sagt, es seyen vor Zeiten zwei Beinsteiner Männer miteinander im Heuet ins Mähen auf die Kirchwiesen gegangen, am Rosch aber in Streit gerathen, wo sie sich gegenseitig mit ihren Sensen zusammen gehauen haben und zum Andenken an dieses schreckliche Ereigniß seye der Stein in Kreuzesform mit Sensen an der betreffenden Stelle eingesetzt worden.

Es wird gesagt, obige zwei Männer haben wegen einem Laiblein Brot, das sie gekauft und auf die Wiesen ins Mähen nehmen wollten, Streit bekommen, indem sie beim Vertheilen des Brods uneins geworden. Vermuthlich fällt diese That in die theure Zeit des 17. Jahrhunderts, in welcher ein Laible Brod von großem Werthe war. (89)

SAGE VON DEM SEEGEIST VON BEINSTEIN

Betrug gegen eine blinde Schwester verübt und nach dem Tode durch Gehen gebüßt.

Der Wanderer, der von Waiblingen nach Schorndorf reist, erblickt noch heutigen Tags in der Nähe des Dorfes Beinstein neben einem Brückchen einen Leichenstein mit lateinischer Inschrift. Erkundigt er sich weiter, so erfährt er, daß es das Grabmal eines Generals ist, der in einer Schlacht seinen Tod fand, welche vor vielen Jahren dort geliefert wurde. Nicht fern davon stand ein Schloß, dessen Ueberreste noch jetzt vorhanden sind. Der Besitzer desselben, ein sehr reicher Herr, hinterließ nach seinem Tode 3 Töchter, wovon eine blind war. Wie es nun zur Theilung kam, maaßen die Schwestern ihr Geld in einem Simrimaß. Ihrer blinden Schwester aber stürzten sie das

Maaß um, hießen sie es betasten, um sie zu überzeugen, daß sie ihren rechtmäßigen Antheil bekommen habe. Dieweil nun die beiden Schwestern ihre blinden Schwestern so betrogen hatten, so lief nach ihrem Tode der Geist der älteren, welche mehr Schuld hatte, in einem Wiesenthale der Rems. Da begab es sich nun, daß eines Abends in einer Schenke des Dorfes von dem Geiste die Rede war. Da sagte ein Bauer, er fürchte sich vor keinem Geiste, er wolle hinaus gehen und den Geist herausfordern. Wirklich gieng er auch zu ihm und rief in einiger Entfernung ihm zu: Seegeist (so genannt nach den Wiesen, die man auch die Seewiesen hieß), wenn du was willst, so komm nur. Plötzlich faßte ihn nun der Geist und trug ihn die ganze Nacht herum, bis er ihn endlich am darauffolgenden Morgen auf der entgegengesetzten Seite wieder frei gab. Der Mann warnte nachher Jeden, sich mit einem Geiste einzulassen, und ist vor ungefähr 6 Jahren gestorben. (90)

NEUSTADT

DER GANG ZUM HEGNACHER HOF

Unter der Rems soll ein Gang zum Hegnacher Hof verlaufen. In dem hat der alte Stihl Champignons gezüchtet. (91)

Ebenso erzählt man heute (1993) noch, von der Burg in Neustadt habe ein unterirdischer Gang nach Großheppach ins Schloß geführt. Auf halber Strecke nach Korb sei einmal ein Erdeinbruch gewesen. Der Hausbesitzer der Burg in Neustadt wird oft auf diesen Gang angesprochen. Es heißt dann: Gehen wir einmal runter in den Gang? Aber in seinem Keller, sagt er, kann der Gang unmöglich beginnen. Ein anderer Gang soll nach Schloß Hochberg gehen.

HEGNACH

DER CHRISTENSTEIN

Bei Hegnach steht im Remstal einsam im Wald ein Stein, der heißt der Christenstein. Dieser dreht sich Nachts zwischen halb zwölf und zwölf Uhr, wenn böse Zeiten kommen. Im Frühjahr bringen ihm Kinder Blumen, legen sie still auf den Stein und gehen wieder. Schon oft haben Fremde ein Stück von ihm abschlagen und der Merkwürdigkeit halber mitnehmen wollen; aber die Hegnacher dulden es nicht, noch weniger würde einer selbst wagen, etwas davon wegzuschlagen. (92)

DER GESCHENKTE WALD

Der Volksmund erzählt, es haben in hiesiger Kirche unter dem Altar 2 adelige Damen ihre Grabstätte gefunden, welchen in Bittenfeld das Begräbnis in der Kirche verweigert worden sei. Zum Dank dafür haben sie schon im Voraus der Gemeinde ein großes Areal Wald nämlich 85 5/8 Morgen im sog. Espach (gegen Bittenfeld zu) testamentarisch geschenkt. Ihr Begräbnis habe hier in festlichster Weise und mit silbernen Schaufeln und Spaten stattgefunden. (93)

DAS ERDLUITLE

Wo jetzt das Rathaus steht, stand einst eine Burg. Vor dem heutigen Eingang zur Polizeiwache, bei der Mauer, die Burg heißt, war der Burgfried: ein großer runder Turm. Der Ritter von Steinheim hauste dort. Sein Besitz war nicht groß, er bestand aus Weinbergen am Korber Kopf und am Nebelberg. Daß er sich mit den reichen Rittern in der Nachbarschaft, die Raubritter und Wegelagerer waren, nicht messen konnte, machte ihn oft mißmutig, und er beschloß, es ihnen gleich zu tun.

Eines Tages stand er oben auf dem Burgfried, schaute auf den Pfahlbühlweg hinüber und gewahrte einen Kaufmannswagen, der vom Wolfshof her kam. Es war ein Gmünder Bürger, der Gold und Silber nach Heilbronn schaffen wollte. Der Teufel fuhr in den Ritter. Rasch wappnete er sich und seine Spießgesellen, zog am Nordufer des Sees vorbei und wollte über die Haudergasse zur Römerstraße, um dem Kaufmann aufzulauern. Da raschelte es neben ihm im Schilf, und eine Stimme raunte: „Laß ab, kehr um, es wird sonst dein Unglück!" Vor dem Ritter stand ein Zwerg, ein Erdluitle, und der Ritter ließ sich warnen und kehrte um.

Einige Tage danach stieg er über seinen mageren Weinberg empor zum Nebelberg bei Steinbruch. Da hörte er wieder die Stimme, sie sagte diesmal: „Pflanz doch Weingewächs! Wir helfen dir!" Der Ritter befolgte diesen Rat und pflanzte Weißelbing und Riesling. Die Reben gediehen rasch und prächtig. Die Sonne brütete im Weinberg, immer war der Boden gelockert, das Unkraut gejätet und die Laubarbeit gemacht, wie es sich gehörte. „Wir helfen dir!" hatte das Erdluitle dem armen Ritter versprochen.

Nach vier Jahren gab es die ersten goldgelben Trauben. Als die Weinlese kam, ward ein solch köstlicher Wein gekeltert, daß er an den kaiserlichen Hof geliefert wurde. Des Ritters Einkommen mehrte sich, und er gab dem Wein, um dem Erdluitle seinen Dank zu sagen, den Namen Zwerg. Der Weinberg ward Weißle genannt. (94)

Obwohl unverkennbar nach dem Muster der heimattümelnden Lehrerpoesie ausgeschmückt, ist die von Karl Schüle formulierte Sage vom Erdluitle in Korb heute sehr populär. Der im Lehr-Weinberg der Keplerschule erzeugte Wein trägt denn auch den Namen „Erdluitle".
Eine andere Erzählung führt den Ursprung des Weinbaus in Korb auf einen alten Wandersmann zurück, der von einem Ritter abgewiesen, von einem armen Mann aber über Nacht beherbergt wird. Der Wanderer bringt ihm zum Dank die Kunst des Weinkelterns bei.

KORB

DIE RAUBRITTER IM
STEINREINACHER SCHLÖSSLE

In Steinreinach weiß man über die Raubritter folgende Geschichte: Die Hohlwege im Burrles, an der Steinreinacher Hohlgasse und am Buitaschweg seien von den Wegelagerern angelegt worden. Wenn nun die Kaufmannszüge den Pfahlbühlweg, der ein Hohlweg war, vom

92

Wolfshof heraufkamen, teilten die Herren von Sperberseck im Schlößchen ihre Knechte in zwei Gruppen. Die eine eilte den Kleinheppacher
Weg hinunter und drüben den Buitaschweg hinauf, die andere begab
sich vom Schlößle und dem Burgverlies aus, um nicht eingesehen zu
werden, in den unterirdischen Gang, der beim Haus Siegle in der Holzstraße ans Tageslicht kam, von dort ins Freie, die heutige Holzstraße
hinunter, hinüber übers Tal und den Steinreinacher Hohlweg hinaus.
Wenn sich nun der Kaufmannszug in dem Hohlweg des Pfahlbühlwegs
befand, mitten zwischen der Einmündung des Buitasch- und des Steinreinacher Hohlwegs, brachen beide Gruppen der Knechte aus ihren
Verstecken heraus und überfielen den Zug, der in eine richtige Falle
geraten war. (95)

KORB

LISTIGE HOLZDIEBE

In Zeiten der Armut gingen die Leute nachts ins Holzstehlen. Um
sicher zu gehen, daß sie nicht erwischt wurden, nahmen sie eine
Laterne mit und stellten sie brennend in einer gewissen Entfernung von ihnen auf. Sie rechneten mit dem Aberglauben und dem
Gruseln der Menschen und wußten, daß sich nachts niemand einem
Licht im Freien nähert. (96)

KORB

DER JAMMERACKER

Auf der Gemarkung Korbs, in der Richtung gegen Hahnweiler,
liegt der sogenannte Jammeracker, ein Bezirk von etwa 10
Morgen Acker, auf welchem von Zeit zu Zeit Hufeisen, Degen u. dgl. gefunden werden. Die Sage geht, daß hier im dreißigjährigen Kriege ein Treffen geliefert worden sey, wobei viele Menschen aus
der Umgegend ihr Leben verloren haben. (97)

MEHR HEXEN ALS MILCHHÄFEN

Die Sage berichtet, die Russen seien einmal in Winnenden gewesen und hätten wollen Hanweiler und Korb plündern. Da hätte man ihnen gesagt, in Korb und Hanweiler hätte es mehr Hexen als Milchhäfen. Daraufhin sei die Plünderung unterblieben. (98)

OPPELSBOHM

DIE ERBAUUNG DER KIRCHE

An die Erbauung dieser Kirche oder vielleicht ihrer Vorgängerin knüpft sich im Munde des Volks eine fromme Sage, die es vielleicht verdient, hier eine Stelle zu finden, da ihr wenigstens einiges Geschichtliche zu Grund zu liegen scheint. Vor Erbauung derselben erhob sich nämlich, so sagt die Sage, ein Streit, ob die Kirche an der gegenwärtigen Stelle oder auf dem sogenannten Heiligen-Acker in der Nähe des Weißbucher Schulhauses erbaut werden solle. Letztere Partie schlug durch, und es wurde somit auf dem heiligen Acker mit den Vorbereitungen begonnen. Aber – siehe da! was den Tag über an Materialien beigeführt worden, war des andern Morgens wieder verschwunden, und fand sich in Oppelsbohm an der Stelle der jetzigen Kirche. Die Lösung des Räthsels übernahm ein Zimmermann, hoch sich vermessend, daß er der Sache auf den Sprung kommen wolle. Mit starkem Arm hieb er seine schwere Axt in einen großen Balken, auf den er sich sofort, seine Axt mit dem Arm umschlingend, niederlegte und einschlief. Als er des andern Morgens erwachte, lag er mit seinem Balken – auf dem bestrittenen Bauplatz in Oppelsbohm. Da dieses nicht mit rechten Dingen so geschehen konnte, so erklärte der Räthsellöser, daß ihn des Herren Engelein dahin getragen haben müßten. Der Heiligenacker wurde nun verlassen, und die Kirche stieg an ihrer gegenwärtigen Stelle empor. (99)

STEINACH

DIE TOTENSTEIGE

1845 legte die Gemeinde für ihre Toten einen ummauerten Begräbnisplatz an. Bis dahin mußten sie über die lang ansteigende Totensteige zum Friedhof nach Buoch hinaufgetragen werden. Es geht die Sage, einer der Träger habe jeweils zu den nächsten gehört, die auf der Totenbahre hinaufgebracht werden mußten. (100)

HÖSSLINSWART

DAS BRUDERHAUS

In der Nähe des Totenwegs schiesst in einer tiefen Talschlucht ein kleines Bächlein vom Buocher Berg herab. Der Wald hier heisst „im Bruderhaus", nach einer alten Einsiedelei. Sie lag auf dem hohen Sporn zwischen zwei Klingen, und Mauerreste zeigen noch die Stelle, wo vorzeiten das Bruderhaus gestanden. Alte Leute erzählen, es sei dort herum nicht ganz geheuer. Sieben Brüder, sagen sie, haben dort gehaust. Nach den einen haben sie Weinberge gebaut, nach den andern haben sie vom Raub gelebt, und ihre Schätze im Keller unter dem Haus vergraben. Schliesslich sollen sie Streit miteinander bekommen haben, so dass sie sich gegenseitig erschlugen. So weiss heute niemand mehr genau zu sagen, wo der Schatz liegt. Wer ihn finden will, muss bei dunkler Nacht zwischen 11 und 12 Uhr nachgraben. Niemand darf aber dabei zusehen; sonst kann er den Schatz nicht heben. Tatsächlich ist an der Stelle immer wieder nach einem Schatz gesucht worden – aber ohne Erfolg. Der frühere, im Jahr 1929 verstorbene Schultheiss Stadelmann erzählte, er habe als Inhaber der Jagd wegen den vielen Wilderern manche Nacht im Wald draussen zugebracht. Dabei habe er einmal am Bruderhaus ein halbes Dutzend junger Männer angetroffen. Sie gruben mit Stemmeisen und Pickel nach dem vermeintlichen Schatz und ärgerten sich recht über sein Dazukommen. Ihm gaben sie Schuld, dass sie nichts fanden. Aber er lachte sie aus und sagte: Grabet lieber uf uire Aecker, do kommt maier drbei raus! (101)

DAS FRÄULEIN VON HÖSLINWARTH

Vor etlichen Jahren erschien einem Bauern, welcher Nachts von Schorndorf nach Höslinwarth heimkehrte, im Wald eine hagere Frauengestalt, welche ein langes, weißes Kleid, einen gelben Gürtel und gelbe Saffianschuhe trug; ihre Kopfbedeckung war ein kleiner Hut mit einem Schleier, durch welchen jener ein schmales, bleiches Gesicht sah; in den Händen, welche mit Handschuhen bedeckt waren, hielt sie eine mit einem Deckel versehene Schüssel aus Buchsbaumholz. Diese Gestalt sagte jenem, sie habe auf der Burg Höslinwarth gewohnt und müsse nun schon seit mehreren hundert Jahren „gehen". Er, sagte sie, könne sie erlösen, diese Gelegenheit aber wiederhole sich nur alle 100 Jahre, deswegen bitte sie ihn, er möchte sie doch erlösen, damit sie nicht noch 100 Jahre warten müsse. Der Bauer schlug die Bitte ab, weil er wisse, daß, wer ein Gespenst erlöse, bald sterben müsse. Die Erscheinung antwortete: er müsse in Jahr und Tag sterben, er möge nun ihre Bitte erfüllen oder nicht, erfülle er sie, so sei dies seine Belohnung; dabei drehte sie den Deckel der Schüssel mit einem durchdringenden, grillenden Tone auf, sie war mit alten spanischen Thalern gefüllt; erfülle er ihre Bitte nicht, so werde sie ihn überall, selbst in seinem Hause verfolgen. Da fragte jener, was er zu thun habe, um sie zu erlösen. Die Gestalt antwortete: er müsse an 3 Freitagen nacheinander Nachts um 12 Uhr an dem Plaze, wo er jezt sei, erscheinen und ein gewisses Gebet (das sie angab) mit ihr beten, beim 3ten Male werde er das Geld erhalten, er müsse aber bei Empfang desselben seine Hände so, wie sie ihm zeige, mit einem Tuche bedecken, damit dieselben nicht verbrennen. Bei diesen Worten hob sie ihr langes Kleid auf und bedeckte ihre Hände damit; da bemerkte jener, daß ihre Füße wie die eines Skelets nur Beine waren, worüber er so heftig erschrack, daß er in größter Eile nach Hause sprang, wo er bald erkrankte. Er genas zwar damals wieder, war aber seit dieser Begebenheit in steter Angst und wagte Nachts nicht mehr allein aus dem Hause zu gehen. 3 Jahre später starb er. (102)

Auf dem Schurwald

Aichschiess, Lithographie, 1825

DER NIESENDE GEIST

Vor etwa 60 Jahren gingen einige Männer aus meinem Geburtsorte Hebsack im Remsthale, morgens noch ehe es Tag war, in das Filsthal hinüber. Als sie eine Strecke weit im Schurwald, durch welchen ihr Weg führte, gegangen waren, hörten sie ganz in ihrer Nähe im Walde niesen, und es sagte deshalb einer von ihnen: helf' dir Gott! Kaum hatten sie hierauf wieder einige Schritte gemacht, als sie abermals niesen hörten, der nemliche sagte nun noch einmal: Helf' dir Gott! Gleich darauf hörten sie wiederum niesen, und da es den Mann verdroß, daß er die beiden vorigen Male für seinen Wunsch nicht einmal einen Dank bekommen hatte, so sagte er dißmal: Nun so helf' dir der Teufel! Kaum hatte er diese Worte ausgesprochen, als ein schreckliches Winseln und Weinen anfieng und ein Mann, den sie übrigens nicht sahen, unter Schluchzen sagte, warum er denn das habe sagen müssen, hätte er noch einmal „Helf' dir Gott" gesagt, so wäre er erlöst gewesen; nun müsse er aber noch so lange hier gehen, daß erst der Kern zu dem Baume gesteckt werde, aus dem [man] die Wiege für den mache, der ihn wieder erlösen könne. (103)

DIE KAISERSTRASSE

Die Bewohner dieser Gegend sagen, daß man die Vicinal Straße, die von Beutelsbach her, über Manoltsweiler über Schlichten und Brech gehe gegen Staufen zu, in ihrer ganzen Länge die Kayßer Straße nenne, und die Kaißer von Staufen seyen auf dieser Straße zu den Grafen nach Beutelsbach geritten, und hätten jedesmal in der Capelle zu Schlichten (die alte wurde 1707 von den Franzosen zerstört) auf ihrem Heimzug die Messe gehört, daher habe die Straße den Namen Kaiser Straße. (104)

Die Überlieferung, daß Barbarossa in Schlichten die Messe gehört und an der daneben stehenden Linde Gericht gehalten und geschlichtet habe, wird heute

Die Linde in Schlichten,
Holzstich, 19. Jh.

im Ort durch eine Tafel mit dem Gedicht „Die Linde in Schlichten" von Au-
gust Lämmle lebendig gehalten.

OBERBERKEN

EINTRAG IN EIN KIRCHENBUCH
ZU SCHWAIKHEIM

Anno 1720 am Mittwoch den 7 Februarii bin ich Schulmeister von Oberbercken auf Unterhütt zu meinem Sohn in die Schul gangen auf Befehlen meines H. Pfarrers M. Gottfried Haage und hab müssen sehen, was die Kinder machen, waß sie lernen, da hab ich mit den Kindern gebett und das Communicanten Büchlein gefragt, so gieng ich in Gottes Nahmen wieder heim den Fliegen Hoff hinauff. Oberhalb des Kellers kommt ein kohlschwartzer Mann zu mir, hat keine Füß gehabt, und nahm mich bey meinem linken Arm, und sprach zu mir: Wann du nimmer in der Schul betten wilt, nimmer in die Kirchen gehen, so will ich dir helffen, das dir geholffen seyn wird. O Angst, o Zittern! Aber ich sprach, das thue ich nicht. Da wehet mich ein Lufft ins Gesicht, da kunt ich gleich nimmer reden, und hab in meinem Hertzen gedacht: Weicht nichtige Gedancken hin, wo ihr habt euren Lauff, ich baue jetzt in meinen Sinn Gott einen Tempel auf, soll diese Nacht die letzte sein in diesem Jammerthal und weil du mein Gott und Vatter bist, dein Kind wirst du verlassen nicht. Da wich der schwartze Mann von mir. Ich gieng in Angst und grossem Schrekken 50 Schritt weit, so kommt ein klein weiß Männlein so groß wie ein 6 oder 7jähr. Kind und sprach zu mir: fahret ihr so fort mit eurem Schulbetten und Kirchengehen, so wird euch Gott doch erhalten, und euch seegnen, daß ihr ein seeliger Mann werdet, setzet euch zu mir her. Aber aus Angst bin ich nicht gesessen. Da ich nicht sitzen wolt, so sprach es: so kommt in 4 Wochen wieder hieher, so sollt ihr eur Red wieder haben. In Angst und Schrecken gieng ich den Berg hinauff 92 Schritt, ist durch den H. Closters Verwalther Mohlen zu Adelberg und H. Pfarrern und Michel Nagel abgeschritten worden und in dem Schnee meine Tritt gesehen, aber sonst keiner. Ist geschehen des Abends zwischen 4 und 5 Uhr, zu Oberbercken hab ich hören die Bettglocken läuten, hab aus Forcht gemeint ich sey im Himmel. Und weil ich ein armer Mann bin, so hab man die Sach gleich auff Stuttgardt berichtet für das Consistorium und ist mir abgeschlagen und verbotten worden, daß ich nicht mehr auf den Platz gehe, der letzte Betrug möchte vielleicht ärger werden als der erste, der Gott, der mir die Sprach genommen, könne sie wiedergeben ohn den Platz, hab ich müssen folgen, hätt ich nicht gefolgt, so hätt die gnädigste Herrschaft die Hand von mir abgezogen. Schulmeister Hannß Leonhard Nusser. (105)

BAIERECK

DAS SCHATZFRÄULEIN

Im Schlößle sitze ein Fräulein auf einer Geldkiste. (106)

100

*Kloster Adelberg,
Darstellung der
aus dem brennen-
den Kloster nach
Lauffen ziehen-
den Nonnen,
Zeichnung, 1605*

ADELBERG

KLOSTERGESCHICHTEN

Das Kloster Adelberg OA. Schorndorf wurde ruinirt im Bürger-
krieg. Es ist ein Kapuziner Kloster und ein Nonnenkloster gewesen. Diese beyde stand nur etwa 500 Schritte von einander,
und man findet noch viele unterirdische Gänge, namentlich einen
Gang, der unterirdisch vom Kapuziner ins Nonnenkloster führte, da
sollen die Kapuziner bey den Nonnen Besuch gemacht haben. Unweit
davon war ein kleiner See, als man denselben ausräumte, fand man von
ertränkten Kinder viele Gebeine. Daher vermuthet man, daß die Nonnen dieselbe gleich nach der heimlichen Geburt ertränkt. Man sa [!]
früher immer Geister in diesen Klöster, die als Kapuziner erschienen

101

und bey Nacht im Garten zusehen waren und zu den Dienstbothen übers Bett kamen. Einmal als ein halberwachsener Bub sein Vieh über den Bronnen trieb, entsprang ihm ein Stük Vieh und kam in einen Garten. Als er selbiges einholen wollte, sah er auf einmal ein Loch vor sich tief in der Erde. Als er hinunter blikte, nahm er mehrere Küsten gewahr. Er gieng aber seinem Vieh nach und nachher, als er es seinen Eltern kund gethan und man wollte das Loch wieder aufsuchen, fand man keine Spur mehr davon.

Anno 1802 fanden Maurer, welche die Mauren abbrechen mußten 2 Häfen mit Dukaten. Sie mußten es aber an die Herrschaft abtretten. 1815 ließ ein Besitzer des alten Pfarrhauses das Haus abbrechen, da fand sein Sohn, ein ungefähr 16jähriger Pursche einen in der Mauer verborgenen Hafen mit Dukaten. Als der Pursche den Dekel von Hafen abnahm, strömte ihm aus dem Hafen ein schwefelartiger Dampf ins Gesicht, daß er beynahe blind davon wurde, und mußte den Arzt brauchen. Ein halbes Jahr nachher starb er, seine Eltern nahmen das Gold in Besitz, sie hatten aber kein Glük damit, den was sie dafür kauften, das war ihnen zum Untergang. Es behauptet ein Mann, er spüre noch in seim Hause einen Geist, der im Hause herumgeht und sich zu ihm ins Bett legt, auch alles im Hause verrükt. (107)

Die ungelenke Aufzeichnung eines Mathias Groß für den Tübinger Sagensammler Ernst Meier, der sie in seiner gedruckten Sammlung nicht berücksichtigte, läßt kaum historische Kenntnisse, dafür aber umso mehr antikatholische Polemik erkennen. Adelberg war ein Prämonstratenserkloster.

RECHBERGHAUSEN

OCHSENWIRTS HANS

In Rechberghausen, einem Dorfe 1/2 Stunde nördlich von Göppingen, lebte vor ungefähr 15 Jahren ein junger Mensch von etlich und 20 Jahren, des alten Ochsenwirths Sohn, der hatte sich in ein Mädchen von demselben Alter verliebt. Der Liebeshandel schlug aber unglücklich aus und des Ochsenwirths Hans, so wird er heute noch genannt, gieng in den nahegelegenen Eidach, einen Wald, und erhenkte sich. Nun begab es sich, daß die Taschenuhr Hansens, die Stubenuhr im Ochsen und die Rechberghauser Kirchenuhr stehen blieben und zwar in demselben Augenblicke, als Hans zu athmen aufhörte. Alle drei Uhren konnten nun nicht wieder angetrieben werden, daß sie fort liefen, bis Hans nach drei Tagen, an einer kleinen Tanne hängend, mausetodt gefunden wurde. Häufig kommt es auch jetzt noch vor, daß Hansens Geist mitten in der Nacht einen furchtbaren Lärmen in den Stuben, Kammern und Ställen des Ochsenwirths anstellt. (108)

DIEGELSBERG

DER BRENNENDE TIEGEL

Diegelsberg heißt so, weil da früher an der Burg – vermutlich bei Gefahr – ein Tiegel gebrannt hat. Das hängt mit Kloster Adelberg zusammen. Ein unterirdischer Gang führt nach Adelberg. (109)

Auch wenn es sich dabei „nur" um die Vermutung eines Bauern handeln sollte, der sich über seinen Wohnort Gedanken gemacht hat, so stimmt doch die Erwähnung eines Signalfeuers und des unterirdischen Gangs zu den „volksläufigen" Vorstellungen, die „echten" Sagen zugrundeliegen.

KRAPFENREUT

KRAPF REIT!

Mein Haus ist das älteste Haus von Krapfenreut gewesen. Der Ort lag früher in einem großen Wald, aber der ist vor einigen hundert Jahren vom Grafen abgeholzt worden. Der hatte hier sein Jagdschlößle oder Jagdhäusle. Ein 80–90jähriger Bauer, der vor 20 Jahren gestorben ist, hat erzählt, der Graf habe einem Mann namens Krapf zugerufen: Krapf reit! Oder: Graf reit! (110)

Übrigens sagte man früher von Krapfenreut: In Krapfareut bacht man da Pfannakucha nur auf einer Seit (weil der Ort lange nur auf einer Seite der Straße stand).

THOMASHARDT

DER GANG ZUM NONNENBUCKEL

Vom früheren Pfarrhaus im Ort soll ein unterirdischer Gang zum Nonnenbuckel gehen. Da ist ein Kloster gestanden. Etwa 1905/ 1906 haben einige von den Besitzern des Nonnenbuckels danach gegraben, aber nichts gefunden. Das Pfarrhaus liegt gegenüber vom Rathaus. Man sieht im Inneren, daß es kein normales Haus ist. Thomashardt muß nämlich früher eine Kirche gehabt haben, weil ein Taufstein an dem Haus stand. Der steht jetzt an der neuen Kirche. (111)

THOMASHARDT

DIE STELLE IM WALD

Im Wald Osang, wo der „Kindlesbrunnenweg" nach Büchenbronn weggeht, ist eine Stelle, da ist etwas passiert. Es gehe ein Geist. Eine ledige Mutter habe da einmal ihr Kind umgebracht und vergraben. Da tut es ganz hohl, das kommt davon. (112)

HOHENGEHREN

DER HOLDERSTEIN

Als einmal der Franzose im Lande hauste, wütete er auch gar arg im Dorf Hohengehren. Die Häuser wurden geplündert und die Leute geschunden, so daß niemand mehr seines Lebens sicher war. Da floh, wer konnte, und so auch eine arme Frau, der die Wüstlinge hart zusetzten. Mit einem Laib Brot unter dem Arm rannte sie vom Dorf geradewegs zur Waldschlucht bei der Holderburg, kam an den jähen Felsen, über den der Bach springt, und wandte sich mit wenigen Schritten auf die seitliche Felsenplatte. Hinter ihr aber setzte ein Reiter in rasender Jagd. Schon glaubte er die Fliehende, die der Felsen hemmte, zu erreichen und spornte sein Roß zu wildem Sprunge an. Ein gellender Schrei und ein dumpfer Aufschlag in der Tiefe. – Zerschmettert lagen Roß und Reiter.

Zum Andenken an diese furchtbaren Zeiten und an die wunderbare Rettung der armen Frau gruben hernach Überlebende die Anfangsbuchstaben des Namens der Geretteten in lateinischen Zügen (CMC) in den Stein, umfingen die Inschrift mit einem herzförmigen Punktornament und setzten ein Kreuz darüber. Das alles ist dort noch zu sehen. (113)

HOHENGEHREN

HEXENWALD UND TEUFELSBRÜCKE

Im Hexenwald und an der Teufelsbrücke spukts. Die Eltern haben uns verboten, da durchzugehen. Aber wir sind mit zwölf als Mutprobe durch den Hexenwald gegangen. An der Teufelsbrücke hat man vor ungefähr 20 Jahren Kinder umgebracht. (114)

AICHSCHIESS

SCHLAPPOHRLE (I)

An der Kreuzung der Straßen Aichschieß-Plochingen und Esslingen-Schorndorf steht der Weiße Stein. Welchen Zweck er erfüllen sollte und wann er aufgestellt wurde, weiß niemand. Nach einer Sage wird er mit dem Verschwinden eines württembergischen Jagdknechtes, genannt der Schlappohrle, in Verbindung gebracht. Die Schergen der Herzöge, denen die Jagd auf dem Schurwald gehörte, waren meist fremde, grausame Gesellen, die alle Bauern quälten und plagten, die sie beim Wildern oder auch nur im Wald antrafen. So staute sich allmählich ein Haß und Rachedurst unter den Bauern an. Eines Tages war der wüste Scherge mit dem unförmigen Gesicht und den langen Ohren verschwunden. Einige Bauern sollen ihm in einer stürmischen Nacht am Weißen Stein aufgelauert haben, ihn erschlagen und verscharrt haben. Niemand weiß, wer es getan hat und wo man ihn vergraben hat. Aber es wird erzählt, daß von jener Stunde an ein weißer Stein an der Mordstelle steht. In den 12 Nächten zwischen Weihnachten und Erscheinungsfest soll der Schlappohrle jedes Jahr zur Geisterstunde um den Weißen Stein gesehen worden sein. Heute noch rufen junge Burschen, wenn sie angeheitert dort vorüberziehen: „Schlappohrle, Schlappohrle, komm heraus." Manche Aichschießer sagen, der Schlappohrle habe sein Unwesen bis zum Anfang des 20. Jahrhunderts getrieben. (115)

AICHSCHIESS

SCHLAPPOHRLE (II)

Das Schlappauhrle wurde in Mannsgestalt aus dem Neckar gezogen und einem Mann in den Kraben (Korb) gebunden, den dieser auf dem Rücken trug. Das Schlappauhrle juckte den Träger immer wieder an den Ohren, daher sein Name. Am weißen Stein wurde er in den Boden gegraben. So oft er auch eingegraben wurde, lag er wieder außen. Da schlug man einen Pfosten in sein Grab und legte einen schweren Stein darauf. Jetzt geht er nur noch als Geist am Weißen Stein. (116)

AICHSCHIESS

DAS MUETESHEER

Ein Plochinger Bürger ging im vorigen Jahrhundert von hier oft auf den Schurwald, um Schnitz und Zwetschgen zu betteln. Einmal verkam ihm auf dem Heimweg das „Wilde Heer". Er wußte nicht, was tun, und warf schließlich den Sack mit Schnitz und Zwetschgen dem Heer hin. Dieses fiel darüber her. Er selbst war frei und konnte weitergehen.

In Aichschieß zieht das Muetesheer von Westen nach Osten. Man muß ihm aus dem Weg gehen, sonst nimmt es einen mit. Vielen Leuten hat es schon die Kappen heruntergenommen. (117)

Das wütende Heer, Federzeichnung, 1863

SCHANBACH

DIE MADEL GEHT UM

Mein Vater hat die Geschichte miterlebt. Er hat ein Haus von der Madel gekauft. Die Madel war eine ältere Frau, die gern Most getrunken hat. Im Nachbarort hat sie sich Most geholt. Einmal kam sie im Dunkeln heim und ist in einer Wasserlache um die Miste ertrunken. Früher war man sehr abergläubisch. Es hieß nun: Da geht die Madel um. Einige jüngere unverheiratete Leute haben aber gesagt: die mit ihrem Geistergerede! Im Backhaus, das steht heute noch, haben sich die Frauen ohne Licht Dorfklatsch erzählt. Um halb zehn kamen die Männer die Frauen mit der Laterne abholen.

Die Madel ist immer stöhnend gelaufen und hat geseufzt. Einmal saßen die Frauen wieder im Backhäusle zusammen, da gingen drei Männer um das Backhaus und seufzten genauso wie die Madel. Die Frauen waren ganz ängstlich: wenn unsere Männer doch nur schon da wären! Jetzt kommt sie wieder! Einer der Männer, der Hannes, hatte einen alten durchlöcherten Kochhafen auf dem Kopf, darin eine brennende Kerze. Schließlich hat der Amtsdiener Hildebrand seinen Säbel gezogen und die Männer bewaffnet zusammengerufen. Die Burschen sind nun langsam zum zugefrorenen Fischteich hinunter, der Büttel und die Mannsleut zunächst ganz vorsichtig hinterher. Da rutschte der Hannes auf dem Teich aus und das Licht war aus. Da hat man gesehen, daß man vor einem Schabernack Angst gehabt hat. Seit der Zeit hat niemand mehr von der Madel erzählt. (118)

SCHANBACH

DAS LABYRINTH

Die Burg war eine Raubritterburg. Unterhalb war ein Labyrinth. Wenn die überfallen wurden, konnten sie durch den Hauptgang fliehen. Der ging wohl in Richtung Remstal. (119)

Ein anderer, älterer Gewährsmann erzählt, daß von der Yburg und von Stetten Gänge zu den Burgen auf dem Schurwald, auch nach Schanbach, gelaufen seien. Sein Lehrer habe früher im Wald diese Gänge bei nebligem Wetter wegen der Hohlräume im Boden verfolgen können.

LOBENROT

DIE HELENENQUELLE

Ganz unten im Wald zwischen Lobenrot und dem Jägerhaus liegt die Helenenquelle. Eine, die Helene hieß, hat sich einmal abends um 9 Uhr beim Wasserholen verirrt. Da hat das Glöckle von Stetten geläutet. (120)

FRANZOSENMETZGER

Die Lobenroter sind die Franzosenmetzger. Drei Franzosen kamen als Späher nach Lobenrot. Die Bürger waren sich einig, haben sie abgepaßt und in die Franzosenklinge (Schlucht) geworfen. Wenn der Volksmund behauptet, die Schanbacher sind die Franzosenmetzger, so ist das falsch. Mein Vater hat gesagt, es waren die Lobenroter. (121)

DREI VIERTEL SIND KEIN PFUND

Am Ettenfürst machte einst der umgehende „Beck von Stetten" zur Strafe für seinen Betrug im Leben mit seinem heulenden Ruf „Drei Viertel ist kein Pfund!" die nächtlichen Wanderer kopfscheu. (122)

DIE ENTSTEHUNG DES ORTES

In jener Zeit, als die Boten des Königs mit der Verkündigung des Treuga Dei (Gottesfrieden) durch alle deutschen Lande eilten, wurde an der Stelle, wo jetzt der Sühnestein vor der Aichelberger Kirche steht, einer der Königsboten von Räubern erschlagen. Da die Sache aber ruchbar ward, wurden Häscher ausgeschickt, die dann auch die Mörder mitten im Wald unweit dem Ort ihrer Tat entdeckten, als sie eben mit der Verteilung ihrer Beute beschäftigt waren. Schnell wurde über sie gerichtet, und man hängte alle drei, denn so viele waren es, an einem verkrüppelten Baum auf. Damit aber niemand vergesse, daß die rächende Hand des Königs lebe, pflanzte man an der Gerichtsstelle drei Linden ein, die in der Zeit zu stattlichen

109

Bäumen heranwuchsen und jedesmal, so oft sie von Alter fielen, immer wieder durch junge Bäume ersetzt wurden. Am Ort des Mordes aber senkte man ein mächtiges Steinkreuz in die Erde, damit es jeden Vorübergehenden zu einem Gebet für den Toten mahne.

Nun geschah es aber, daß in kurzer Zeit über den Stein her ein herrlich blühender Rosenstrauch wuchs, was als Zeichen dafür angesehen wurde, daß der Gemordete eines seligen Todes gestorben sei. Deshalb wurde neben dem Stein eine Kirche gebaut, die zu „Unserer lieben Frauen" hieß, und weil bei ihr und dem Stein allerlei Zeichen und Wunder geschahen, so entstand allmählich ein lebhaftes Laufen und Wallfahren zu ihr. Man hieb die Bäume um und baute Häuser, aus denen Aichelberg entstand. Erst in schweren Kriegszeiten, als ein Haus ums andere verbrannt und die Leute erschlagen oder verjagt waren, bauten sich die übrigen weiter talabwärts in zwei Weilern an. So entstand das neue Aichelberg; das alte Kirchlein und der Stein stehen allein noch oben mitten in Korn und Klee und wissen von alten Zeiten und alter Tat. (123)

Was Lehrer Hermann Rath in seiner Ortschronik 1956/57 niederschrieb, gibt sich durch Versatzstücke aus Geschichtsbüchern (Königsboten, Gottesfrieden) und altertümelnde Sprache als modernes Kunstprodukt zu erkennen.

An Fils und Neckar

Kirchheim an der Teck, Radierung, ca. 1820

DIE KUGEL IN DER KIRCHE VON OBERHOVEN

Außerhalb der Stadt Göppingen, jedoch nicht gar weit von ihr entfernt, liegt eine schon alte, aber noch sehenswerthe Kirche. Sie heißt die Kirche von Oberhoven und ist unter diesem Namen noch allgemein bekannt. Sie war früher ein Stift, wovon noch ihre 2 alterthümlichen Thürme zeugen, in neuerer Zeit aber wird diese Kirche nicht mehr viel gebraucht und blos an Festtagen werden Frühpredigten in ihr gehalten. In dieser Kirche liegt noch jetzt in einer finstern Kammer eine Kanonenkugel von solcher Größe, daß sie kaum einige Mann tragen könnten. Sie soll, wie die Sage geht, zur Zeit des Bauernkriegs, wo auch die Burg auf dem Hohenstaufen zerstört wurde, in diese Kirche abgefeuert worden sein, um nie wieder die Kirche zu verlassen. Von dieser Zeit her befindet sich nun diese Kugel daselbst und man erzählt von ihr, da sie dort einen so unpassenden Platz habe, sei sie schon einigemal aus der Kirche herausgeschafft worden, aber umsonst, denn sobald man wieder in die Kirche gekommen, so sei auch die Kugel wieder an ihrem alten Platze gewesen, und so ist sie denn bis auf den heutigen Tag noch zu sehen, obwohl sie nicht mehr viel beachtet wird. (124)

DIE WEISSE FRAU

Am Charlottenhof ging eine weiße Frau um. Sie hatte es besonders auf die Männer abgesehen, die spät nachts vom Wirtshaus in Sparwiesen kamen. Den Ortseingang in Uhingen fanden sie kaum mehr, denn jedesmal sei jemand um sie und führe sie hinweg. – Der alte Schultheiß Mühlhäuser von Sparwiesen ging oftmals des Nachts von Uhingen heimwärts. Dabei ging es ihm immer schlecht, wenn er zum Ortsausgang kam; denn jedes Mal habe ihn jemand vom Weg abgebracht. – Auch am Fußweg entlang der Fils, der nach Faurndau führt, zeigte sich manchmal um Mitternacht eine weiße Gestalt. Wurde sie mit den Worten angeredet: „Du solltest doch schon lange im Bett sein", verschwand sie in den Dornenhecken. (125)

112

DIE FRAUENBURG

Zwischen Kirchheim u.T. und Schlierbach zieht sich ein großer dichter Wald hin, in welchem früher mehrere Burgen standen, und der, als nicht ganz geheuer, noch jetzt dem Munde des Volkes Manches zu sprechen gibt. Unheimliche Vorfälle sollen sich besonders auf den Trümmern der Frauenburg zugetragen haben. Von ihr heißt es, ein plötzlich entstandener Erdschlund habe sie sammt allen ihren Bewohnern verschlungen: gleichwohl zeigt man noch einige Trümmer derselben. Um Mitternacht und gegen Morgen hört man nicht selten Hähne dort krähen, sieht Flammen auflodern u.s.w. Namentlich erschien einmal einer armen, alten Frau, als sie in der Nähe der verrufenen Burg Holz auflas, ein „ganz geistlich angezogenes" edles Fräulein, die vom Schlosse selbst herkam. Sie trug eine Ruthe in der Hand und gab durch Zeichen dem Weibe zu verstehen, ihr die Ruthe abzunehmen, warnte sie aber, dieselbe ja nicht mit der blosen Hand anzurühren. Die Frau verstand aber diese Winke nicht: da sprangen plötzlich viele Frösche um sie herum; ja einer hüpfte ihr in den Schuh. Alsbald verschwand das Fräulein aus den Augen der Bäurin, und den Wald hinauf erbrauste ein schauerlicher Sturmwind. Als das Weib heimgekommen war, und den Ihrigen diese sonderbare Begebenheit erzählt hatte, bemerkte sie zu ihrem größten Staunen, daß der Frosch, den sie so sehr verwünscht hatte, in einen blanken Goldgulden verwandelt war. (126)

SAGE VOM JÄGER IN REICHENBACH

In dem Dorfe Reichenbach, das auf der Landstraße zwischen Plochingen und Göppingen liegt, lebte ungefähr vor hundert Jahren ein roher, hartherziger Jäger, der gegen die Armen, besonders wenn er sie im Wald beim Holzsammeln antraf, sehr hart verfuhr. So sah er auch einmal in dem Wald einen armen Mann, der bei sehr strenger und lange andauernder Winterkälte, von Noth getrieben, Holz holte. Der Mann wollte fliehen, als er des Jägers ansichtig wurde; dieser aber schoß, ohne ihn anzurufen, seine mit Schrot geladene Flinte nach ihm ab und verwundete ihn bedeutend. Der Arme starb nach ein paar Wochen an seinen Wunden. Da kam eines Abends der Hund des Jägers winselnd in das Dorf, sein Herr aber, der des Morgens mit eben diesem Hund in den Wald gegangen war, erschien nicht wieder. Man stellte Nachsuchungen an, allein vergebens. Mit dieser Zeit zeigte sich den Landleuten, wenn sie bei Nacht durch den Wald giengen, öfter ein Hirsch von ungewöhnlicher Größe, der keck stehen blieb, auch wenn sie sich ihm näherten. Lange Zeit hindurch war der Wald, sobald es dunkel wurde, allgemein gemieden; denn es gieng die Sage, der Jäger spuckte dort als Hirsch. Nun begab sich einmal, daß 2 Bauern des Nachts dem Wilde auflauerten, das ihre Erbsenfelder stark heimsuchte. Nicht lange waren sie in einem kleinen Gebüsch auf dem Anstand gewesen, als sie plötzlich in der Richtung von Reichenbach ein Geraschel hörten und bald darauf einen großen Hirsch vor sich stehen sahen. Der eine legte auf ihn an; doch plötzlich rief ihm der andere zu: „Halt' ein, es ist ja der Jäger von Reichenbach!" Aber in dem Augenblick hatte er schon losgedrückt und das Thier mitten auf die Stirne getroffen. Der Schuß hallte durch Berg und Thal, in der nahen Waldschlucht entstand ein furchtbares Getöse; es war, als stürzen und krachen alle Bäume im Walde zusammen. Sogleich eilten die beiden Männer in der größten Bestürzung nach Hause; mit Tagesanbruch untersuchten sie die Stelle, ob nicht der Schweiß des Wildes sichtbar wäre, allein nirgends zeigte sich eine Spur. Auch ist seit dieser Zeit der Hirsch nicht wieder gesehen worden. (127)

DIE UNHEIMLICHE KUTSCHE

Mein Großvater mußte einmal auch einen Brief nach Stuttgart tragen. Er ging schon früh, als es noch Nacht war, von zuhause fort. Als er vom Haus hinausging, fuhr gerade eine Kutsche vorüber. Er hat sich dann gleich an der Kutsche gehalten und dachte, so komme ich schneller nach Stuttgart. Aber, o weh! Auf einmal fuhr die Kutsche kurz vor Altbach rechts in den Katzenlohweg hinein. Da bekam mein Großvater Angst und Grauen und dachte, die führen einen Geist in den Katzenloh hinein und er lief, was er laufen konnte, nach Altbach hinein und blieb dort bei einem Bäcker, bis es Tag wurde, und erzählte diesem sein schreckliches Erlebnis. Er habe vor Angst fast Blutstropfen geschwitzt und in seinem ganzen Leben dieses Vorkommnis nicht vergessen. (128)

PLOCHINGEN

DER MANN OHNE KOPF

Zwischen Plochingen und Altbach an der Straße konnte man bei Nacht einen Mann ohne Kopf mit feurigem Schwert in der Hand sehen. Der Vater einer Gewährsfrau ging der Sache nach und stellte fest, daß es ein Baum ist mit „Schein". Dieser Mann hat nicht an Gespenster geglaubt. (129)

ALTBACH

DER EWIGE JUDE

Sonderbar ist es übrigens, daß in dem Dorf Altbach am Necker, ob Eßlingen, in Württemberg, in dem großen Hause an der Landstraße, das nun ein Schmid bewohnt, unter folgendem Datum, ein mittelmäßiger Mann, mit freundlicher und sehr bescheidener Bitte um ein Nachtquartier angesucht, von dem damaligen Hausbesitzer aber nur mit der Bedingung aufgenommen worden, daß er im Schafstall vorlieb nehmen müsse, was er sehr gerne angenommen habe. Weil er aber den anderen Morgen zu lange nicht zum Vorschein kam, wollte der Hausvater endlich nach seinem Gaste sehen, fand ihn aber nicht mehr im Schafstalle. Nach langem Umschauen fiel ihm eine frisch eingegrabene Einschrift an der Seitenwand auf, die also hieß:

„Ich Ahasverus von Jerusalem bin nun schon das zweitemal gut in diesem Schafstall beherbergt worden, das Gott vergelte. Den 1. Jan. 1766."

115

Der ewige Jude

Diese Wandschrift habe ich selbst (der Beförderer gegenwärtiger Auflage) im Jahr 1776 mit meiner Mutter, und, ehe dieser Schafstall in den 80ger Jahren zu einer Schmidswerkstätte umgeändert worden, mit mehreren anderen Personen, besonders mit dem Schmid Johannes Barth und dem Maurermeister Conrad Wörner, gesehen, ehe sie durch die neue Einrichtung zerstört wurde. (130)

Seit dem Anfang des 17. Jahrhunderts trägt die Gestalt des Juden, der wegen seines Verhaltens bei der Kreuzigung Christi nicht sterben kann, den Namen Ahasver. Es handelt sich um ein international verbreitetes Erzählmotiv.

116

KÖNGEN

DIE SAUGLOCKE

In Köngen, oberhalb Nürtingen, befindet sich in der Kirche eine mächtig große Glocke mit herrlichem Geläut, die hat einst eine Sau am Neckar aufgewühlt und entdeckt, worauf die Menschen sie herausgewunden und „Sauglocke" genannt haben. So heißt sie auch jetzt noch. (131)

KÖNGEN

EINST EINE STADT

Jene Römerstadt (das Römerkastell) bringt nun die Volkssage mit dem heutigen Ort so in Verbindung, daß sie behauptet, Köngen sey in alten Zeiten eine Stadt gewesen und habe Königinburg geheißen. (132)

KÖNGEN

DER SPRUNG VON DER BRÜCKE

Ueber den Neckar führt hier eine steinerne Brücke mit einem einfachen Denkmale, das an den kühnen Sprung Herzog Ulrichs erinnern soll, der mit seinem Pferde über die Wölbung der Brücke in die Fluthen des angeschwollenen Neckars hinab sprang. (133)

Als „Volkssage" begegnet uns die Erzählung vom Sprung Herzog Ulrichs auf seiner Flucht vor dem Schwäbischen Bund 1519 erstmals bei Gustav Schwab in dessen Albführer von 1823. Dichterisch ausgestaltet wurde sie von Wilhelm Hauff in seinem Erfolgsroman „Lichtenstein" (1826). Bereits 1817 wollte man von einem gefährlichen Sprung Herzog Ulrichs zu Pferde, mit dem er sich vor den Feinden rettete, in den Eßlinger Bergen bei Stuttgart wissen.

KÖNGEN

EIN BACHGEIST

Ungefähr eine 1/4 Stunde südwestlich von Köngen ist ein Wald, welcher den Namen Steinacker führt. Aus diesem Wald kommt ein kleiner Bach, er führt den Namen Bubenbuch. Nachdem er den Wald verläßt, tritt er in ein romantisches schmales Wiesenthälchen, 1/2 Stunde lang. Es mündet dieser Bach in einer Pfütze, welche entstand durch das Wasser, welches der Neckar hinterließ, nachdem er abgegraben war. (Diese Pfütze ist 1/4 Stunde unter Unterensingen.)

In diesem Wiesenthälchen geht ein Geist seit ungefähr 2 Jahren, wie die Sage geht, niemand sahe ihn vorher, bis vor 2 Jahren, da vom Markte von Nürtingen einige Männer nach Hause giengen, unter welchen ein Mann mit Namen Schopper war, der einen kleinen Stecken in der Hand hatte. Als diese Männer auf das Brücklein (zwischen Köngen und Unterensingen) kamen, durch welches der Bach geht, und die Straße verlassen wollten, um einen Fußweg, der nach Köngen führt, zu betreten, schwingt der Schopper ein wenig seinen kleinen Stab, sahe aber gerade diesen hier einheimischen Geist hinter sich her spazieren, wollte aber nur sehen, ob dieser Geist, wenn er ihn zufällig treffe, auch etwas zu leid thue. Er traf ihn, und alsbald sahe und hörte er nichts mehr, solaut er auch rufen mochte. Dieß war ungefähr Abends 9 Uhr. Um 12 Uhr stand der Schopper nicht weit von der Straße entfernt mitten im Bache, und große Schweißtropfen fielen von ihm. Dieser Mann erzählte mir dieß selbst, und betheuerte, daß er gewiß nicht betrunken gewesen sei. (134)

KÖNGEN

DER KIRCHHOF AUF DEN NECKARWIESEN

Auf den Neckarwiesen bei Köngen, so geht die Sage, stand vor alten Zeiten ein Kirchhof, deßhalb sahen die Leute manchen Geist bei Nacht dort wandeln. So erzählte mir ein Mann, er habe dort einmal vier schwarze Männer gesehen, welche eine Bahre getragen haben; sie liefen mit langsam abgemessenen Schritten dem Neckar zu. Der Mann wurde aufmerksamer und dachte: „Jetzt will ich sehen, ob sie auch ins Wasser gehen". Als sie aber zum Neckar hinkamen, verschwanden sie. (135)

ÖTLINGEN

DER ROTGOCKEL

Wer die Ötlinger Steige hinaufgeht, denkt sicher nicht daran, daß dort oben einmal ein Dorf stand. Es ist auch schon gar lange her. Da wanderten ein paar Ötlinger Bauern aus und wollten von jetzt an auf dem Berge wohnen. Schöne Häuser bauten sie sich mit kleinen Gärtlein davor. Da dufteten die Reseden, und vom Stockbrett schauten scheckige Nelken und feuerrote Geranien noch frischer herunter als damals, da sie noch im Tale wohnten. Überhaupt – sie mochten gar nicht mehr zurückdenken. Bei ihnen in Rot war's doch viel schöner. Gleich draußen lagen all ihre Äcker mit der dunkelroten Erde. Auf der ganzen Welt gab's keine solchen Felder. Stolz hatten sie darum ihr Dörflein nach ihnen benannt. Was tat's, wenn sie auch keine Kirche hatten! Sonntags konnten sie nach Ötlingen hinunter und dort im Gotteshaus beten.

Aber sie gingen nicht oft hinunter, vielleicht zweimal. Dann vergaßen sie das Kirchgehen und das Beten dazu. Wieder hatten die Ötlinger Glocken umsonst geläutet: Von Rot ging kein's zur Kirche. Als der letzte Glockenklang verhallt war, fing der Boden an zu zittern und zu wackeln. Ganz breite, tiefe Risse bekam die Erde, u. von unten rollte ein unheimlicher Donner. Was ist denn das? schrien die Leute voll Angst. Da stürzten schon ihre Häuser ein und ihre Scheunen. Sie wollten schnell davonspringen, aber überall waren die Löcher und verschlangen Häuser, Ställe, Tiere und Menschen. Bis nach Ötlingen hinunter hörte man sie heulen in ihrer Todesangst. Alles mußte hinunter in die Tiefe. Erst dann ebnete sich der Boden und schlossen sich die Spalten.

Jetzt sieht man vom ganzen Dorfe nichts mehr. Bloß die rote Erde ist noch da; man heißt die Äcker heute noch das Rot. Ja und manchmal, wenn alles ganz still ist, hört man einen Hahn aus der Tiefe rufen. Aber es tut ganz anders, als wenn sonst ein Gockel schreit – so hohl, daß man schnell weiterläuft. Dann sagt die Mutter zu ihrem unartigen Kinde: Gibt acht, der Rotgockel kommt! Gleich ist es still, damit er es nicht mitnimmt unter die rote Erde dort droben. (136)

KIRCHHEIM UNTER TECK

DER URSPRUNG DER STADT

Kirchheim an der Teck ist eine der vornehmsten Amts-Stadt dieses Hertzogthums mit einem Fürstl. Schloß, welche ihren ersten Anfang durch den ersten Christl. Hertzog von Teck überkommen, welcher an diesem Ort, allwo eine Schlacht zwischen Christen und Heyden gehalten worden, eine Kirch erbauen lassen, worzu nach und nach mehr Häuser kommen, und also zu einem Dorff worden, in welchem Christen und Heyden gewohnt, und hat der daselbst durchfliessende Bach beede unterschieden, dahero noch ein Theil dieser Stadt die Heydenschafft genennet wird. (137)

Dies berichtet Johann Martin Rebstock 1699. Daß die Herzöge von Teck zur Zeit der Christianisierung die Kirchheimer Marienkirche (in der Oberen Vorstadt) erbaut haben, wird bereits von einem Vogtbericht aus dem Jahr 1535 als mündliche Überlieferung ausgegeben. Die Gründungserzählung geht jedoch auf die 1485/86 gedruckte „Schwäbische Chronik" eines sich Thomas Lirer nennenden Autors zurück, dessen Erfindungen weithin geglaubt wurden.

KIRCHHEIM UNTER TECK

DER BLINDE SPIELMANN IM KLOSTER

Es was ein blinder Geiger zu Augspurg, der hieß mit seinem Namen Celidonius, der auch in disem Gotshaus begraben ligt. Er was reich unnd eines dugenthafftigen Lebens, keusch und unschuldig unnd gaistlich. Do er hört von der gaistlichen Samlung zu Kircheim, do hat er sich dahin lassen fueren, und ist zu den gaistlichen Jungfrawen kommen, do redet er mit inen von gaistlichen Dingen, und khundt wol Seytenspil unnd schlueg gaistlich Lieder, darvon die gaist-

120

Schwurszene mit
Kirchheimer Kirche
im Hintergrund,
Holzschnitt der Lirer-
Chronik, 1486

liche Khinder kein Leichtfertigkeit hetten, sonder beweckt wurden zu
grosser Andacht. Nuhn was es ein schlecht Ding und waren arm, da zug
der Blind zu Fursten und Hern unnd Prelaten, ließ sich umbfueren und
sang inn das Seytenspil unnd sprach: Gebent umb Gottes willen ewer
hayligs Almusen, in die new Samblung zu Kirchein, in der der reich
Gott Christus Iesus hatt LXXXVI Gesponsen. Do fiengen die Jungfrawen an zu bawen von dem Gelt unnd Gutt, das der blind Bettler [zu-
sammenbrachte]. (138)

DER BLINDE GEIGER (II)

Es war an einem eiskalten Wintertag. Der Wind heulte durch die Straßen Kirchheims und fuhr um die Häuser. Bis ins Kloster drang sein kalter Hauch und ließ auch mit dem Abend nicht nach.

Da klopfte es an die Klosterpforte. Wer mochte so spät noch Einlaß begehren? Ein alter Mann war es mit schneeweißem, wallendem Barte. Seine Augen schauten geradeaus, glanzlos, wie erloschen. Und nun hob er seine Geige ans Kinn und ließ sie weinen und seufzen so ernst, daß die Klosterfrauen mitweinten. Dann jauchzte sie wieder so froh und hell wie die Orgel am Sonntag. Wie gerne hätten sie den Alten in ihr Haus aufgenommen, daß er nicht mehr frierend durch Dörfer und Städte ziehen müßte! Aber sie waren selbst ganz arm, hatten kein Brot im Haus.

Als das der blinde Geiger hörte, stand er leise auf und ging hinaus in die klare Winternacht. Noch einmal setzte er den Bogen zum Spiele an, daß seine Geige laut aufschluchzte vor Weh. Es war aber nicht sein Weh, das sie sang. Sie weinte, weil die Bräute Jesu so bettelarm waren. Da und dort öffnete sich ein Fenster, dann ließ er seine Geige ruhen und schilderte ihre Not. Mancher holte ein Silberstück aus der Tasche als Gabe für die Klosterfrauen. Der Geiger gönnte sich keine Rast. Er wanderte von Dorf zu Dorf. Überall spielte er die schönsten Lieder und machte die Herzen der Menschen reich. Was ihm sein Spiel einbrachte, schickte er nach Kirchheim ins Nonnenkloster. Dem war durch seine Hilfe die Armut abgenommen. Schon im Jahr 1214 hatte es 86 Insassen, und immer noch spielte der blinde Geiger sein Lied.

Endlich starb er in hohem Alter. Hatten die Klosterfrauen ihn damals nicht aufnehmen können, so sollte er wenigstens jetzt bei ihnen zum Frieden kommen. Im Klosterfriedhof betteten sie seinen müden Leib zur Ruhe. (139)

Die Gegenüberstellung der beiden Fassungen, der ältesten Version der Spielmanns-Erzählung aus dem 16. Jahrhundert und der „Sage" des Lehrers Carl Mayer (1877–1973), mag die Verwandlung einer frommen klösterlichen Gründungsüberlieferung aus vorreformatorischer Zeit in „Sagenkitsch" des 20. Jahrhunderts beispielhaft demonstrieren.

Der Freihof zu Kirchheim, Lithographie, um 1835

OTTILIE WILDERMUTH: DAS KLOSTER

Das Kloster in Kirchheim hat aus seinen alten Tagen fast nur das Bequeme, Trauliche behalten: die weiten Räume, die bauschigen Gitterfenster, in die man sich ganz hineinlegen und wie aus einem luftigen Käfig in die sonnenbeschienene Welt hinausschauen konnte. Beinahe alles Grausige, Gespensterhafte war längst durch das geschäftige Treiben jüngerer Geschlechter weggeräumt. Nur in einer ungebrauchten Bodenkammer hing noch das geschwärzte Bild einer Nonne, dessen Original natürlich die Volkssage eingemauert worden sein ließ, und unten, wo es hinter der Treppe so dunkel ist, befindet sich eine eiserne Thür zu einem unterirdischen Gange, der, ich weiß nicht wie weit, sich erstrecken soll. Mit schauerlicher Lust wagten die Kinder des Hauses sich hie und da etwa zehn Schritte in dem Dunkel vorwärts; aber manche Tagesstunde, ja halbe Nächte lang unterhielten sie sich mit Planen, wie der Klosterschatz, der sicher hier verscharrt

123

sein mußte, zu heben und vor allem, wie er zu verwenden sei. Goldene Luftschlösser erhoben sich, wenn sie in nächtlicher Stille flüsternd im Bett darüber plauderten. – Bis heute aber hat ihn noch keiner gehoben. Vor Zeiten waren wirklich Nachgrabungen angestellt worden, man war aber nur bis auf die Spur verschütteter Stufen gekommen. – Der Sohn des Hauses hatte in jüngeren Tagen mit seinen Kameraden die Grabung erneuert; das einzige Resultat aber waren beschmutzte Wämser und zerrissene Hosen, weshalb das Geschäft von seiten der Eltern niedergelegt wurde. – Von Gespenstern hat man nie viel vernommen. Die obbemeldete eingemauerte Nonne, ein unentbehrliches Requisit eines alten Klosters, soll freilich zur Weihnachtszeit manchmal mit gerungenen Händen sich haben blicken lassen; gesehen hat sie aber niemand und gefürchtet nur, soweit es zu einem behaglichen Grausen gehörte. (140)

KIRCHHEIM UNTER TECK

DER FREIHOF

Die Gebäude, in welchen jährlich der Wollmarkt in Kirchheim abgehalten wird, waren im Mittelalter der Sitz eigener Herren und umgeben von Wall und Graben. Festigkeit gab auch die Lage in dem Winkel, den Lauter und Lindach beym Zusammenfluß dort machen. Zur Bezeichnung des Schlosses brauchte man den Namen „Freihof". Hier nun hauste ein Geist, der sich in seinem Betragen als gut und böse zugleich bewies. Auf den Ruf „Hans komm!" erschien er in menschlicher Gestalt, verrichtete Knechtsdienste z. B. leuchtete er, trug Holz und Wasser in die Küche. Wo er aber einer Person von dem Gesinde, besonders, wenn er dieser nicht gewogen war, einen Possen spielen konnte, that er's. So nahm er im Winter den Schlafenden die Decken, legte sich auch wohl zu ihnen als weiße, kalte Gestalt. Am meisten bekam eine Magd seine Bosheit zu fühlen. Diese heizte einmal Morgens ein, der Geist kam dazu, schob sie in den Ofen, verschloß ihn, und entfernte sich unter schallendem Gelächter. Die Magd rettete nur schleunige Hilfe vom Feuertode. Dieses Unwesen dauerte bis zum Aussterben der adeligen Familie im vorigen Jahrhundert, wo die Gebäude große Veränderungen erlitten. Da tobte einmal Nachts der Geist, zerschmetterte ein Fenster, mit Ketten belastet hörte man ihn durch die Zimmer rasseln, während ein Steinregen die untenstehende Menge empfieng. Nach diesem Auftritt hörte man bis vor 18 Jahren nichts mehr von dem Geiste. In dieser Zeit wurde in Kirchheim ein neues Schulhaus gebaut, und die Kinder mußten in dieses Haus kommen. Da gieng nun einst ein Knabe auf den Abtritt, sah dort einen Schatten, tapste nasenweise darauf, bekam aber so derbe Schläge, daß er schwer krank wurde. Nach diesem besuchten die Knaben den Ort nur in großen Haufen und unter Begleitung des Lehrers aus Furcht vor ähnlicher Behandlung. Noch jetzt behaupten Wäscherinnen, daß der Geist, wenn sie dort ihre Wäsche trocknen, sie mit Steinen verfolge. (141)

NÜRTINGEN

EINST THINGEN

Es solle diese Stadt vorzeiten Thingen geheissen haben, nach dem aber Attila diese Stadt, wie viele andere mehr, zerstört, verschleifft und abgebrandt, seyn solche in folgender Zeit wider neu erbaut worden, und habe den Nahmen Neüthingen, oder Nürtingen bekommen. (142)

NÜRTINGEN

GEISTERORTE

Geisterorte in Nürtingen sind u. a. das Heiligkreuz gegen den Steinenberg, wo das Darreweible geistet (am Steinenberg, entlang der heutigen Bismarckstraße, waren früher die Brechdarren), das Heiligkreuz gegen die Mühle, wo das Mühlesäule sein Unwesen treibt, der Blockturm, in den man früher die Gefangenen hinabgehaspelt habe, der Steinerne Bau mit dem ungetreuen Kastenknecht, eine ehemalige Wirtschaft in der Frickenhäuser Straße, wo die Wirtin verdientermaßen geisten muß, weil sie Most unter den Wein getan hat. Weiterhin sollen nicht sauber sein: der Hagenhof, das Waldhorn (als ehemaliger Klosterhof), der Steinbruch im hintern Steinen-

berg, der Hellere Gatter im Tiefenbach, Remserbrunnen, Teufelskan-
zel, Geistklinge, der Annemadelesteich, wo schon viele verirrt seien,
der Galgenberg als frühere Richtstätte, am Kreuz bei der steinernen
Bruck im Tiefenbach (wo eine Frau eine andere mit einer Hape
(Hippe, Hackmesser) umgebracht habe); auch in der Rutmännin habe
man früher Irrlicher gesehen. (143)

NÜRTINGEN

DIE UNGETREUE MESNERIN

Um die Mitte des vorigen Jahrhunderts lebten hier die Mesners-
eheleute K. Sie gaben es gern ein bißchen nobel, und wenn der
Verdienst nicht ausreichte, mußte das Kirchenopfer herhalten.
Jahrelang vergriffen sie sich an demselben. Als die Sache endlich her-
auskam, wurde der Mesner entlassen, mußte Ersatz leisten und eine
längere Gefängnisstrafe verbüßen. Seine Frau aber, die ein Jahr zuvor
gestorben war und also für ihr Vergehen nicht mehr hatte bestraft werden können, mußte umgehen. Ihr Geist zeigte sich wiederholt in der
Kirche und störte den Gottesdienst. Eines Sonntags, als der Geistliche
in der Kinderlehre über Zöllner und Sünder sprach, ertönte aus dem
Hintergrund ein lautes Bäbäbäbää. Niemand war zu sehen, und voll
Angst scharten sich die Kinder um ihren Helfer. Der sprach rasch ein
Gebet und schickte die Kinder heim. Um Ruhe zu schaffen, ließ man
nun den Geistträger von Wolfschlugen kommen, der den Geist der
Mesnerin in einen Sutterkrug *(Sauerwasserkrug)* bannte und ihn in die
Geistklinge trug. Dort harrt er heute noch seiner Erlösung. (144)

GRÖTZINGEN

GEIZIGE LEUTE MÜSSEN „GEHEN"

Leute, die man für geizig hielt, sollen gehen. So wird noch 1785
ein Mann eine Stunde in den Turm gesperrt, weil er über den
Richter Gutbrod das Gerücht ausgestreut hatte, er gehe und sei
ihm nach seinem Tod zweimal erschienen. (145)

126

GRÖTZINGEN

WASSERROHRE STATT KANONEN

Im Schmalkaldischen Krieg Anno 1546 seyn etliche Käyserische Soldaten hieher kommen, deß Willens, solches Stättlein eynzunehmen; als sie aber die Wasserrinnen, unnd Teuchel, so durch die Mawren allenthalben hinauß giengen, gesehen, und solche für Büchsen gehalten, seyn sie damals fortgezogen. (146)

GRÖTZINGEN

DER KAPUZINER

Dieser hatte sein Geld unter der Kellerstaffel des Hauses von Johannes Claß in der Strohgasse vergraben. Er sagt, er müsse einige Jahre da sein, er will aber erlöst sein; zu diesem Zweck sollen sie graben, aber ja nichts dabei sprechen oder fluchen. Auf der Kiste sitze ein schwarzer Pudel mit feurigen Augen, welcher das Schlüsselchen im Munde habe. Den sollen sie mit 3 Haselnußgerten schlagen, da speie er das Schlüsselchen von sich und er, der Kapuziner sei erlöst. Aber beim Graben fluchte einer, weil seine Hacke ausbrach, da tat es ein Gerassel und die Kiste fiel in den Abgrund. (147)

GRÖTZINGEN

DIE LICHTLEIN

In der Halde und am Lerchenberg sah man Lichter. Mähder sahen sie einmal auch Morgens vom Klingler aus. Sie sagten: „Liechtle, Liechtle mach dr leicht, daß de bald bei mer seist". Da kamen die Lichter gegen sie; eben habe man die Morgenglocke geläutet. (148)

DIE ULRICHSHÖHLE

Als Denkwürdigkeiten von Hardt und dessen Gegend können angesehen werden: 1) die Ulrichs-Höhle, oder der hohle Stein, ein waldichter Grund, wenige Schritte hinter Hardt, westwärts gegen Grötzingen gelegen. Herzog Ulrich verbarg sich daselbst einige Tage auf seiner Flucht, und wurde von 4 Hardter Bürgern (aus sovielen bestand der ganze Hof damals) mit Lebensmitteln erhalten: er bot ihnen dafür eine Gnadenbezeugung an, sie baten aber um mehr nicht, als um die Erlaubniß, einen Fuchs, den Verwüster ihrer Saaten, zu tödten. Ulrich – so lautet die Tradition ferner – gab ihnen nicht nur den Fuchs preiß, sondern schenkte ihnen auch theils vollkommene Steuer-Freyheit, theils Freyheit von allen Jagd- und Frohn-Diensten. Und dieser Freyheiten geniessen die sogenannte Hardter Hofbauren noch bis auf den heutigen Tag. 2) gehört hieher die Teufels-Bruck, welche, unfern Hardt, auf dem Wolfschluger Weg über einer Klinge erbaut, und durch die alte Mythologie der hiesigen Gegend berühmt ist. (149)

Dies schrieb am 26. Oktober 1787 der Ober-Ensinger Pfarrer Wurm als Antwort auf einen Fragebogen an den Stuttgarter Professor Gottlieb Friedrich Rößler, der diese Ausführungen in seinem naturgeschichtlichen Werk von 1791 wörtlich übernahm. Die Erzählung von einem angeblichen Aufenthalt Herzog Ulrichs auf seiner Flucht aus Württemberg 1519, die nach einem Zeugnis von 1803 auch den Hardter Bauern geläufig war, erscheint hier erstmals. Worauf die tatsächlich bestehende Steuerfreiheit der Bauern zurückgeht, ist nicht bekannt. Populär wurde die Geschichte nicht zuletzt durch eine 1815 gedichtete Sagenballade von Gustav Schwab: „Der Hohlenstein". In seinem historischen Roman „Lichtenstein" erfand Wilhelm Hauff in Anknüpfung an die Überlieferung die Figur des Pfeifers von Hardt. Später wies man in Hardt sogar dessen angebliches Wohnhaus vor.

Die ehemalige Reichsstadt
Esslingen und die Filder

Esslingen, Stahlstich, 1841

WARUM DIE ESSLINGER ZWIEBEL HEISSEN

Der Teufel soll in Esslingen eine Zwiebel für einen Apfel gehalten und hineingebissen haben; eine Wasserspeierfigur der Esslinger Frauenkirche soll die Fratze zeigen, die er dabei geschnitten habe. Die Esslinger wollen dem Teufel auch noch einen andern Streich gespielt haben: als er einst in ihrer Stadt Rast machte, bekam er statt Kraut Zwiebeln vorgesetzt. (150)

MELAC AUF DER BURG VON ESSLINGEN

Als der französische General Melac mit seinen Mordbrennerschaaren die Stadt Eßlingen besetzt hielt, faßte er zu der schönen Tochter des damaligen Bürgermeisters eine heftige Liebe, die aber von seiten des Mädchens nicht erwidert wurde. Melac drohte daher, als seine schamlosen Anerbietungen von der ehrbaren Patricier Familie beharrlich zurückgewiesen wurden, die fernere Weigerung des unschuldigen Mädchens mit der Plünderung und Einäscherung der Stadt zu bestrafen. Durch diese barbarische Drohung wurde endlich das keusche Fräulein vermocht, sich dem rauhen Krieger zur Befriedigung seiner viehischen Wollüste zu überliefern. Sie gieng deshalb eines Abends in seine Wohnung, die er zu seiner persönlichen Sicherheit in jenem über der hohen Burgmauer sich erhebenden, weithin sichtbaren Hause gewählt hatte, und als er im Begriffe stand, ihre Jungfräulichkeit zu verletzen, führte sie mit dem Dolche, den sie zu dem Behufe bei sich trug, einen kräftigen Stoß gegen seine Brust, die aber wegen des unter dem weiten Oberkleide befindenden Panzers nicht verletzt wurde. Hierüber bestürzt nahm das muthige Mädchen um ihre Unkeuschheit nicht zu überleben, zu dem Giftfläschchen ihre Zuflucht, welches zu ähnlichen Zwecken im Kleide versteckt worden war. In Folge dieses Gifttrankes starb das schöne Mädchen. Böse Träume und die heftigsten Gewissensbisse hatten von dieser Zeit an den besonders für die Rheingegenden so furchtbaren Mordbrenner der nächtlichen Ruhe be-

Mélac, zeitgen. Kupferstich

raubt und ihn vermocht, mit seinen ausschweifenden Schaaren abzuziehen. In Folge dieses Abzugs sey auch die Stadt Eßlingen von vielen Plünderungen der zügellosen Truppen verschont geblieben. Seitdem, setzt die Sage hinzu, laufe Melac mit zwei Wölfen (er besaß wahrscheinlich zwei Hunde, die mit diesen Thieren einige Ähnlichkeit gehabt haben mögen) in der Burg, der Geist aber jenes aufopfernden Mädchens bewache von dieser hohen Warte aus die errettete Vaterstadt. (151)

Die Geschichte vom „Mädchen von Eßlingen" kursierte in etlichen Versionen und literarischen Gestaltungen. Aus Akten des Jahres 1689 geht hervor, daß eine Pfarrerstochter tatsächlich ein uneheliches Kind von dem französischen General Mélac bekam. Mélac soll sie mit Gewalt genommen haben. Rund hundert Jahre später erscheint die älteste Fassung der Überlieferung im „Schwäbischen Archiv" von 1790: das Mädchen soll sich zum Wohl der Stadt aufgeopfert haben. In Gustav Schwabs Ballade von 1816 wird das Mädchen von dem Franzosen dagegen nicht angetastet und behält seine Unschuld. Spätere Fassungen bevorzugten dagegen ein tragisches Ende und lassen das Mädchen sterben, sei es durch die Hand Mélacs, sei es durch die eigene Hand.

St. Katharina,
Aquarell aus
Esslingen,
Ende 17. Jh.

ESSLINGEN

SAGE VON DER KATHARINENLINDE

Auf einem Vorsprunge des Schurwaldes, der in das Neckarthal hinausläuft, steht eine majestätische Linde, von deren Standpunkte aus man eine reizende Aussicht auf das Neckarthal mit seinen Höhen, die Fildern und die mit mehreren alten Burgen besetzte Alb hat. Diese Linde ist unter dem Namen Katharinenlinde bekannt. Von ihr erzählt die Sage: In den Zeiten des Heidenthums und des grassen Aberglaubens lebte in Esslingen eine gewisse Gräfin Katharina, welche das Wort Gottes kannte. Der Christenpflicht getreu, war sie eifrig bemüht, es zu verbreiten, sammelte zu dem Zweck einige Schüler und Schülerinnen um sich und unterwies sie in der Reli-

132

gion, indem sie zu ihren Andachtsstunden jene Stelle, wo der Baum steht, wählte; ohne Zweifel deßwegen, weil sie im Angesichte der so schönen Natur am besten in ihren Zuhörern Dankgefühl gegen den Schöpfer erwecken konnte. Außerdem spendete sie sehr viel den Armen und erbaute unter andern Stiftungen auch das Spital zu Eßlingen. Allein leider sollte sie in ihrem Wirken schnell gestört werden. Sie machte sich Neider und Feinde, welche behaupteten, ihre Worte seien von dem Teufel eingeflüstert, von ihm rühre auch das Geld zu den Almosen her usw. Ihre Vertheidigung wurde zurückgewiesen, sie selbst an den Ort geschleppt, wo sie ihren Unterricht ertheilt hatte, und man sezte sich in Bereitschaft, sie zu rädern. Hier aber soll unter schrecklichen Donnerschlägen der Blitz das Rad zerschmettert und das Gesicht der Delinquentin von einem überirdischen Feuer geleuchtet haben. Hiedurch erschreckt, sei die Menge der Katharina zu Füssen gefallen, habe sie „die Heilige" genannt und sei zu dem Christenthume übergetreten. Bald darauf sei die Heilige gestorben und an jenem Orte beigesezt worden, wo der Baum noch jezt steht. (152)

Die heilige Katharina von Alexandrien, die Patronin des Esslinger Spitals, wird hier in eine Lokalheilige verwandelt. Bereits 1812 glaubte man, daß unter der Katharinenlinde die Stifterin des Esslinger Spitals ruhe.

ESSLINGEN

RAUBTÜRME

Unter diesem Namen kennt man hier 7 hohe, viereckige, feste, steinerne Thürme, die alle in der innern Stadt gestanden sind, und zum Theil noch stehen. Es waren ihrer Bauart und Bestimmung nach kleine, einfache Kastelle, von welchen aus ihre ehemaligen adelichen Besitzer Strassenraub trieben. (153)

Die Vorstellung von adligen Räubern in Esslingen begegnet auch bei der Deutung des Namens der Vorstadt Beutau, den man im 18. Jahrhundert von der Beute ableiten wollte, die von den in der Stadt ansässigen Edelleuten hier durchgeführt worden sei.

VERMEINTLICHE GEISTERMÖNCHE
IM GELBEN HAUS

1654 wurde einer dieser Raubtürme, das sogenannte gelbe Haus, das damals der Witwe Lembächer gehörte, bei dem Brand des benachbarten Hauses des Ratsherrn Caspart, in Mitleidenschaft gezogen. In der folgenden Nacht stellte Caspart eine Wache auf, seinen Weingartenknecht und einen Zimmermannsgesellen. Bei der Untersuchung des Brandes legte man diesen beiden zur Last, sie hätten

Verklaidet inn Münchsgestalt ainen letzen Nachtbeltz, Flohr oder schwartze Binden angethan, aine klupperte Schlüssel angehenckt und sich also verklaidet inn des H. Casparten Haus praesentiret, nachgehendts herab auf die abgebrandte Hoffstatt begeben, zue dem Thurn gegangen, die Schlüssel genommen unnd sich gestellet, allß wenn sie verstorbene Münch oder Gaister wehren unndt die eisene Thür am Thurn aufschließen wollen; daß sie sich auf denn Thurn unnd Mauren begeben und oben herab gesehen unnd allß Gespenster sich erzaiget hätten. (154)

Die Obrigkeit vermutete, dies sei im Auftrag des Ehepaars Caspart geschehen, um die Hofstätte der Lembächerin „dadurch zu verschrayen". Andere Zeugen behaupteten, in der Stadt gehe das Gerede, „es seye ein feuriger Drach auf die Stadt unnd inn der Lempächerin Hauß geflogen und habe daßelbe angezündet".

DAS KROKODIL IM SPITALKELLER

In dem Hospitalkeller zeigt man ein ausgestopftes Crocodil, das aber sehr klein und eingeschrumpft ist. Der Sage nach soll es unter der Erde bis hieher gekommen seyn, und den Keller lange unsicher gemacht haben. Wahrscheinlich aber ist es einmal von einem Fremden gekauft oder zurükgelassen, und dieser Keller als der beste Aufbewahrungsort angesehen worden. (155)

Nach einer anderen Fassung soll das Krokodil einen Küfergesellen gefressen haben. Nur dessen Schurzfell sei übriggeblieben.

DEN GALGEN! SAGT DER EICHELE

Dieses ist eine echte Eßlinger Redensart. Herzog Ulrich von Wirtemberg belagerte die Stadt; da riefen sie hinein: „man solle sie aufgeben." Ein gewißer Eichele antwortete: „den Galgen wollen wir euch geben!" dahero noch heutiges Tages das Sprichwort umgeht: „den Galgen sagt der Eichele." (156)

EIN SPIELER UND FLUCHER
WIRD BESTRAFT

Zu Eslingen ist ein jarmarckt am tag S. Catharine / da ist auff ein zeit ein Edelman zu Marck gewesen / der viel Geldt hat verspielet / da es nun dunckel worden /befihlt er die Pferdt zubringen / damit er noch heim reiten kondt / unter seiner räyß und ritt / hat er immerdar an sein verlohrne geldt gedacht /und mit ihm selbs geredt / und einen Gottsschwur uber den andern gethan / der knecht hat ihn getrewlich gewarnet / mit anzeigung / sie weren nun in Welden / Gott konde seinen zorn und straff zeigen / darüber er noch grewlicher geflucht / in dem stossen ihm etliche Reuter auff / welches lauter gespenst waren / mit grossem gedresch und getummel / die umbgaben denn Edelman mit stossen / das er halb todt vom Pferdt fellt / nun war aber sein diener ein vernunfftiger starcker jungling / eylet zu seinem Junckherrn und errettet ihn / jedoch ritten sie die gantze nacht irr / zu morgens haben sie den Edelman in das Kloster Bebenhausen geführt /da er drey tag kranck gelegen / unnd gestorben / davon dann auch Johan. Manlius meldet. (157)

Diese Geschichte, die zuerst der protestantische Autor Johannes Manlius in einem lateinischen Werk aus dem Jahr 1563 berichtet, machte in den sogenannten „Exempelsammlungen" der frühen Neuzeit als Beispielerzählung gegen das Spielen und Fluchen Karriere. Hier ist sie nach Georg Rudolf Widmanns „Faustbuch" von 1599 wiedergegeben.

135

DIE VERHEXTE KUH

Vor etlich Woche bin i von Eßlinge bis Göppinge z'Fueß durs Neckartal gloffe; do hot mi en alts Weib ummen Almosen ang'sprochen und i haun-er a paar Kreuzer gea; dernah sind mer älsg'mach mittenander gangan und hent von ällerloi disk'rirt, von de schlechte Zeite, vom Krieg und Friede, vom Wetter und was mer sust so schwätze duet. Dui alt Frau hat grausig daun und jomert, daß der Verdinst so ring und 's Geld so rar und d'Leut so bais seiet. „Was haunt ui d'Leut denn Bais's daun?" haun i se g'fragt. „Was se mer daun hent?" hat se g'sait; – o Herr, loset! i will ui a G'schicht verzählen und dui ist grundmäßig. Do ist im letzte Sommer so um Johanni rum mei Ma z'Eßlinge 's Morges vorm Haus g'standen und hat in Kuhstall guckt. „Jergfrieder, sait der Nachber, was fehlt dir?" „Ach i mag neks sage, sait er; mei Kuh ist mir fast hin," sait er. „Ha, was hast denn?" sait der Nachber. „Narr, anstatt Milch geit se Bluet." „So? ha Narr, gang du zum Schmidmichel und sags em no, der ka dir glei helfe!"

Da ist mei Ma zum Schmidmichel ganga, hat en aber nit antroffen und hat zu seim Weib g'sait: „mo ist dein Ma?" „In der Kelter!" seit se. „I muoß naus zu em!" hat mei Ma g'sait und gaht glei wieder furt zum Schmidmichel naus in d'Kelter. „Was suchst?" sait der Michel. „Was i vor mir sieh!" sait mei Ma. „Ja was witt denn?" sait der Michel. „Ach denk dir no, mei Kuh ist mir fast hin; anstatt Milch geit se Bluet!" „So? sait der Michel; hast am letzte Freitig ebben an ebber ebbes ausg'lehnt?" „Ja Himmelsakerment mein Zuber," sait mei Ma. „Laß guet sein! sait der Michel; uf de Mittag will i num komme." – Und do ist er au kommen und hat zu mir g'sait, i soll de Melkkübel bringe; und wie-n-i-n bracht hau, hat er g'sait: i soll nunter sitzen und melke. „Narr, haun i g'sait, dees dur i it; se stampft als so." „Was stampft so? wart du Himmelsakermenter du! sait der Michel und schläht dui Kuh an d'Seit na, daß ich glaubt hau, d'Ripp brechet-er älle nei. Und do haun i g'molken und der Michel hat älleweil ärger zueg'schlage, und gucket: d'schönst Milch is komme; en ganze Kübel voll haun i kriegt; 's hätt Naut daun, i hätt ausg'leert. – Z'letzte hat der Michel ufg'hairt z'schlagen und is furtgange.

Am andern Tag hats g'hoaße, der alt Ziegler lieg im Bett und sei krank; der Arm sei em agschla, und er sei ganz blo an der Seit.

Seither is dui Kuh im Zuenehme, geit viel Milch, und ganz gute Milch. Jetz gucket, so gahts! (158)

ZELL

EIN KELTERGEIST

Die Zeller hatten einen solchen, ein lustig kleines Männlein mit gelben Hosen, roter Weste und einem runden Hütchen auf dem stulpnasigen Kopf. Es setzte sich zuschauend auf die Kelterbäume, wenn diese krachend den roten Most aus den Trauben preßten, war bald in dieser Ecke der Kelter, bald in jener und sah nach dem Rechten. Wehe jedoch, wenn ein Kelterknecht das Männlein dabei ärgerte oder gar einschlief auf seinem Wachtposten über Nacht. Dann schlug es die Türen und Läden der ganzen Kelter auf und zu, daß es nur so patschte, der Kelterknecht selber bekam seine Tracht Prügel, und kein Mensch hätte es gewagt, in das durchpolterte und zerwühlte Gebäude einen Schritt eher zu tun, als bis es wieder Tag und Ruhe war. (159)

METTINGEN

DAS HUFEISEN

Ein übergroßes Hufeisen, das früher in der Vorstadt von Mettingen an der Kirchtüre befestigt war, erinnerte an merkwürdige Überlieferungen: sein Träger sollte ein Pferd von ungewöhnlicher Größe gewesen sein, das ganz allein imstande war, die für den Kirchenbau und die Kirchhofmauer benötigten Steine herbeizuschaffen. Nach anderen Angaben war das Hufeisen das Wahrzeichen eines Heiligen, der im Beschlagen der Pferde gut bewandert war. Er soll auch kranke Pferde kuriert und damit den Mettingern viel Geld gebracht haben. (160)

DER AILENBERGER SCHLURKER

Den mit Reben bepflanzten Ausläufer dort drüben heißen sie Oehlenberg oder Ailenberg (…). Dorthin sollten wir eigentlich jetzt uns wenden (…). Aber es möchte der „Ailenberger Schlurker" durch uns aufgeweckt werden, der doch des Schlafes bei Tage nicht entbehren kann, weil er in mitternächtlicher Stunde „schlurkenden" Ganges vom Thurm aus die Runde durch die Weinberge machen muß, um früh schon die Hoffnungen der Weingärtner auf einen günstigen, ja gesegneten „Herbst" rege zu machen. Denn – so geht bei den Pfarrkindern Eßlingens die Sage – vernimmt man den „Schlurker", treibt er recht toll sein gespenstisch Wesen, so steht ein reicher Weinsegen in Aussicht. (161)

LÄDEN ÖFFNEN SICH VON SELBST

In den Jahren 1866 und 1870 sollen sich die Läden am Ölenbergturm von selbst geöffnet haben. (162)

DIE ERDWICHTELE

In Berkheim (bei Esslingen) gab es früher kleine Wesen, die man Erdwichtele nannte, die thaten Nachts alle Arbeit in den Häusern, backten Brod, wuschen die Wäsche u.s.w.
Bei einem Bauer in Unter-Ensingen machten die Erdwichtele auch immer in der Nacht die Brodlaible zurecht, zündeten das Holz im Ofen an und giengen dann still fort. Die Leute wollten deshalb endlich bei diesem Bauer kein Brod mehr eßen, „weil's die Erdwichtele gebakken." Da stand der Bauer einmal mitten in der Nacht auf und über-

raschte die Erdwichtele bei der Arbeit und rief: „flieh, flieh nach Araffenland!" (?), worauf sie fortliefen und nie wiederkamen, weil er sie „beschrieen" hatte. (163)

NELLINGEN

KELLER HARPPRECHT

Vom Keller Harpprecht in Nellingen auf den Fildern heißt es, er sei gegen die Bauern mit dem Zehnten hart gewesen und habe es mit der Abrechnung mit der herzoglichen Herrschaft nicht genau genommen. Zur Strafe dafür muß er in der alten Kellerei, dem heutigen Pfarrhaus, bis auf den heutigen Tag geisten. Auch habe er während seiner Beerdigung grinsend zum oberen Bühneladen seines Hauses hinausgesehen. (164)

DENKENDORF

DIE GESPENSTISCHEN MÖNCHE VON DENKENDORF

Bei Denkendorf steht ein altes Kloster, dessen vermutlicher Stifter Graf Berthold von Beutelsbach ist. Dieser machte ums Jahr 1124 einen Kreuzzug mit und gründete nach seiner Heimkehr bei Denkendorf das Kloster zum heiligen Grab, welches nachmals ein sehr besuchter Wallfartsort wurde. Später errichtete man ein evangelisches Seminar daselbst, welches aber im Jahr 1810 nach Schönthal verlegt wurde; seitdem sind verschiedene Fabriken in den Klostergebäuden gewesen. Der jezige Besitzer desselben, auch ein Fabrikherr, erzählte mir darüber folgendes: Er habe schon mehrmals an hohen katholischen Festen in den Gängen ein Geräusch gehört ähnlich dem, das durch das Gehen vieler Menschen in einem Oehrn verursacht wird. Einmal nun sei ein Verwandter bei ihm auf Besuch gewesen und als er diesem eines Abends von den Erscheinungen erzählt und gesagt habe, er vermuthe, daß es in der folgenden Nacht, es war nämlich ein Frohnleichnamsfest, wieder sehr unruhig seyn werde in dem Kloster, habe sich dieser dennoch, weil er sich viel auf sein Gottvertrauen zu Gut thut, guten Muths auf sein Zimmer begeben um die Nacht zu durchwachen. Am andern Morgen erzählte er nun voll Verwunderung: nicht lange nachdem er auf sein Zimmer gekommen sei, das neben der ehemaligen Klosterkapelle liegt, habe er vor seiner Thüre ein Geräusch gehört und alsbald sei die Thüre aufgegangen und ein langer Zug Mönche mit Kerzen in der Hand hereingekommen und durch die damals schon vermauerte Thüre, welche ehemals von diesem Zimmer in die Kapelle führte, verschwunden. (165)

DENKENDORF

DIE KÖRSCHBURG

Nicht weit von der Körschbrücke auf einer Anhöhe rechts der Körsch stand in früheren Zeiten die Körschburg, von der aus Raubritter, Wegelagerer ihr sauberes Handwerk trieben. (166)

NEUHAUSEN

DER WIESENGEIST

Zwischen Wankheim und Jetenburg geht ein „Wiesengeist" um und führt die Leute irre. – Ebenso gibts eine halbe Stunde von katholisch Neuhausen eine Wiese, auf der sich ein Wiesgeist zeigt und die Menschen auf Irrwege führt. Einst sah ihn Jemand als Licht und rief ihm zu:

Schäuble, Schäuble
Mach dich leicht!
Daß du bald
Bei mir seist!

Da giengs im Nu als ob hunderttausend Kutschen daher raßelten und er fuhr auf den Mann zu und würde ihn umgebracht haben, wenn nicht sein Begleiter durch Sprüche den Geist gebannt hätte. (167)

140

Kloster Denkendorf, Federzeichnung, um 1780

SIELMINGEN

DAS TOR ZUM „SCHLÖSSLE" (KIRCHSTRASSE 1 UND 3)

D as Pförtlein ist von Sagen umwoben. Von hier aus soll ein unterirdischer Gang bis zur Talstraße geführt haben. Als man nämlich dort Steine gebrochen habe, sei man nach 2 m Tiefe nicht mehr auf den „gewachsenen Fels" gestoßen, erst wieder als man 1,50 m tiefer gekommen sei. – Bei Nacht habe man ein Lichtlein durch das Törle und die Friedrichstraße der Klinkermühle zuschweben sehen, jedoch seit 1848 nicht mehr. – Ein Graf, der „in Bayhas Haus" wohnte, habe einen ganz frommen Mann bei lebendigem Leibe beim Törle einmauern lassen. Noch in späterer Zeit habe man den grausam Getöteten singen hören. Die Erzählerin selbst, die damals (1959) 87jährige Christiane Staiger, will als Kind den Gesang wahrgenommen haben. Nicht umsonst wurde das Mauerpförtle für heilig gehalten. (168)

DER HEULER VOM WEILER

Nach der Volkssage standen auf der Flur Weiler vor Zeiten ein Schlößlein und ein dazugehöriger Ort. Auf dem Schlößle hauste ein gar harter Graf. Hilfeheischende jagte er zum Tor hinaus. Seine Gemahlin aber war gütig und mildtätig. Einmal fand ein Bettler Einlaß. Gar flehentlich bat er die Gräfin um ein Stücklein Brot. Die hohe Frau willfahrte seinem Bitten. Das erfuhr der Graf zur selben Stunde. Der mörderische Zorn Kains überkam ihn. Er hetzte seine Hunde auf den Hungrigen, die ihn zerrissen. Und mit eigener Hand erschlug er die gute Gräfin. Dann stürmte er ins Schloß, riß sein bestes Gewand aus der Truhe und legte es an. Das war rot. Hernach holte er sein edelstes Roß aus dem Stall, schwang sich darauf und warf Feuer ins Schloß. Dann stob er auf seinem feurigen Schimmel davon. Schloß und Weiler sanken in Schutt und Asche. Nur der steinerne Schloßbrunnen, das Weilerbrünnele, blieb bis auf den heutigen Tag erhalten. Ruhelos geworden, starb der Graf. Von Gott verdammt, muß er für seine entsetzliche Freveltat büßen: unerlöst sieht man ihn noch immer des Nachts als feurigen Ritter auf weißem Pferd heulend zu Weiler reiten. Auch ein Sprüchlein berichtet von dem gespenstischen Ritt:

> Dr Heuler vom Weiler kommt
> äll Nacht drher. -
> Oh, wenn no dr Heuler
> vom Weiler et wär! (169)

WIE DER ORT ZU SEINEM WALD GEKOMMEN IST

Recht sagenhafte Gerüchte kursieren in den Erzählungen älterer – und sonst durchaus ernst zu nehmender – Bonlander. So wird immer wieder behauptet, in schlechter Zeit hätten die Sielminger den Bonlandern ihren Wald um einige wenige Lebensmittel abgehandelt und deshalb läge innerhalb unserer Markung der Sielminger Wald. Behauptet wird auch, die königliche Forstverwaltung habe die früheren Waldgerechtigkeiten, die die Fildergemeinden im Schönbuch hatten, ablösen lassen, um endlich mit den vielen Wilddie-bereien fertig zu werden. Das stärkste Stück ist jedoch die Beschuldi-gung, ein früherer Schultheiß und seine Gemeinderäte hätten einen Teil des Waldbesitzes bei einigen Flaschen Wein, die ihnen der Wald-vogt gestiftet habe, verloren. (170)

PLATTENHARDT

DIE ERDMÄNNLEIN

Vo s' Walthersch Gaß händ zua maira Jugedzeit alta Leut ver-zählt:
Voar alta Zeit hots Eardmänndla und Eardweibla i deara Gaß gea, dia doort em südliche Roa g'leabt händ. Se seia aber no bei Naacht raus komma, selta häb se oas bei Dag blicka lao und wenn ma je oas g'seah häb, seis wia's Wetter i dEard nei g'schlupft und nia häb ma 's Loch finda könna, mo se nei seia.

Gega dLeut häba se si ganz freundlech verhalta. Wenn a Bauer häb em Morgeds früah fort fahra wölla, uf Schtuagert oder suscht an a Oart, häb ear no da Waga fürsch Haus na g'schtellt und 's Sach, mo druf g'lada weard soll, und hot sicher sei könna, daß em Morgeds sei Vieh g'fuateret und Aelles ufg'lada g'wea ischt. D'Eardmänndla häbes bei Naacht thao, ma durft en aber net zuagucka.

De Weiber mo iahrn Doag zuam Brodbacha über Naacht i der Molda schtaoh liaßa, häbe se bei Naacht 's schönst Brod dervo bacha und wenn no a Kunkel mit Werg u'a'g'schponna do g'schtonda sei, häba se ao dui a'g'schponna.

Zua deara Zeit sei no an Beck em Oart g'wea und dös no a reacht fauler, dear liaber g'schloafa, as sein Doag g'schaffet häb; für dea häba se fascht Aelles thao. Oamol häb ear dur en Schpalt a der Thüra g'seah, wia zwoa so kleina Männdla in der Molda drinn g'schtanda und da Broddoag mit de Füaß treata; do gang ear nei, dMändla seia älla dervo g'schprunga und vo doort a nemme komma, no häb ear sei Bacha alloa thao müaßa.

Für a guatmüathichs Bauraweib häbe se ao so viel g'schaffet, dui siaht amol, vo ihna u'b'merkt, daß se so schleachts Häs a'hend, macht

143

en Hösla und Wämmesla, laits uf en Schtuahl na, und baßt a ma Blatz mo ma se net seah konnt, was se ao mit a'fanga.

Sui hots reacht guat mit en g'moant, hot's aber ganz verdorba.

Se komma riachtich, seahnd iahr Häs, nehmes und saga:

„So do hot ma aos a'g'lohnet, jetzt könna mer gaoh!" Se gianga, send aber ao nemme komma.

Wenn der Metzger vom Oart hot Wurscht macha wölla, brauchte ear no 's Sach zuaz'riachta und na z'schtella, no send d'Eardmänndla komma und fleißich a dArbet ganga, und bis em Morgeds send de schönsta Würscht do g'hanget.

DMetzgere war aber a arg nuigierichs Weib und hot amol hehlinga mit a'g'seah, wia dia Eardmänndla so en wacklicha Gang hand, jetzt hätt se fürsch Leaba gearn wissa möga, wia denn iahra Füaß ausseha. Do goaht se hear und b'schtreut da Boda, mo dia Männdla zuam Schaffa na gaoh sotta, dick mit Aescha.

Em Morgeds gucket se dernoach und siaht Dritt, mia wenn a Heerd Gäans do rum g'loffa wär. DArbet ischt no u'g'schaffet rum g'leaga und g'schtanda und vo de Eardmännla hot ma i deam Haus ao koans maih g'seah.

Em Wintersch seia se b'sondersch i Häuser, mo nit weit vo's Walthersch Gaß send, zua de Mädla en Kaarz (Spinnstube) komma und häba g'sponna. Do häb mer's reacht betrachta könna, se häba aber net gearn g'seah, wenn ma's so g'nao a'guckt häb. S seia Leutle g'wea, wia a u'g'fähr drui oder viarjährichs Kind mit feina G'sichtla und blonda Hoor. D'Füaß häbe se aber älleweil verboarga g'halta und nex g'schwätzt; häbet aber reacht gearn g'seah, wenn, wia's der Brauch ischt, dBuaba neaba se na g'sessa seia. Kunkela häba se g'hät, wunderschö dreht, as ma Holz, dös wia Elfaboa aussah.

Länger as bis Naachts em Zehne seia koana dervo em Kaarz blieba; wenn de Andere no net as Hoamgaoh deankt häba, seia se schtill ufg'schtanda und fort. En Buaba, zuar Begloating ließa se nia mit. (171)

1891 erschien in New Bremen, Ohio, ein merkwürdiges Büchlein von dem Pastor und Redakteur des „Vetter aus Schwaben" Martin Bürkle: „Orts-Chronik von Plattenhardt, Württemberg. Im örtlichen Dialekte. Verfaßt aus dem Gedächtniß nach 31jähriger Abwesenheit". Es besteht im wesentlichen aus 15 Erzählungen, mit denen Bürkle „aus kindlicher Pietät en Sagakranz um mei liaba Hoameth winda" wollte. Auch die hier in einer Kurzfassung wiedergegebene Geschichte über die Steinkreuze wurde von ihm erzählt.

PLATTENHARDT

DAS ENDE DER PEST

Alta Leut verzähla vom Ufhaira der Kranket a so:
„Do wachet amol i ra Novembernacht a g'wachsener Bua am Krankabett sei's Vattersch, ('s soll i's Ruckles Haus i der Reuthe, mo der Mühlacker druf ra lauft, g'wea sei) as ebbes am Feanschter gega dGaß, druimol leicht kopfet. Der Bua schtand uf vom Schtuahl, gucke dur dScheibe naus, seah aber Niamed, doch hair ear ganz deutlich a fremde Schtimma saga: „Esset Brau'nella, no schterbt er net älla!"

Braunella seia glücklicherwei em haus g'wea; dear Bua geab seim Vatter de ganz Nacht ei, em Moargeds sei dear besser g'wea und ao wiader ufkomma.

Wia a Fuier häb se dös Wunder dur da Oart verbroatet; händvollweis häba Kranka und G'sunda, ao für da Hunger gessa und der Schterbet häb ufg'hairt, so daß vo deam a, ao net a Oazichs maih g'schtorba sei. (172)

In Nellingen und Öschelbronn (Berglen) berichtete man, daß ein Vogel zum Verzehr von Bibernellen geraten habe.

PLATTENHARDT

DIE KREUZE AN DER LINDE

Es geht eine alte Sage um im Dorf, wonach im frühen Mittelalter, um's Jahr 1100, in Plattenhardt „im Laihle" (Lehen, Löhle oder Lauh?) ein Schloß gestanden sei, in dem ein Edelmann mit sechs Söhnen, wovon fünf ein gottvergessenes Leben führten, gehaust haben soll.

Beim Heimreiten von einem Turnier, das im Schloßhof zu Hohen-Neuffen ausgetragen wurde, und wobei der gutmütige brave Junker den silbernen Siegeskranz errang, sei es am Platz der heutigen Linde zur offenen Fehde unter den Brüdern gekommen. Sie hätten ihre Schwerter gezogen und sich bekämpft, bis einer um den andern tod-

145

wund zusammensank. Der Vater sei aus Gram darüber am Schlagfluß gestorben, das Schloß spurlos zerfallen. Auf dem Kampfplatz aber seien sechs Kreuze errichtet worden zur ewigen Erinnerung an diesen traurigen Vorgang. (173)

ECHTERDINGEN

DIE RIESENSCHANZE IM GEMEINDEWALD
FEDERLESMAD

Hier soll in alter Zeit ein Riese gehaust haben, dem die Einwohner von Echterdingen neben vielen anderen Speisen jeden Tag 2 Kälber zu seinem Mittagsmahl zu liefern hatten. So oft sie es unterliessen, habe der Riese zentnerschwere Steine in das eine halbe Stunde entfernte Dorf Echterdingen geworfen. Während einer grossen, langandauernden Teuerung mussten die Lieferungen eingestellt werden, worauf der Riese Hungers gestorben sei. Er soll (…) in dem nahe bei der Schanze liegenden grossen Grabhügel beerdigt worden sein und sein Geist gehe heute noch dort um. Leute, die dem Hügel bei Nacht nahe kamen, seien irregeführt worden und hätten selten vor Tagesanbruch den Weg wieder herausgefunden. Auch will man den Geist des Riesen, wie er sein Grab umreitet, schon gesehen haben. (174)

Im Jahr 1990 wurde die Erzählung vom Federlesmad-Riesen auch in ein anläßlich der Philipp-Matthäus-Hahn-Feierlichkeiten aufgeführtes Heimatspiel aufgenommen.

Am Rand des Schönbuchs

Kupferstich von Matthäus Merian, 1643

GEIST IM KIRCHTHURM ZU WALDENBUCH

Im Kirchthurm zu Waldenbuch hat ein Geist von der Gattung der gutartigen Hauskobolde seinen Aufenthalt. Man weiß von ihm aber nichts weiter, als daß es ihm Freude macht, wenn er denen, welche die Glocke läuten, in ihrem Geschäft beistehen kann. Sein Name lautet gar sonderbar; wenn man nicht zugeben will, daß Kinder auf den Thurm laufen, sagt man wohl: „gieb Acht, die Kuchenschussel kommt!" (175)

DER VERSPIELTE WALD

Waren einstweilen die Küche aufgeräumt und die Kühe gemolken, so setzte die Magd das Licht auf den Tisch und spann an Kunkel und Rädchen noch die althergebrachte Anzahl Schneller Flachs, wobei sie den immer auf Geschichtchen drängenden Stadtbuben etwa erzählte, warum das Städtlein so wenig eigenen Wald besitze. Dabei tauchte aus 400jähriger Versenkung plötzlich wieder „die Gräfin von Mantua", Gemahlin Herzog Eberhards im Bart, auf, von der die Ahne ihr erzählt hatte, daß sie den Waldenbuchern „die Holzgerechtigkeiten" im Walde vermacht habe.

Mit dem „verspielten Wald" aber verhielt sich's nach der Hanne ihrer Großmutter Bericht also: Die Waldenbucher hatten der guten Herzogin geklagt, sie hätten zu wenig, die Herrschaft aber habe fast zu viel Wald, sie möchte ihnen doch zu etwas mehr behilflich sein. Sie war dem Städtlein gnädig gesinnt und ließ sagen, es solle der Schultheiß mit dem Waldmeister und drei Gemeinderäten um 12 Uhr mittags vom Rathaus aus auf Weil im Schönbuch zugehen, sie wolle ihren Jäger, ihren Amtmann und den Klostermaier ihnen entgegenschicken, die sollten mit ihnen über eine neue Markung verhandeln. Ihren drei Abgesandten aber hatte sie gesagt, wo zwischen den zwei Stündlein auseinander gelegenen Weil im Schönbuch und Waldenbuch sie mit denen vom Städtlein zusammenträfen, da solle die Grenze zwischen

Herrschafts- und Städtlenswald für alle Zeiten neu versteint werden. Als der Schultheiß mit seinen Begleitern vom Rathaus weg gerade am damals letzten Haus des Städtleins, dem Wirtshaus zur Linde, angelangt war, meinte er, bei dem heißen Wetter könnten sie vor solch wichtiger Sache wohl noch einen Trunk tun und nochmals darüber beraten, der Weilemer Berg laufe ihnen nicht davon. Der aber tat es doch, denn als sie endlich von der Linde wieder aufbrachen, sahen sie schon die drei Herrschaftsleute den letzten Buckel herunter gen Waldenbuch kommen. Jetzt dämmerte es dem Waldmeister plötzlich, wie's etwa gemeint sein könnte, nun liefen sie schwitzend, was sie nur konnten, den Berg hinauf, aber kaum eine Viertelstunde vor dem Städtlein trafen die beiden Parteien zusammen und jetzt erfuhren die betrübten Gemeindeväter, daß sie zu ewigem Schaden in der Linde den Weilemer Bergwald vertrunken haben. (176)

SCHÖNAICH

GLAUBE UND SAGE 1900

Es war von den Schönaichern fast nichts herauszubringen, denn daß der Aberglauben noch in manchen Häusern stark vertreten ist, wollen sie nicht eingestehen. (...) Der Hexenglaube ist hier ebensowenig ganz verschwunden als anderwärts. Manche behaupten, Irrlichter im Tannenwald gesehen zu haben. Auf dem Schönaicher First soll es auch nicht ganz geheuer sein, denn da spukt das „Schönaicher Manndle". Vom „Muetesheer" wissen nur die ältesten Leute zu berichten. (177)

BÖBLINGEN

DIE GRÜNDUNG

Ums Jahr 900 unserer Zeitrechnung lebten auf der, nahe bei Böblingen gelegenen Altenburg, Raubgrafen, Buben genannt, welchen das zwischen Böblingen und Sindelfingen gelegene

149

Altingen gehörte. Dieselben plünderten die ganze Umgegend aus, wobei sie sich der List bedienten, ihren Pferden die Hufeisen verkehrt aufschlagen zu lassen, damit, im Falle sie fliehen mußten, ihre Spuren sie nicht errathen könnten. Nachdem die Bewohner der Umgegend die Plünderungen lange ertragen hatten, baten sie endlich einen Grafen, welcher den Namen „von Würtineberch" führte, er möchte sie gegen die Buben ins Feld führen. – Er bewilligte ihnen ihre Bitte, und trug nach unendlichen Mühseligkeiten den Sieg davon, und zerstörte ihre Burg. (Der Fruchtkasten hier soll von den Steinen dieser Burg gebaut worden seyn.) Mit diesem Akte verschwanden die Buben auf Immer. – Zum Lohne erwählten die Befreiten den Grafen zu ihrem Herrn; welchem sie auf dem jetzigen Schloßberg ein Schloß bauten. Seine Untergebenen ließen sich in der Nähe des Schlosses nieder, und so war der Grund zu Böblingen gelegt. – Später ließ ein württb. Graf, Namens Eberhardt, dieses Schloß niederreißen und ein neues bauen, und zugleich Böblingen befestigen. (178)

Die Erzählung ist, ebenso wie die vom räuberischen Ritter Bobilo, ein typisches Produkt des 19. Jahrhunderts, eine Mischung aus Sagenmotiven und (ungenauem) historischen Wissen.

Die Herleitung des Namens Böblingen von räuberischen Buben („Büblingen"), die bereits von Christian Friedrich Sattler 1752 angezweifelt wurde, geht zurück auf die lateinische Gründungserzählung des Dorfs Dagersheim. Es handelt sich dabei um eine gelehrte Erfindung aus dem Ende des 15. Jahrhunderts.

BÖBLINGEN

SAGE VON DER ALTEN BURG

Bey Böblingen liegt ein Berg, der die alte Burg genannt wird, es haben sich dort Spuren einer Ritterburg gefunden, auch konnte man auf einer Römerstrasse dahin gelangen. Diese Burg diente zuerst zur Bewachung der Teufelsmauer, später wurde sie ein Ritterschloß, von Graf Eberhard und Agnes seiner Frau bewohnt, welche nur eine ihnen sehr ungleiche Tochter namens Agnes hatten, denn beide Eltern waren fromm, und das war gerade der Tochter schwächste Seite. Als einst zu ihrer Prüfung ein Engel kam und sie um Almosen bat, gab sie ihm einen Stein, worauf sie sogleich wahnsinnig wurde. Die Aeltern natürlich trostlos hierüber, wußten nicht, was sie thun sollten. Der Vater starb, endlich schickte die Wittwe ihre Agnes in ein Kloster zur Verpflegung. Nach vielen Jahren träumte die Mutter, sie sei mit ihrer Tochter in einem Garten, und während dessen sei sie zu einem Brunnen gekommen, die Tochter habe daraus getrunken, und sei plötzlich gesund geworden. Von da an wurde Alles versucht, die Tochter mit Wasser zu heilen, aber vergebens, bis einst die Mutter zum Besuch ihrer Tochter in das Kloster gieng, sie giengen im Klostergarten mit einander spazieren, die Tochter fühlte Durst, und die Mutter, welche sich dabey ihres Traumes erinnerte, redete ihr zu viel davon zu trinken, die Tochter gehorchte und wurde sogleich gesund. (179)

BÖBLINGEN

UNTERGANG EINER BURG

Erzählt wird hier von dem Untergang einer Burg. Der Ort, wo sie gestanden, ist ein Hügel am Wald gegen Mauren und heißt heute noch die „alte Bürg". Nach der Sage geht noch jetzt ein unterirdischer Gang vom Schloß in den Wald hinaus. (180)

BÖBLINGEN

WALDGEISTER

Beim Mönchsbrunnen (im Walde gegen Musberg) soll es Waldgeister geben, die sich in verschiedener Gestalt zeigen. Ohne Zweifel ist diese Sage entstanden durch einen boshaften Wilddieb, der dadurch ein ruhigeres Revier für seine Frevel zu bekommen suchte. (181)

DER SCHEIN AUF DER MORDSTÄTTE

In der Nähe von Böblingen ist im Walde eine tiefe Schlucht, durch welche ein tobender Waldbach braust. Über den Bach führt ein schmaler Steg, welcher vor einigen Jahren der Zeuge einer fürchterlichen That gewesen ist.

Ein Pursche aus Böblingen kam eines Abends an den Steg, da versperrte ihm ein verlarvter Mann den Weg und forderte ihm ab, was er bei sich trage. Dieser aber leugnete, auch nur eine kleine Münze bei sich zu haben und bittet ängstlich um sein Leben, denn er sah ein Pistol drohend aus des Räubers Kamisol blicken. Der böse Mann nun schenkt der Aussage des armen Jünglings kein Gehör und drückt sein Pistol ab, so daß jener rücklings in das Wasser stürzte. Plötzlich liessen sich auf der andern Seite des Waldes Stimmen vernehmen, der Mörder ward festgenommen und nicht weit vom Platze seiner That hingerichtet. Es geht jezt die Sage, daß je am Jahrestage der That Nachts sich ein heller lichtweißer Schein sehen lasse, eine Erscheinung, die schon Mancher auf dem Steg bemerkt haben will. (182)

ERICH KLÄGER:
SZENE VOM ANFANG DES 18. JAHRHUNDERTS

Frieder

Vater, komm, nicht dort vorbei. Die Ahne sagt, in diesem Haus gehe ein Geist um, er zeige sich nachts um die zwölfte Stund, bockle auf der Stiege, rüttle an den Türen und stöhne ganz fürchterlich. Gestern sei nun auch noch der Knecht davon gelaufen; eine Magd habe es dort schon lange nicht mehr ausgehalten.

Nachtwächter

Jetzt mach's halblang, Frieder! Die Knechte und Mägde hat nicht der Geist vertrieben, sondern die Armut. Die Häfners haben doch selbst nichts mehr zum Nagen und Beißen, wie sollen sie da noch ein Gesinde halten können. Daß auf diesem Haus ein Fluch liegt, weiß doch ein jeder in Böblingen. Deshalb hat es ja auch solang leer gestanden nach dem Tod des Simeon Decker, dem letzten seiner Sippe. Schließlich hat's einer aus Sindelfingen gekauft, dem hat man das gegönnt, der wußte nicht, was er sich damit auflädt.

Als ich so alt war wie du heute, habe ich einen großen Bogen um dieses Haus gemacht, wenn ich bei Nacht daran vorbei sollte. Du siehst, mir ist es in deinem Alter nicht anders gegangen wie dir heute ... Auch mir hatte meine Ahne viel Grausliches erzählt, daß ich mich nachts nicht mehr habe allein aus dem Haus getraut. Wenn wir uns später zu einer Mutprobe getroffen haben, dann auf dem Kirchhof oder hier vor dem Beginenhaus. Hier haben früher fromme Frauen gelebt und darin auch die Messe gefeiert. An bestimmten Tagen, erzählte man sich später in der Stadt, setzte diese Messe um Mitternacht wieder ein; durch die Räume des einstigen Beginenhauses ziehe dann der Gesang der Nonnen, das Schellen der Ministranten und zum Schluß etwas, das sich wie das Sterbeglöcklein anhöre. Als ich noch ein Bub war wie du heute, war ich mir ganz sicher, dies alles auch einmal aus dem Beginenhaus gehört zu haben. Seit ich aber als Nachtwächter jeden Tag zweimal daran vorbei gehe, einmal auch zwischen zwölf und eins, und das nun schon seit etlichen Jahren, hat sich nichts mehr gerührt. Aber vielleicht hört man auch nur, was man hören will ...

In seinen „Historischen Szenen über abergläubische Praktiken in Böblingen" hat Erich Kläger sich von Akten des 18. Jahrhunderts anregen lassen. Dokumentiert ist, daß die Böblinger anno 1724 von Lichterscheinungen auf dem Kirchhof erschreckt wurden, die sie für das Gespenst einer verstorbenen Witwe hielten. Man sagte ihr nach, sie habe ein Geltmännlein gehabt und sei eine Hex gewesen. In einem Verhörprotokoll heißt es beispielsweise:

Item wäre auch unterschiedlich geschehen, daß eine schwarze Statur in Menschendickhe und Höhe, mit Feüer umgeben, sich praesentirt, zerschaidentlich auch alß eine brennende Strohbischel, auch erst kurz alß ein feürige Kugel, welche gegen dem Thor und des Hartrauffen Hauß und Scheuren und an allen denen, so zuegesehen, an seinem Hauß vorbey gefahren, so, daß sie sich alle hievon nicht wenig entsezet. (183)

GUSTAV SCHWAB:
DIE GLOCKE VON SINDELFINGEN

Schwäbische Sage

Graf Atzo müd' von flücht'gem Wild,
Schlief kühl im Gras bethaut,
Ihm naht' ein Traum, doch ohne Bild.
In's Ohr weht' ihm ein Laut:
Er hört' einen hallenden Glockenklang,
Er hört' einen herrlichen Kirchensang,
Kein Gotteshaus er schaut.

Er wiegte sanft sein Haupt im Schall,
Die Töne klangen aus,
Und endlich ward's ein leiser Hall
Wie weicher Blätter Saus.
Und als es um ihn stille war,
Da trat ein Greis, mit Glanz um's Haar,
Aus tiefer Nacht heraus.

Der sprach: „gebaut hast du zu Calw
Die Kirche stolz, mein Sohn!
Im Thale hört man allenthalb
Der Glocke vollen Ton.
Doch dort im Dorfe hinter'm Wald,
Wie kommt's daß dort kein Glöcklein schallt
Und Gott hat keinen Thron?

Und harren doch viel Kehlen dort,
Zu preisen ihn mit Schall,
Und schlummert am verborg'nen Ort
Ein tönendes Metall!
Gehorche deinem Schutzpatron,
Du jagst im Wald, erjage, Sohn!
Dem Dorfe Glockenhall!"

Der heilige Martinus schwand,
Verstoben war der Traum,

154

Vom weichen Gras der Graf erstand,
Durchstreift den Waldessaum,
Sein Hüfthorn hallt, es spürt sein Hund,
Der Knappe lauscht, bald aus dem Grund
Ein Eber stürzt voll Schaum.

Wie lang bin ich dir auf der Spur,
Rief jubelnd aus der Graf,
Du Jägertrotz, du Feind der Flur,
Wohl mir, daß ich dich traf!
Er drang durch Büsche sonder Bahn,
Mit hohem Speer, das Wild voran
Bis an ein Wasser kühl.

Da warf in's Schilfrohr sich das Schwein,
Erleget war es schnell,
Doch aus dem Rohre glänzt ein Schein,
Wie blankes Kupfer hell;
Und blinde Junge schmiegen fest
Sich in das hohle Wundernest
Umspült vom Wasserquell.

Und wie sie bogen weg das Rohr,
Da wölbet sich ein Rund,
Und eine Glocke blinkt hervor
Aus feuchten Moores Grund;
Da lag sie, bei dem Wild, verscharrt,
Und seit viel hundert Jahren harrt
Auf Sprach ihr stummer Mund.

Da schlug mit dem gehob'nen Speer
Der Graf an ihren Rand,
Wie klingt es mächtig, hell und hehr,
Wie Klang von Gott gesandt!
„Martinus heil'ger Schutzpatron,
Erjagt, erjagt hab' ich den Ton,
Bald hört ihn Dorf und Land!"

Sie säubern von der ekeln Brut
Die Wölbung rund und rein,
Bald schimmert bei der Sonne Glut

Die Glock' in Goldes Schein,
Graf Atzo reitet aus dem Wald,
Sein Ohr von Glockenklang durchhallt,
Zur Burg aus Felsenstein.

Und als er stieg von seinem Roß,
Maß er sein stattlich Haus:
Er sprach: „Ich wohnt' im stolzen Schloß,
Stieß Gott in's Feld hinaus!
Ihr Maurer löset Stein um Stein,
Des Schloßes Hälfte reißt mir ein,
Baut eine Kirche draus."

Und drüben in dem Dorfe stieg
Sanct Martins Dom empor,
Nicht öde mehr das Dörflein schwieg,
Die Glocke hallt' im Chor.
Noch tönt ihr lieblicher, lauter Klang,
Noch tönt der festliche Kirchensang
Aus seiner Tiefe hervor.

Das hier erstmals vollständig gedruckte Gedicht von 1829 stammt aus einem handschriftlichen Gedichtband. Gustav Schwab (1792–1850), einer der bekanntesten Biedermeier-Autoren in Schwaben, ließ in der im Druck erschienenen überarbeiteten Zweitfassung „Der Glockenklang" die Ortsnamen Sindelfingen und Calw weg. Ohne Schwabs Gedicht zu nennen, erzählte später – 1860 und 1864 – der aus Sindelfingen gebürtige Pfarrer und Schriftsteller Ottmar F. H. Schönhuth (1806–1864) die Gründung der Sindelfinger Stiftskirche durch Graf Adalbert von Calw im 11. Jahrhundert in gleicher Weise. Er will die Sage von der Auffindung der Glocke am Hinterlinger See als Knabe in Sindelfingen gehört haben.

Glocken werden in der Überlieferung oft mit Schweinen in Verbindung gebracht. Von einer durch Schweine ausgewühlten Glocke weiß beispielsweise bereits 1605 die Chronik der Stadt Winnenden des Magisters Pistorius. Im 19. Jahrhundert wurde die Erzählung von der Köngener Sauglocke (siehe dort) aufgezeichnet. Dagegen ist die Nennung Graf Adalberts (Azo) von Calw bei Schwab und Schönhuth sicher eine gelehrte Zutat des 19. Jahrhunderts.

Als Schullehrer Lamparth im Jahr 1900 die volkstümlichen Überlieferungen von Sindelfingen aufzeichnete, wußte er von der wunderbar entdeckten ersten Glocke, die „für ewige Zeiten" im Turm der Stiftskirche hängen soll, zusätzlich noch zu berichten:

Die Glocke, so wird weiter erzählt, sei dann in Stuttgart untersucht worden, dort habe einer ihr Geläute verstanden und also gedeutet:

„Susanna, Susanna,
z'Sendelfenga will-e hanga
An der Stanga" (184)

SINDELFINGEN

DIE BURG AM BURGHALDENBERG

Jetzt ist nur noch ein Theil des Burggrabens sammt einigen Mauerresten vorhanden. Wie alle Reste alter Burgen, so sind auch diese von Schatzgräbern durchsucht worden. Auch Sagen knüpfen sich an den Burghaldenberg. Ein Hund mit feurigen Augen soll daselbst die vergrabenen Schätze hüten. Ein Wanderer ging in später Nacht über die Höhe, da die Burg stand – er sah einen Haufen glühender Kohlen, und eilte erschrocken davon; am andern Morgen, als er wiederkehrte, um nach den Kohlen zu sehen, waren alle verschwunden. (185)

SINDELFINGEN

DER URSPRUNG DES KUCHENRITTS

Nach der hier bestehenden Sage soll der Gebrauch des Kuchenreitens unter der Regierung des Herzogs Ulrich erstanden seyn. Dieser seye nemlich, im Sindelfinger Wald verirrt, von ledigen Purschen von Sindelfingen angetroffen und auf den rechten Weg geführt worden. Zur Erkenntlichkeit habe Herzog Ulrich die Kuchenabgabe, womit zugleich auch die Abgabe von 1 Aimer Zehentwein verbunden gewesen, eingeführt. Der leztere Genuß übrigens habe schon längst, seit hier kein Wein mehr gepflanzt werde, aufgehört. Daher solle sich auch der Gebrauch schreiben, daß die Kuchenreiter diesen Umritt um das auf dem Marktbrunnen befindliche steinerne Bild des Herzogs Ulrich halten.

Diese Sage scheint übrigens keinen Grund zu haben, indem sich weder in den alten Lagerbüchern noch in der vorhandenen Sindelfinger Chronik, noch in irgend einer öffentlichen Urkunde oder auch in den bey dem K. Kameralamt vorhandenen Büchern etwas hievon vorfindet. (186)

Stadtschultheiß Conz, der diese Zeilen 1836 schrieb, war maßgeblich an dem obrigkeitlichen Verbot des Kuchenritts 1836/37 beteiligt. Seit dem 17. Jahrhundert ist belegt, daß sich ledige Bauernburschen jeden Pfingstmontag zu Pferd Kuchen aus den Sindelfinger Mühlen abholen durften. Die nicht vor 1836 nachweisbare Sage gehört zu jenen Erzählungen, die einen Brauch nachträglich in ein Erinnerungsfest umdeuten.

SINDELFINGEN

VOM BAUERNKRIEG 1525

Die Erinnerung an jene unglückliche Zeit hat sich im Volke bis heute erhalten, auch hier in Sindelfingen.

Man erzählt, der Anführer der Bauern habe sich nach der Schlacht in die Stadt geflüchtet, sei aber im obersten Hause der langen Gasse, an dem der Weg zur Planie vorübergeht, durch Verrat entdeckt worden. Die Frauensperson, die den Pfeifer aufgefunden habe, habe Magdalena Klotz („S'Klotza Madel") geheißen.

Ein Mann namens Henne habe an den Bauern Verrat geübt; infolgedessen müsse er im Wald „laufen" (als Hahn).

Die Stätte, wo die Bauern abgeschlachtet wurden, heißt das Mader- oder Marterthal, östlich von Sindelfingen. Gegen dieses Thal fällt ein Hügel, Königsknoll genannt, ziemlich steil ab; der am Abhang aufsteigende Weg zur Viehweide zeigt dem Beobachter zur linken Hand eine ganze Reihe Kiessteller, die mit Grasstellen regelmäßig abwechseln. Es sollen dies die Grabstätten von in der Schlacht umgekommenen und hier beerdigten Bauern sein. (187)

Eine spätere Fassung der Erzählung über den Verräter Henne läßt diesen als Birkhuhn an der Goldbachmühle geistern. Wenn der Birkhahn im Sumpf am Goldbach balze, heiße es bei den Sindelfingern: „Der Henne schreit." Da ein

Gefangene Bauern, Holzschnitt, 1523

Vorkommen des Birkhuhns bei Sindelfingen nicht nachgewiesen ist, ist die „Echtheit" dieser Version zweifelhaft.

Auf die große Schlacht am Goldberg bei Böblingen, in der das Bauernheer am 12. Mai 1525 vernichtend geschlagen wurde, beziehen sich noch andere „Sagen". Sie sind freilich alles andere als alte Volksüberlieferung, sondern Neuschöpfungen bildungsbeflissener Honoratioren im 19. und 20. Jahrhundert.

So erzählte man sich um die Mitte des letzten Jahrhunderts in Böblingen vom Oberen Tor, hier habe man mehrere Anführer der Bauern grausam umgebracht, der eigentliche Anführer aber sei durch ein unerschrockenes Mädchen unter dem Turmdach versteckt und so gerettet worden. Fast dasselbe sagte man auch vom Kloster beim Spittel.

SINDELFINGEN

VOM DREISSIGJÄHRIGEN KRIEG

Durch Krieg und Krankheit war die Bewohnerschaft von Sindelfingen bis auf sechs Erwachsene zusammengeschmolzen, die sich auf einer Wiese in der Nähe der Stadt, die sie wegen der hier hausenden Kroaten nicht zu betreten wagten, bei Nacht zusammenfanden mit dem Klageruf: „Wie ist unser so lützel *(klein, wenig)* geworden!" Daher heißt jene Wiese noch heute die Lützelwiese („Letzelwiese"). (188)

DIE GEISTERWELT

Als Verführer der Wanderer besonders an Kreuzwegen machte sich das Schwein besonders wichtig; wem ein solches über den Weg sprang, durfte sicher annehmen verführt zu sein. Das „Muetesheer" trieb insbesondere zur Zeit der Frühlings-Tag- und Nachtgleiche sein Wesen in stürmischen Nächten und ängstigte den einsamen Wanderer. Wer dessen Geräusch hört, muß sich sofort glatt auf den Boden legen.

„S'Wengertgoistle" (Fuchs mit Menschenkopf) haust unter einer Brücke im Wald, in der Nähe der Viehweide.

Floschagoistle (in sumpfigem Terrain zwischen hier und Maichingen) sind die Irrlichter (Sumpfgase) daselbst.

Auf dem „Graben" soll früher allemal um Mitternacht ein schwarzer Bock mit feurigen Augen gesehen worden sein. (189)

DER AMTMANN W.

Zu erwähnen ist besonders die Sage vom Amtmann W., eines vor 100 Jahren lebenden, sehr gewaltthätigen und betrügerischen Beamten. Der Geist desselben soll in dem alten Rathaus (jetzt Mädchenschulhaus) und dem gegenüberliegenden „Amthaus" spuken, obgleich dieser durch Wolfschluger Hexenbanner einst durch die Öffnung einer eingeschlagenen Riegelwand als Hahn (Gokeler) entfernt wurde, welche Öffnung sofort wieder zugemauert ward. Derselbe wurde dann in eine Waldklinge, die sogenannte Schneckenklinge, gebannt, wo er einzelnen Holzarbeitern oder Fuhrleuten erschien, sie über den Waldzaun herein äffend. Auch soll er dort von einer Buchele sammelnden Frau in seiner bekannten Kleidung, die er in seiner Amtsstube, der jetzigen Arbeitsschule, trug, mit Hauskäppchen und Schlafrock gesehen worden sein. Manche wollten schon über der Steige der Stuttgarter Straße, der sich der Anfang der Schneckenklinge nähert, das Krähen eines Hahnes gehört haben. (190)

SINDELFINGEN

DER PUDEL IN DER BETTFLASCHE

Ein Holzarbeiter brachte einmal eine in einem von ihm gefällten Baume gefundene zinnerne Bettflasche mit nach Hause, die sich im Walde nicht, wohl aber zu Hause öffnen ließ und der ein kleiner Pudelhund entschlüpfte, der die Worte äußerte: „da ist es warm, da bleib ich" und sich mit diesen Worten unter der Bettlade verkroch. (191)

SINDELFINGEN

WUNDERGESCHICHTE MIT BLUTSTROPFEN 1662

Denn 5. Marty hat mann in dem Würtßhauß zuem Beeren beym Undern Thor, worinnen sich zerschüdene Persohnen beym Trunkh befunden, in der Stuben an Tisch, Kanten, Schwenckh-Kheßeln und uf dem Boden ohnversehener weiß etlicher Bluetströpflin wahrgenommen, ob es nun wie thails gewolt, weilen die Bluetströpfflin flaischfarb gewesen und sich abwischen laßen, ein zuegerichtes Spül gewesen, oder aber von Gott ybernatürlicher weiß verhengt worden, hat mann nicht wißen khönnen. (192)

SINDELFINGEN

WOHER DIE FLUR ERLICH IHREN NAMEN HAT

Der Meister unserer Alterthumsforschung, Vater Paulus, hat gerne folgende Geschichte erzählt: Ein trinkbarer Sindelfinger ging Nachts von Böblingen heim nach Sindelfingen. Auf halbem Wege meint er in seinem etwas unsicheren Zustand verirrt zu sein und redet einen Pappelbaum an: He, ehrlicher Mann, wo geht der Weg nach Sindelfingen? Dort ist nemlich eine Flur Erlich, Erlach, ein abgegangener Hof oder Weiler auf altrömischem Plaz. Um diesen Namen zu deuten, hat die Volkssage jenen Spaß erdichtet. (193)

DARMSHEIM

KEGELNDER GEIST BEI DARMSHEIM

In einem Feldhäuschen zwischen Darmsheim und Maichingen (bei Böblingen) kann man Nachts oft kegeln hören. Ein Bauer von Althengstett, der des Nachts von Darmsheim sich auf den Heimweg machte und dort passiren muste, wurde vor dem kegelnden Geiste von dem Wirt gewarnt, worauf er die Warnung lachend und mit den Worten ausschlug: er seze ihm nicht auf! In der Nähe des Häuschens angekommen, sah er, daß im Innern desselben Licht brannte. Als er aber herzutrat um da hinein zu sehen, war das Licht auf einmal erloschen. (194)

DÖFFINGEN

SCHATZ IM BURGSTALL

Auf der bewaldeten Bergspize bei der Stegmüle unweit Döffingen stand der Sage nach eine Burg, von welcher noch spärliche Ueberreste vorhanden sind. In den Trümmern diser Burg soll ein Schaz geborgen sein, welchem schon zu verschidenen Malen nachgestellt wurde. Vor etwa 20 Jaren stellten einige beherzte Leute, darunter ein gewisser Raich, nächtliche Nachgrabungen daselbst an, und stießen endlich in einiger Tiefe auf einen Gegenstand, den sie als eine große Kiste zu erkennen glaubten. Im Begriffe, derselben sich zu bemächtigen, bemerkten sie auf einmal einen schwarzen Pudel auf der Kiste sizen. Entsezt machten sich die Schazgräber so gut es gieng davon. Dem Raich aber sprang der Pudel auf den Rücken und sezte ihm so zu, daß er, an allen Glidern zitternd, nach Hause getragen werden muste. Acht Tage darauf war der sonst kräftige Mann eine Leiche. An einer andern Stelle, ganz in der Nähe von der vorigen, im Teufelsloch genannt, hatte eine andere Partie Grabungen angestellt, wobei sie auf einen tiefen Schacht stießen. Einer der Leute wurde an einem Seil in die Tiefe hinabgelassen; derselbe hub jedoch mitten in dem Schachtloche zu schreien an und muste, ehe er auf den Grund kam, wider hinaufgezogen werden. Auch schon Lichter sind auf dem verrufenen Plaze

162

Schatzsucher, Holzschnitt, 1532

schwebend gesehen worden. – Später kam es vor, daß ein par junge Männer in Folge einer Wette sich mitten in der Nacht auf den Burgstal begaben, disen begegnete aber nicht das geringste. (195)

MAICHINGEN

WAS ANNO 1900 DIE MAICHINGER IHREM PFARRER NICHT VERRATEN WOLLTEN

Von Hexen, Gespenstern, umgehenden Toten, Riesen, Zwergen und sonstigen Geistern ist einfach nichts bekannt. Nur ein einziges Beispiel einer „umgehenden" verstorbenen Frau wurde übereinstimmend genannt, die aber nur kurze Zeit im Hause spuckte. Ganz merkwürdig war nur, daß bei meinen Erkundigungen hienach derartige abergläubische Sagen und Gerüchte fast als Beleidigung angesehen werden und glaube ich den fast auffälligen Mangel an allen derartigen Sagen dem ausgesprochenen kirchlichen Sinn und Geist der Gemeindeglieder zuschreiben zu sollen. (196)

MAGSTADT

WO DER ORT EINST LAG

Südwestlich vom Ort kommt der Flurname Birk (d.i. Bürg) vor, welcher auf eine ehemalige Befestigung hinweist, und in der Nähe dieser Bürg, wo man schon Mauerreste aufgedeckt haben will, soll nach der Volkssage früher der Ort gestanden sein. (197)

MAGSTADT

WAS MAN SICH UM 1900 ERZÄHLTE

Im Wald an der Straße nach Stuttgart soll ein Mörder als Reiter mit dem Kopf unter dem Arm „gehen".
Muotes Heer sei an Festzeiten (Weihnachten) gekommen.
Im Hause des H. Kaufmann Maier „gehe" ein Mann, ehemaliger Förster (wohl deshalb, weil er die Leute bedrückte).
Große Furcht wenn auf dem Felde ein Licht gesehen wurde.
Die Strafe des „Gehens" wurde besonders „Untergängern" wegen Grenzsteinverrückens zugedacht, ebenso gewaltthätigen Schützen. (198)

Welche Geschichten heute noch im Umlauf sind, wird bis zum Erscheinen des Magstadter Heimatbuchs in einigen Jahren ein Dorfgeheimnis bleiben. Um jenem bahnbrechenden Werk nicht vorzugreifen, haben sein Autor und die angesprochenen Mitglieder des Heimatgeschichtsvereins jede Auskunft verweigert.

164

Im Strohgäu

Weil der Stadt mit Seilerturm und Würmbrücke,
Aquarell von Christian Mali, 1855

DER RÖMER WELLO

N ach Christi Geburt, zalt Drey hundert dreissig Jahr.
Als da Constantinus der Grosse Kayser wahr.
Hat diese Statt erbauwt, Wello ein Edler Knecht.
Ein Römer von alten Ursiner Geschlecht.
Wird von Ihme Wellona, folgendt Wila genandt.
Anitzo, in dem Reich, die Stadt Weyl bekandt.
Mit Adler, Schlissel, vier Römisch Buchstaben.
Zum Kleinoth und Wappen, thut zierlich begaben.

*Die auf einer Tafel, entstanden anläßlich des Rathausumbaus 1664, verewigte Gründungserzählung der Reichsstadt Weil erfand der Stadt einen römischen Ur-sprung. Die vier Buchstaben S.P.Q.R. (Senatus Populusque Romanus = Senat und Volk von Rom) im Stadtwappen spielen auf die altrömische Verfassung an. In einem topographischen Lexikon des aufklärerisch gesinnten Pfarrers Philipp Ludwig Hermann Roeder von 1801 wird diese Tradition nicht mehr ge-glaubt: Es sei wohl keinem Römer eingefallen, eine Stadt nach dem Muster Roms im Schwarzwald anzulegen, „welches ohnehin für einen Privatmann un-möglich gewesen wäre".
Um 1900 leitete ein Vers den Namen der Stadt ganz anders ab:*

„Weil die Stadt kein Namen hat,
Heißt sie eben Weil die Stadt." (199)

VOLKSTÜMLICHE ÜBERLIEFERUNGEN ANNO 1900

I m Wald bei Schafhausen geht der Sauerle mit dem Kopf unterm Arm, bei sich einen schwarzen Spitz.
„Die deahnt wia's Muetes Heer" für Kinderlärm. (…)
Die Simmozheimer haben den Weilern eine Glocke gestohlen und sie nicht wieder herausgegeben, obwohl die Weiler ihnen die Straße hin-aus mit Gold belegen wollten. Nun singt die Glocke:

„Anna Susanna,
In Weilerstadt will i hanga"

Vom Haus des Josef Beyerle hier soll ein unterirdscher Gang ins Augustinerkloster führen. (200)

RENNINGEN

DER MAISENBERG

Die Straße von Eltingen nach Renningen überschreitet den Längenbühl, der vom Kammerforst aus läuft. Rechts erhebt sich als abgesonderte Kuppe der Maisenberg. Darauf stand früher ein Schloß. Darin hausten Raubritter. Denen mußten die Leute der Umgegend fronen. Zuweilen bekamen sie einen kargen Lohn. Dann aber betrog ihnen der Schloßherr das Geld im Kartenspiel wieder ab. An der Wand hatte er einen Spiegel. Vor den setzte er sie. Er selbst setzte sich gegenüber. So sah er, was sie hatten, und gewann das Spiel. Das Geld verwahrte er in einer Truhe im Keller. Die Burg wurde endlich zerstört, aber der Schatz war noch in dem Gewölbe. Einige Renninger wollten ihn heben. Eine Jungfrau mußte dabei sein. Es sollte aber unbeschrieen geschehen. Kein Wort durfte dabei gesprochen werden. Da mußte das Mädchen niesen. Der Bursche sagte: Warum schweigst nicht! Da wich der Schutzgeist. Sie mußten heim und in einer andern Nacht von neuem den Gang machen. Einer ließ sich zum Rüstloch hinab. Er sagte zu den andern: Wenn ich an dem Seil einen Zocker tue, dann zieht mich rasch hinauf. Bald zockte er. Sie zogen ihn hinauf. Da sah er kreideweiß aus und konnte eine zeitlang nicht mehr sprechen, kaum mehr atmen. Endlich brachte er hervor, drunten sei ein Saal. Ein Tisch sei da gestanden, Schüsseln und Krüge darauf und Stühle davor. Auf den Stühlen seien menschliche Gerippe gesessen wie bei einem Trinkgelage. Es habe ein Modergeruch geherrscht. Daran sei er schier erstickt. Er mußte zu Bett und starb nach wenigen Tagen am Schrecken. Von der Maisenburg führt ein unterirdischer Gang nach Renningen. Um den Berg geistert es. (201)

RENNINGEN

HOÜ

In dem Walde zwischen Renningen und Perouse, zwei Dörfern im Oberamt Leonberg, soll, wie die Sage geht, einst ein Mann, mit Namen Hoü, einen friedlich dahinwandernden Burschen angehalten, seines wenigen Geldes beraubt und getödtet haben. Diese Mordthat wurde im Schatten dreier hochstämmiger Eichen, in der Nähe eines freien Grasplatzes verübt. Der Thäter wurde jedoch entdeckt und die Gerechtigkeit machte seinem Leben durch das Schwert ein Ende. Es sagen nun die Landleute, der Hoü reite Nachts um 12 Uhr, in besonders finstern Nächten, auf einem feurigen Roß den Kopf unter dem Arm haltend im Walde herum und schreie mit schrecklichem Tone Hoü, Hoü …. Schon Einige wollen ihn gesehen und gehört haben, welche gerade Nachts ihr Weg an der erwähnten Stelle vorbeiführte, die übrigens noch mit dem Fluche belegt ist, daß kein Gras auf ihr wächst. (202)

WARMBRONN

GEISTERGESCHICHTEN

Obwohl viele Warmbronner sehr gespensterfürchtend sind, so ist der Gespensterglaube doch nicht so sehr entwickelt, daß einzelne Arten von Geistern unterschieden würden. Man redet eben im allgemeinen von „Goaschtla".

In vielen Häusern, auf dem Kirchhof, in Feld und Wald, an Kreuzstraßen, an Brücken will man schon Geister gesehen haben. Dem Kind wird schon früh die Furcht vor den Geistern eingepflanzt. Um zu erreichen, daß die Kinder mit dem Betglockläuten nach Hause gehen, ängstigt man sie mit den Worten: der „Nachtkrab" oder der „Aufamargagoast" kommt.

Einige Geistergeschichten mögen angeführt sein.

Einmal ging eine Frau mit einem Korb auf dem Kopfe in der Dämmerung vom Feld heim. Plötzlich sah sie einen Mann neben ihr gehen. Auf einmal habe sie ihn nicht mehr gesehen, aber jetzt sei ihr der

Korb so schwer geworden, daß sie beinahe unter der Last zusammenge-
brochen ist. Von dieser Stunde an hatte die Frau einen kurzen Fuß.

Zwischen Warmbronn, Rutesheim und Renningen stand der Sage
nach eine Burg, die den Grafen von Maisenberg gehörte. Einer von
diesen war geizig, er gab dem Gesinde nur den halben Lohn. Längere
Zeit nach seinem Tode ging ein ehrlicher Mann Namens Roth der Burg
zu. Da sah er plötzlich einen Ritter, der seinen Kopf unterm Arme trug
und einen Schimmel ritt. Der Ritter rief ihm zu: „Roth, Roth, wer seinem Gesinde den Lohn nicht giebt, der ist ein Bluthund!" – Ein ande-
resmal ging wieder ein Mann auf den Maisenberg. Da sah er rechts von
sich einen großen Haufen Geld liegen. Dreimal hörte er die Stimme:
„Nimm doch das Geld!" Seine innere Stimme aber sprach: „Nein, es
gehört nicht dir." Aus Angst ließ er das Geld liegen. Als er ein wenig
umherblickte, sah er ein Fräulein und diese sagte weinend: „Hättest du
das Geld genommen, und ich wäre erlöst!"

Auch wird erzählt, daß in der Burg ein großer Schatz verborgen
sei, den ein Pudel bewache.

Vom „Muetesheer" weiß man sich viel Abenteuerliches zu erzählen. In manchen Fällen soll es als liebliche Musik gehört worden sein.
(203)

WARMBRONN

EINST VIEL GRÖSSER

Der Sage nach soll Warmbronn in früheren Zeiten viel größer
gewesen sein. Im 30jährigen Kriege soll es zerstört worden
sein. (204)

WARMBRONN

RUINE GLEMSECK

Im Glemsthal steht die Ruine Glemseck. Vor der Zerstörung der
Burg wurde ein großer Haufe Geldes in den „Hirschhäuer" geschafft und dort unter einer Eiche vergraben. Mit diesem Geld

hätte die Burg wieder aufgebaut werden sollen. Aber jemand erfuhr, wo der Schatz lag. Er ließ ihn ausgraben und floh damit nach „Amerika". Glemseck konnte deshalb heute noch nicht aufgebaut werden. (205)

WARMBRONN

DAS KLOSTER

In der Nähe von Warmbronn sind noch Überreste von einem Mönchskloster vorhanden. Es wird erzählt, daß das Kloster von vertriebenen Mönchen aus Hirsau gegründet wurde. Zu einem Reichtum muß es das Kloster zwar nicht gebracht haben, denn die Mönche haben sich ausschließlich vom Bettel genährt. (206)

WARMBRONN

DAS FRAUENKREUZ

Reist man zu Fuß nach Stuttgart, so kommt man am „Frauenkreuz" vorbei. Woher dieser Name? Eine Händlerin wollte einmal mit dem Eierkorbe nach Stuttgart gehn. Ganz allein ging sie des Weges. Ein trüber Tag war angebrochen. Eine gewisse Angst kam über sie. Sie war in der Hoffnung. Auf einmal wurde es ihr schlecht, sie setzte sich auf den Boden, und nicht lange stand es an, so war sie Mutter von Drillingen. Wie weh that es ihr, daß sie ihre armen Kinder nicht vor dem Froste schützen konnte! Lange Zeit lagen die vier so da. Niemand ging die Straße. Doch endlich gegen Abend kommt ein Gefährt des Weges daher. Der Fuhrmann sah das Kreuz der Frau, und gerne war er bereit, die Hilflosen auf seinem Wagen mitzunehmen, und sie so vor dem Tode zu erretten. (207)

170

DER SCHIMMELREITER

Zwischen der Solitude und Leonberg soll der Schimmelreiter sein Unwesen treiben. Oft erscheint er bei glockhellem Mittag. Mal gingen Kinder zwischen Tag und Dunkel mit ihren Müttern auf der Straße heim, eilten aber etwas voraus und trieben Unfug. Siehe da! auf einmal schnurrt der Schimmelreiter ihnen an den Nasen vorbei im mächtigsten Hurra. Er hatte keinen Kopf. Im Gräblein neben dem Wege glänzte im nämlichen Augenblicke ein wunderschönes Ding heraus, als wär es eitel Gold und Edelstein. Die Kinder hatten noch nie so etwas gesehen. Springen hastig rückwärts und erzählen's ihren Müttern. Wie sie wieder an das Plätzlein kamen: Babbala, nichts mehr da! Hätte eins von ihnen nur sein Schürzlein genommen und das glänzende Steinlein zugedeckt, so wär's ein großer Schatz gewesen.

Der Schimmelreiter sei Niemand anders, denn ein Stuttgarter Metzger gewesen, der in Hungerszeiten um Sündengeld Fleisch verkauft, welches er vom Schinderwasen holte. (208)

DER SPITALWALD

Die Stadt Leonberg besitzt zwei Stücke Wald auf Eltinger Markung. Den Spitalwald, rechts des Weges nach Renningen gegen den Maisenberg hin und ein Stück am Kammerforst. Der Spitalwald soll auf folgende Weise an Leonberg gekommen sein: Es war einmal eine lange Kriegszeit. Da konnten die Eltinger ihren Zahlungen nicht mehr nachkommen. Sie versetzten den Kammerforst an Leonberg. Die Zeit zum Einlösen kam. Die Boten trugen das Geld von Eltingen herüber. Aber die Leonberger hätten den Wald gerne behalten. Sie legten den Eltinger Boten einen Hinterhalt im Hirsch in Leonberg. Ihre Waffen waren aber nicht Säbel und Gewehre, sondern Weinflaschen und Bratenschüsseln. Sie riefen die Eltinger Boten zum Schmaus herein und schenkten ihnen fleißig ein. Mittags 12 Uhr war der Termin abgelaufen. Bis die Eltinger los kamen, war die Zeit verpaßt. Der Wald blieb den Leonbergern. (209)

DER EINÄUGIGE LEONHARD

Der Geist des einäugigen Leonhard ging zuerst mit Kettengerassel in der Neujahrsnacht im heutigen „Goldenen Adler" um,
dem damaligen Haus des Wagners Walz. Er wurde dann „ver-
bannt" in das Backhaus hinter dem Rathaus, und als man hier seiner
auch überdrüssig wurde, schließlich auf die Steig. (210)

DAS BUZAWEIBLESNEST

Es waren mal in Eltingen zwei ledige Schwestern, von denen eine
ein Kind bekam. Die Rabenmutter aber brachte es um und vergrub es beim Weidengarten. Die Stelle, wo sie ihr Kind verscharrte, heißt heute noch das „Buzaweiblesnest". Die Reue der Ver-
brecherin wie ihrer Schwester fand in folgenden Aussprüchen der
beiden nach ihrer Tat Ausdruck, die zum Reim geworden sind:

„Hätt i no des Ding nit dau!"
„I hau dr's gsait, sollst's bleiba lau!" (211)

KEINER WILL ES GEWESEN SEIN

*Eine Unpäßlichkeit des Pfarrers wurde von einem Gerücht auf die Erscheinung
eines schwarzen Mannes beim Konfirmandenunterricht zurückgeführt. Die deshalb am 5. Februar 1753 angestellte Untersuchung ergab folgendes:*

Johann Georg Wolffangel solle einem Mann von Höffingen nahmens Joseph Nick erzehlet haben, daß sich ein neues Gespenst in
dem Flecken befinde und sich zeige als ein langer Mann. Dieser

172

Eltingen, Zeichnung, Ende 17. Jh.

aber will die Sache nicht eingeständig seyn, sondern will die Sache auff den Höffinger schieben, als wenn er den Anfang zum Geschwätz gemacht hätte. Übrigens habe Oßwald Oßwald in seinem Hauß erstmahls davon geredet und gesagt haben, der gantze Fleck seye davon voll.

Oßwald Oßwald muß zwar gestehen, daß er in deß Wolffangels Hauß etwas geredet, niemand aber genennet, seine Tochter aber habe hinter dem Flecken ein Gespenst gesehen, welches aber nach der Leuthen Außage schon lang lauffe.

Diese nun sagt, sie habe ein Gespenst gesehen als ein blaues Lichtlein, welches sich aber schon vor zimmlichen Jahren gezeiget, übrigens habe sie nicht gesagt, daß es der alte Schultheiß seye.

Zuletzt ist es hinaus geloffen auff eines von den Confirmanden, nahmens Ursula Kohlerin, welche das verlogene Geschwätz solle ausgebracht haben, die aber weiter nicht gestehen will, als daß sie gesagt, die Stubenthüre seye auffgegangen.

Hingegen Jacob Schäffer gibt an, daß er in Adam Widmajers Hauß gewesen, da diese Kohlerin erzehlet, die Thüre seye dreymal auffgegangen und seye etwas Schwartzes daraus gestanden. (212)

173

GERLINGEN

VOM NAMEN DES ORTES

Nach einer alten Ortssage führt das hiesige Dorf seinen Namen von einer adeligen Frau Namens Gera, der es auch den Besitz seines beträchtlichen Waldes verdanke; ursprünglich soll es Oberhausen geheißen haben, im Unterschied von dem zwischen hier und Weilimdorf gelegenen abgegangenen Orte Unterhausen. (213)

GERLINGEN

MINA SCHLEEHAUF: DIE RACHE

(Eine Sage vom Schloßberg bei Gerlingen)

Dort, wo drei Linden auf Bergeshöh'n
So schön im Sonnengold flimmern
Dort sah man in früh'ren Zeiten stehn
Ein Schloß, längst sank es zu Trümmern.
Der Graf lud einst ein,
Zu Festschmaus und Wein,
Die Ritter und Nachbarn alle
 Vom Tale.

Gera, die Gräfin so hold und schön
Empfing in festlichem Kleide
Die Gäste, und frohes Jubelgetön
Schallt hin durch Wälder und Heide.
Nur Kornel allein
Er konnt' sich nicht freu'n
Es nagten ihm Liebesschmerzen
 Am Herzen.

Der letzte Strahl der Sonne verglüht,
Manch Sternlein blinket am Himmel,
Die Ritter trunken und schlafesmüd
Von Wein und Freudengetümmel

174

Sie sinken zur Ruh'
Es hält sie im Nu
Der Traum mit süßem Verlangen
    Umfangen.

Als auch den Schloßherrn der Schlaf umfängt,
Naht Kornel der Gräfin sich leis.
„Darf ich sagen, was lang schon mich drängt?"
„Ich liebe Dich innig und heiß!"
Die Gräfin mit Lust
Sinkt an Buhlens Brust
Und sollt' sie gleich Tod und Verderben
    Erwerben.

Kornel spricht: „Wenn um Mitternachtszeit
Die Diener im Schlaf sich wiegen"
„Komm' ich zur Pfort' mein Roß ist bereit"
„Und Freiheit winket uns drüben!"
Das treulose Weib
Ist willig bereit:
„Um Mitternacht seh'n wir uns wieder"
    „Mein Lieber."

Der Ritter eilt auf nächtlicher Bahn
Nach Haus, sein Rößlein zu holen,
Der Wächter hört von ferne ihn nah'n,
Es öffnet der Knapp ihm die Tore.
„Schnell sattle mein Pferd"
„Und bring mir mein Schwert"
„Beim Morgengrau'n seht Ihr mich wieder"
    „Seid Hüter!"

Das Pferd trägt mutig durch Nacht und Graus
Durch Dorn und Gestrüpp den Ritter
Als gält's zu fechten 'nen blut'gen Strauß,
Als müßt' er im Tode erzittern.
Schon kündet vom Turm
Durch Nächte und Sturm
Die Uhr die Mitternachtstunde
    Zum Bunde.

Voll Sehnsucht seufzet der Rittersmann
„Warum läßt Gera mich warten?!"
Schon will er leise der Pfort' sich nah'n,
Da zeigt sich ein dunkler Schatten
Und zorneserhitzt
Der Schloßherr sich stürzt
Heraus; er lag an der Mauer
   Auf Lauer.

„Nicht fechten will ich, wie's Rittern geziemt!"
„Wie du gehandelt sollst sterben!"
„Durch Tod nur ist die Ehre gesühnt,"
„Tot sollst du die Tote erwerben!"
Dann zuckt er das Schwert
Tot stürzet vom Pferd
Tief in den Abgrund hinunter
   Der Junker. (214)

In Oberlehrer Binders Heimatbuch wurde diese Dichtung, die 1919 in der Glems- und Würmgauzeitung erschien, in Prosa wiedergegeben und durch die Einfügung eines Dieners, der das Gespräch der beiden Liebenden belauscht, „verbessert". Der von dem Diener unterrichtete Schloßherr stürzt seine Ehefrau über die Mauer in den Schloßgarten und wartet statt ihrer am Tor.

KORNTAL

DER MANN OHNE KOPF

Früher fuhren zwischen Zuffenhausen und Korntal wenig Züge. Deshalb – und weil sie sparsam waren – gingen viele Korntaler zu Fuß zur Arbeit nach Stuttgart hinein. Sie mußten dabei ein Stück durch den Wald gehen.

Eines Tages legte sich ein Mann auf die Bahngleise, wurde vom Zug überrollt und mit abgetrenntem Kopf gefunden. Er hat aber lange noch keine Ruhe gefunden, denn von diesem Tag an ist mancher Korntaler auf dem nächtlichen Heimweg im Wald einem Mann begegnet, der den Kopf unter dem Arm trug. (215)

DER UNHÖFLICHE GEIST

An der Haselsaul, d. i. der Markungsstein an der Landstraße nach Ditzingen, sah einst Zimmermann Schöler eine Gestalt, die er grüßte, welche aber den Gruß nicht erwiderte. Darum sagte er zu derselben: „Där Lambbel dankt mår net å mol". Hierauf sei diese Gestalt bis ans Ort her so nah an seiner Seite gelaufen, daß der Zimmermann schweißgebadet und leichenblaß heimgekommen sei. Auch habe er sich von dieser Zeit an nie mehr über Geister lustig gemacht, was er vorher mit Vorliebe that. (216)

DAS BUCKLIGE MÄNNLEIN

Im Weilemerweg soll eine Frau winters ein buckeliges Male mit Zwilchkittel und Schnallenschuhen gesehen haben. Die beherzte Frau habe ihn genau beobachtet, sei aber von demselben geschmissen worden und nachher habe sich herausgestellt, daß gerade der Akker in früherer Zeit einem Mann von solcher Gestalt gehört habe. Im Stallgebäude vom Schloßhof höre man oft wettern, daß alles wackle und zu gewissen Zeiten habe man einen Herrn mit grünem Hut und langem Rock gehen sehen. (217)

DIE ENTSTEHUNG DES ORTS

Nach der Sage in Münchingen soll ums Jahr 1100 ein Mönch von Hirschau hieher gekommen sein und auf dem Platze, wo die Kirche jetzt steht, eine Kapelle und später eine Burg dazu erbaut haben. Weiter erzählt man, daß in den Hofstättäckern ein Mönchskloster gestanden haben soll (man findet dort noch Spuren von Gebäuden). Eine halbe Stunde östlich vom Ort soll ebenfalls in den Lochäkkern eine Kapelle (nach anderer Sage ein Nonnenkloster) gestanden sein und beide sollen durch einen unterirdischen Gang verbunden gewesen sein. (218)

MÜNCHINGEN

DER VEIDAKÄTTERSCHREINER

Von dem „Veidakätterschreiner" wäre manches zu berichten, aber die Erzählungen stimmen nicht ganz miteinander zusammen. Er soll einst seine Frau vergiftet und sein schwachsinniges Kind ermordet haben und darum habe er Jahrhunderte lang in dem Haus, das er bewohnt, gehen müssen. An seinem Zopf, den er noch getragen, habe man ihn gleich erkannt. Er habe oft beim Predigtlesen zum Schlüsselloch „hereingebübert", das Vieh im Stall losgebunden und alles im Haus beunruhigt, so daß man endlich Einem von „Boastå" (Beinstein) geholt habe, der ihn dann unter eine Tanne, welche in der Nähe stand, hinuntergebannt habe. (219)

MÜNCHINGEN

GRAF DILL

Eine Sage erzählt von Graf Dill, der die Bauern oft in brutaler Weise behandelte, daß er einst auf dem Langenfeldweg fahren wollte und da sei er, weil der Weg voll Pfützen war, ins Feld ausgewichen. Der Münchinger Feldschütz Schall habe ihn darum zu Rede gestellt und sei ihm in den Weg gestanden. Als Graf Dill nun mit der Peitsche nach ihm schlug, habe Schall in eine der Pfützen hineingeschlagen, so daß Graf Dill über und über bespritzt worden sei. Andern Tags nun kam der Graf Dill aufs Rathaus und ließ die ganze Münchinger Bürgerschaft antreten und wollte den rothaarigen Feldschützen exemplarisch strafen lassen. Der damalige Schultheiß, der von der Sache wußte und der seinen Feldschützen schätzte, schickte diesen am selbigen Tag in die Mühle und konnte dem Grafen Dill getrost die ganze Bürgerschaft vorstellen und so mußte dieser zu seinem Verdrusse unverrichteter Sache abziehen. (220)

MÜNCHINGEN

DER GLOCKENRAUB

Im Jahr 1696 hatte auch Münchingen unter einem Überfall Melaks zu leiden. Dieser soll die Kirchenglocken geraubt haben, die größte davon soll im Münster zu Straßburg hängen. (221)

MÜNCHINGEN

DAS TEMPELHAUS IN MAUER

In einem Zeugenverhör gab ein Leonberger Bürger 1587 zu Protokoll:

Es sey jetz 51 Jahr, daz er mit andern in der Ernt Baltassern von Maur, Mayern uff dem Hof, geschnitten und damals von ime Baltas von Mure geheert, wie die Tempelherren sollichen Hof innegehapt haben. (222)

Bereits 1555 war man davon überzeugt, daß der Hof Mauer einst ein „Templierer Closter" gewesen sei. Die Deutung merkwürdiger Bauten als Niederlassungen des 1312 aufgehobenen Templerordens war allgemein verbreitet. In Mauer wurden die Reste eines römischen Gutshofs als Spuren eines Tempelhauses aufgefaßt.

DITZINGEN

DER SCHATZ IN DER KIRCHE

Es sollen hier An. 1546 Edelleüte allhier gewohnt haben, welche fast *(sehr)* arm waren, bey welchem aber die Spanier, als sie im Land zu solcher Zeit übel gehausst, auch in dero Kirch ein Gewölb gefunden, worin viel 1000 Gulden gelegen, samt einem uhralten Brief und Siegel, so man alters halber nicht mehr lesen können. (223)

DER SPITZENGEIST

Bis zum Ende der Fünfzigerjahre wurden Kinder und junge Leute aufgefordert, nach Hause zu gehen, wenn's dunkel wurde, mit dem Hinweis, „sonst holt Dich der Spitzengeist". (Hier in der Funktion des in schwäbischen Dörfern üblichen Nachtkrab.)

Wenn im letzten Jahrhundert ein Fuhrwerk auf der Straße am Bauernwald entlang fuhr, die Sturmlaterne, erdölgefüllt, angehängt, so überkam selbst aufgeklärte Leute ein Gruseln ob solcher Erscheinung. Kurz nach Ende des 1. Weltkrieges suchte ein Bauer die vielen Rehrudel (bis zu 40 Tiere) vom Fraß auf seinem Samenfeld abzuhalten, indem er mit der Laterne dort im Westen der Markung auf und abging. Manche mochten es als Zeichen eines nahen neuen Unheils deuten; solange bis fürwitzige junge Burschen den Spuk aufklärten. (224)

UNHEIMLICHES UMS SCHLOSS

Baronin Natascha von Varnbühler, gest. 1929, hat durch die Erscheinungen in ihren spiritistischen Séancen, die ins Dorf drangen (Stühlerücken und Erscheinen der Geister Abgeschiedener, auch Gefallener des Krieges), den Leuten den Glauben vermittelt, es müsse übersinnliche Kräfte geben, die unmittelbar einzuwirken vermöchten. Die Äolsharfe im Schloßtürmchen dröhnte in Sturmnächten dergestalt, daß die Menschen im Dorf sagten, Mouetes Heer rase in den Lüften.

Die Alte Excellenz, ihr Schwiegervater, gest. 1889, sei allabendlich vom Erbbegräbnis „Baronsfriedhöfle" in Park und Schloß gekommen, dort nach dem Rechten zu sehen. Regelmäßig habe er auch die Ökonomie, deren Ausbau zum Mustergut er lebenslang betrieben hatte, besucht. Diebe, die er antraf, habe er durch die Wächter verprügeln lassen. Zur Mitternacht sei er in seiner Kutsche mit Viererzug durchs „Schwarze Tor" am Park wieder hinauskutschiert.

180

Junge Mädchen und Frauen hätten einmal, zu vorgerückter Stunde, auf dem Heimweg von der 1 km außerhalb liegenden Sägemühle eine Lichterscheinung über dem Baronsfriedhöfle wahrgenommen, die sich spiralengleich bedrohlich näherte. Die Frau des Flekkenschütz, ein korpulentes, couragiertes Weib, habe gerufen: „Bist du von Gott, so leuchte mir! Bist du vom Satan, dann weich von mir!" Daraufhin sei die Erscheinung in tausend kleine Funken zerstoben. (225)

HEMMINGEN

SIEBEN BUCHEN

Im Zeilwald (Grenze zwischen den Stämmen Alamannen und Franken; 496 Zülpich) standen bis vor wenigen Jahrzehnten noch die Sieben Buchen (der Walddistrikt ist noch heute so benannt). Ehe die Straße nach Norden ins Katzenloch abfällt, leuchtete in mondhellen Nächten das modrige Holz des gemeinsamen Baumstumpfs; auch mochten im Frühling dort Glühwürmchen tanzen. Wer sich annäherte, geriet in einen Bannkreis, aus dem er nur durch eine Beschwörungsformel gelöst werden konnte. Als in kalter Nacht junge Leute (Männer) zu erstarren drohten, reichte der Ruf eines „Geistmächtigen" aus, sie zu befreien. (Die Heimatvertriebenen der Jahre 1946 und 47, katholischen Glaubens, nahmen dies auf und errichteten am Waldeingang einen Bildstock.)

Als vor Jahren, im Rahmen der jährlichen Nutzung, der Holzeinschlag auch die sieben Buchen einschloß, sorgten sich manch ein Waldarbeiter und deren Angehörige, es werde ein Unfall oder andere Unbill die Beteiligten heimsuchen. (226)

DER UMGEHENDE FÖRSTER

Im Schafstall am Heimerdinger Wald, 1825 in niederdeutschem Baustil am Rande des Hopfen- und Obstguts des Barons errichtet, zeigte ein junger Förster unter den Pflückerinnen sein modernes Gewehr herum. Versehentlich löste sich ein Schuß und traf die von ihm Verehrte tödlich. Er überstand das Geschehen nur kurze Zeit und muß nun so lange „umgehen" bis seine Tat gesühnt sei. Junge Mädchen sollten sich hüten, ihm in der Nacht zu begegnen. (227)

ZWEI HEXENGESCHICHTEN

Solange ein reicher Bauernsohn mit seinen Kumpanen in der Stube ein Krüglein Wein nach dem anderen leerte, wurden im Stall draußen den Pferden in Mähnen und Schwänzen Zöpflein geflochten. Am nächsten Morgen stiegen die Pferde beim Einschirren und Einspannen auf die Hinterhand und sprachen beim Fahren nicht mehr auf die Trense an; ihnen war die Kandare einzulegen. So rächte sich die „Hex vom Kastanienbaum" für alle ihr zugefügten Kränkungen.

Nachbarn hatten's in Notzeiten oft schwer miteinander. Sobald die Nachbarin im Stall eines Kleinbauern gewesen war, floß der Kuh Blut aus dem Euter. So sah er sie überführt, heimlich die Kuh zu melken und die Milch mitzunehmen. Er ließ sie nicht mehr herein. „Dui kommt mir nemme rei!" (228)

Ludwigsburg und Umgebung

Ludwigsburg und Neckartal bei Hoheneck, Federzeichnung, 1817

ALLERHAND GEISTERGESCHICHTEN

Wenn die Abendglocke läutet, dann geht der Avamärgageist um und treibt die säumigen Kinder nach Hause.

Während des Gottesdienstes am Himmelfahrtsfest soll ein Geist an der Weinstraße Steine schlagen. Ein anderer muß am Pfingstfest zur selben Zeit mähen. Im Hemminger Weg werden Sonntags Äkker vermessen und Leute gewürgt. In der Aue versetzen die Geister Marksteine und tragen gebundenes Getreide fort. Hinter dem Steinbruch ist öfters ein Reiter ohne Kopf zu sehen. Daß die Geister den Pferden Zöpfe an Schwanz und Mähne flechten, daran wird hier fest geglaubt.

In der 1 km von hier entfernten Stumpenmühle soll einst Sonntags gemahlen worden sein, obgleich nicht viel Frucht dagewesen sei. Da sei plötzlich ein feuriger Drache hinein gefahren und die Mühle sei bis auf den Stumpen abgebrannt (daher der Name). Am Gröninger Weg soll ein Geist sein blutiges Messer waschen und aus einer Dohle fahre manchmal etwas wie eine feurige Garbe heraus, weil dort vor etwa hundert Jahren ein Ermordeter verschoben worden sein soll. Das soll entschieden wahr sein. Im Käppele bei der Nippenburg sah einst ein Knabe ein Kistchen mit gelbem Laub (Gold). Er hat dasselbe verunreinigt und leidet seither an bösen Augen.

In den Häusern sollen manchmal Schlangen, kleiner als Blindschleichen, singen. Man nennt sie Hausäderla.

Das wilde Heer kennen alte Leute nur noch dem Namen nach. (229)

DIE GLOCKE IN DER GLEMS

Eine große Glocke soll in der Glems im sog. großen Kessel unterhalb der Thalmühle versenkt, dann aber von den Franzosen gestohlen worden sein. (230)

DER SCHATZ IN DER NIPPENBURG

Ein Graf nahmens Hans hatte vieles Geld dort begraben und hütete es nach seinem Tode. Nippenburg ist eine Ruine von einem Schloß. Es funden früher viele Schazgrabereyen statt und man glaubt, es habe einer das Geld aus gegraben, da sich von etlichen Jahren keine Spur mehr von dem Geist zeigt. (231)

DIE VERSCHWUNDENEN SCHAFE

In Schwiebertingen sah vor mehreren Jahren ein Schäfer alle Nacht einen schwarzen Mann durch seine Pferchhuden mitten durch die Schafe mit 4 Rappen an einer Chaiße angespant fahren. Einige Mal kam der schwarze Man vor den Pferchkarren und als der Schäfer die Thüre öfnete, schaute der Schwarze auf ihn hin und sprach kein Wort. Einmal als der Schäfer um 12 Uhr in der Nacht seine Huden von der Stelle nachschlagen wollte, da fand er die Huden nicht und lief bis gegen Morgen irrend umher. Endlich fand er einen großen Markstein, welchen er erkante, daß bey demselben seine Pferchhuden stehen sollten. Er blikte umher, sah aber keine Spur von seinen Huden und Schafen und fieng deßhalb an zu fluchen und sprach: was donnerwetters ist den das, hier ist doch mein Pferch gestanden. Welcher Teufel hat den sein Spiel mit mir? Als er diese Worte gesprochen hatte, sahe er den schwarzen Mann vor sich stehen, und er nahm dan auch seine Schafe in den Huden gewahr. Vor 12 Jahren war ein anderer Schäfer in demselben Felde, zu diesem kam der schwarze Mann ebenfalls.

In selbiger Markung steht ein bereits zerfallenes Kirchlein, welches von einem gewißen Ort aus der Schweiz jährlich 80 fl. *(Gulden)* zur Unterhaltung der Baukosten geschikt wurden. Es führte ein Fahrweg durch dasselbe Feld dem Kirchlein zu. Derselbe ist aber jezt verkauft und als Aker angebaut. Seit dem die Schweizer dieses erfahren, so werden die 80 fl. nie mehr geschickt und das Kirchlein zerfällt nach und nach. Das Volk der Umgebung will behaupten, daß dieser schwarze Mann von der Schweiz komme und dem Kirchlein zu fahre. (232)

185

DER ÖLBAUM

Unweit der Poststraße zwischen dem sogenannten neuen Wirthshaus und dem Dorfe Schwieberdingen steht, links gegen die Solitude hin, nahe bei einer Waldecke, ein merkwürdig geformter Apfelbaum, dessen Benennung unter dem Landvolke folgenden doppelten Ursprung hat. Es wurde vor ungefähr 10–12 Jahren an demselben ein Oelmüller aus der Umgegend erschlagen und geplündert, der Thäter aber nicht ermittelt. Dieser Oelmüller nun oder vielmehr sein nach der Volkssage dort spuckender Geist gab ohne Zweifel dem Baum den Namen. Ein weiterer Grund scheint mir die Form desselben zu sein.

Er steht nämlich ganz vereinzelt auf einer ungeheuer großen Ebene; deßwegen hat auch wohl der Blitz schon so oft in ihn geschlagen und auf ganz eigene Art die Mitte ausgeschnitten, so daß der Rest der Zweige auf zwei entgegengesezte Seiten herunterhängt, was ihm die Gestalt eines Oelbaums gibt. Auch sollen die Früchte desselben, schöne Luicken, jedes Jahr in ihrer schönsten Reife spurlos verschwinden. Alle diese Umstände mengt der Volksglaube auf eine merkwürdige Art untereinander. Der Geist muß die Schuld haben, daß der Blitz fortwährend in den Baum schlägt, und daß die Aepfel verschwinden, welche jener in seinen Sack stellen soll; also wird er auch noch zum Obstdieb gestempelt. (233)

URSPRUNG DES SCHÄFERSPRUNGS

Auf dem Schlüßelberg nahe am Thalhausser Hof zu Markgröningen gehörend, wohnte vor alter Zeit ein Graf, der eine starke Schäferey besaß. Dieser verreißte einmals auf lange Zeit und befahl seinem Schäfer gute Obsicht zu halten. Einsmals an einem Abende kam ein Mezgerknecht zu dem Schäfer und wollte auf allerlei Art den Schäfer bewegen, ihm 2 Schafe, die er nothwendig brauche, zu kaufen zu geben; allein der Schäfer fertigte ihn kurz ab

Schäferlauf in Markgröningen, Stahlstich, Ende 19. Jh.

und drohte ihm endlich mit Fortjagen. In derselben Nacht kam der Graf wieder nach Haus. Er forderte den Schäfer vor sich und fragte ihn, ob nichts vorgefallen sey? Der sagte: durchaus nichts. Da fragte der Graf: ich höre, es laufe ein Mezger herum, der den Schafknechten Schafe abkaufe. Hierauf sagte dann der Knecht, gestern Abend seye auch einer bey ihm gewesen, wenn er aber nicht bald fort wäre, so hätte er ihn recht gehauen. Der Graf lächelte hierauf und sagte: Der Mezger bin ich und weil du so treu gegen mich bist, so will ich dir an deinem Namenstag einen Festtag und Freudentag geben. Der Knecht hieß: Bartholomäus, und der Graf gab einen seiner schönsten Hammel her und ließ auf seines Knechts Veranlaßung alle in der Nähe wohnenden ledigen Schäfer wettspringen. Von dieser Zeit an gab der Graf jedes Jahr an Bartholomäi einen Hammel her, und es hat sich bis heute der Schäfer Wettlauf in Markgröningen erhalten. Es werden gegenwärtig 8 Preiße, 4 an ledige Schäfer und 4 an Schäferstöchtern abgegeben. Der 1te Preis ist ein Hammel; die andern bestehen in lauter Kleidungsstücken. Die Preiße werden von Schäfern an silbernen Schäfersschibben, als Fahnen, auf den Festplaz getragen. (234)

MARKGRÖNINGEN

UNTERIRDISCHER GANG

Auf der Schlüsselburg stand die Burg der Herren von Schlüsselberg. Von hier bis zum Hohen Asperg und bis zum Kloster sowie zwischen Spital und Kelter soll 1 unterirdischer Gang gehen. (235)

MARKGRÖNINGEN

DER UNTERIRDISCHE WAGEN

Aus dem Munde einer Person, welche diese Sage selbst ein Geschwisterkindskind von dem verstorbenen Mädchen hat erzählen hören.

In Markgröningen lebte ein Mädchen, unter dessen elterlichem Hause vor alter Zeit ein unterirdischer Gang durchführte und dieser ist von seinem Vater als Keller benützt worden. Eines Tages nun, als dasselbe in dem Keller Kartoffeln ausgelesen hatte, hörte es ein Rasseln und erblickte zum großen Erstaunen einen Reisewagen, welcher mit einem Herrn und einem Bedienten vorüberrollte. Sogleich meldete es seinen Eltern, was es gesehen habe. Am andern Tage gieng die Mutter selbst mit ihm in den Keller, um zu sehen, welche Bewandtniß es mit dem Wagen habe; nach dem Eintritt vernahm das Mädchen wieder das Rasseln und fragte seine Mutter, ob sie hier nicht den Wagen vorbeikommen sehe. Diese aber bemerkte nichts, und sagte, das sei nur eine Meinung von ihr und sie solle nicht mit solchen Thorheiten umgehen. Am folgenden Tage mußte das Mädchen, obgleich es sich sträubte, dennoch wieder in den Keller gehen, in welchem sich Alles, wie an den vergangenen zwei Tagen, blicken ließ, nur daß dießmal der Bediente ausstieg und ihm erzählte, daß er und sein Herr einen Pfarrer getödtet, eine Kirche ausgeplündert und sich beide aus Furcht, sie möchten, von den Verfolgern eingehohlt, vor Gericht gezogen werden, das Leben hier genommen haben, was die Ursache sei, daß sie schon lange lange in diesem Gang herumschweben müßen. Nachdem er ihr Alles entdeckt hatte, bat er sie, sie möchte sie erlösen, und brachte es endlich dahin, daß das Mädchen mit ihm gieng und mit einem Pudel, der auf einer Goldküste saß, rang. Es konnte aber denselben nicht herabbringen und somit die beiden nicht erlösen. Hierauf sagte nun der Bediente, sie müßen jetzt so lange wieder schweben, bis eine junge Eiche völlig ausgewachsen und dann wieder abgestorben sei. Das Mädchen erzählte seinen Eltern sogleich den ganzen Verlauf, wurde durch den Schrekken, den es erstanden, krank und starb 1/4 Jahr darauf. (236)

MÖGLINGEN

VOM EINSTIGEN VÖHINGEN

Von der Flur „zu Vöhingen" sagte der Volksmund, daß der Boden hier deshalb so fruchtbar sei, weil er früher einmal Gartenland gewesen sein solle. Der „Vöhinger Graben" wurde bei der Feldbereinigung in den zwanziger Jahren aufgefüllt. Er war der Rest eines alten Hohlweges, der der Sage nach ein alter Wallfahrtsweg gewesen sein soll.

Man erzählte früher, daß man des Nachts den „Vöhinger Wieslesgeist" in einer Chaise von der Wiese aus „bis zur Kreuzung" habe fahren sehen. Unweit des „Vöhinger Wiesle" ist die Flur „Vöhinger Kirchle". Von ihm weiß man zu berichten, daß die Alten das Gotteshaus noch mit eigenen Augen gesehen hätten.

Ferner weiß eine alte Möglingerin aus der Familienerinnerung zu erzählen, daß ihr Urgroßvater, der Weber und Spielmann Johannes Roßnagel (1738 bis 1819), das Vöhinger Kirchlein noch gesehen und einst auf dem Heimweg von einer Kirchweihe in seinen Mauerresten im Übermut mit seinen Genossen den Geistern aufgespielt habe.

Mit dem Ausdruck „Vöhinger Feld" wird der ganze Vöhinger Distrikt benannt. Hier, so erzählte man früher, sei ein Geist umgegangen, der Kartoffeln gestohlen habe. Später habe man ihn auch in der Flur „Gagerbacher Seite" vermutet, wo auch Kartoffeln weggenommen worden seien. Erst als der Nachtwächter gestorben sei, sei auch der Geist nicht mehr umgegangen.

Schließlich erzählten die Möglinger noch, die von Schwieberdingen hätten ihnen das „Vöhinger Feld" gestohlen. Zur Strafe dafür aber habe der liebe Gott, oder gar der Teufel, den Schwieberdingern ihre böse Schnakenplage geschickt.

Endlich weiß der Volksmund zu berichten, daß das Dorf Vöhingen im 30jährigen Krieg verwüstet und nimmer aufgebaut worden sei. (237)

In Wirklichkeit ist das einstige Dorf Vöhingen bereits im 14. Jahrhundert, als allenthalben Orte und landwirtschaftliche Flächen aufgegeben wurden, zur „Wüstung" geworden.

MÖGLINGEN

DER HEXENSTEIN

In den Schafgärten in Möglingen war früher der sogenannte „Hexenstein". Niemand wagte, zu nächtlicher Stunde an dieser Stelle vorüberzugehen, denn er befürchtete, daß er es mit den Hexen zu tun bekomme. (238)

ASPERG

DER ESEL AUF ASPERG

Ein Esel von der Mühle kam mal hinaus, lief seiner Nase nach und verirrte sich im Asperger Rathaus, ging stracks der Gerichtsstube zu und legte sich hinter den Ofen. Wie der Rathausdiener heraufkommt, sprang er wieder davon und meldete, „der Leibhaftige" liege, sage, hinter dem Ofen. Die Schreckensbotschaft kam überall herum, und keiner von den Ratsherren hatte Mut hinaufzugehen. Bald war ein großer Haufe von Leuten beisammen und jetzt wagte man es. Der Esel stand auf und kam hervor; es war Niemand anderes als des Müllers Esel. Von da an heißen die Asperger „Esel", und ich möchte es keinem raten, einen Asperger darauf aufmerksam zu machen, oder aus einem Schurz und Nastuch ein Eselsohr zu bilden. (239)

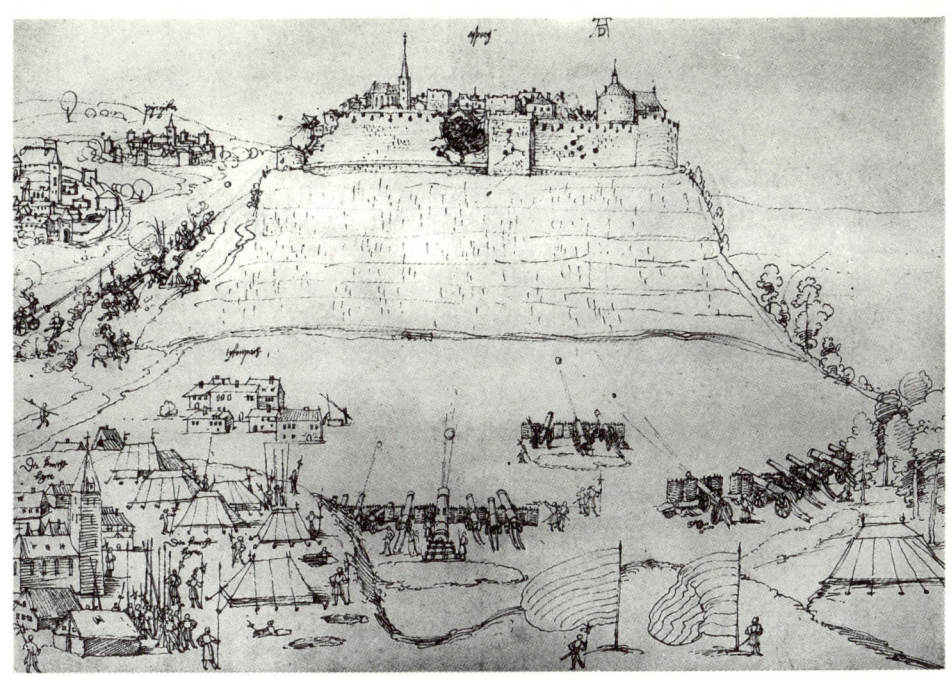

Belagerung des Hohenasperg, Federzeichnung von Albrecht Dürer, 1519

ASPERG

WARUM DIE MARKGRÖNINGER MARKUNG
BIS AN DIE ASPERGER STADTGRENZE REICHT

Vor vielen Jahrhunderten lebte auf dem Hohenasperg der Graf von Asperg. Er war reich und nannte viel Land sein eigen. Er hatte nur einen Fehler, denn er spielte über die Maßen gerne Karten. Das führte endlich dazu, daß er gezwungen war, Stück um Stück seines Besitzes zu veräußern und zu verlieren. Die Sage erzählt, daß er besonders häufig mit dem Grafen von Gröningen beim Spiel zusammensaß. Und bei diesem Spiel habe er den größten Teil der Asperger Markung an den Grafen von Gröningen verloren. Seit dieser Zeit reicht die Markungsgrenze der ehemaligen Reichsstadt Markgröningen bis an die Stadtgrenze von Asperg heran. (240)

ASPERG

WIE ENTSTAND DAS KLEINASPERGLE?

Zur Zeit der Belagerung des Hohenaspergs durch die Franzosen haben die Belagerer den Hügel künstlich aufgeworfen, um von der Höhe des Hügels aus die Festung besser beschießen zu können. In einer Nacht hätten die Soldaten in ihren Käppis die Erde herbeigeschafft und aufgeschüttet, so daß am nächsten Morgen mit der Beschießung der Festung begonnen werden konnte. (241)

Das Kleinaspergle ist in Wirklichkeit der Grabhügel eines Keltenfürsten.

LUDWIGSBURG

DAS SCHLOSS IN LUDWIGSBURG

Die Terrasse hinter dem Schloß mögen die Soldaten, wenn die Wache trifft, nicht gern beziehen. Noch in neuerer Zeit begegnete Soldaten etwas, was andere wieder nicht sahen und nicht geglaubt, von den Offizieren belacht und für leere Einbildung erklärt wurde. Einem braven Grenadier, der frei von alberner Furcht das Herz am rechten Fleck hatte, wurde auf jenem Posten zur Mittagzeit die Bärenmütze von unsichtbarer Hand ziemlich unsanft vom Kopf geschlagen. Als ihn zwei Tage später schon wieder die Wacht auf jenem Posten traf und einige Kameraden ihn nekten, daß er keine Lust haben werde dahin zu gehen, so erwiderte er: „Allerdings, und wenn der T... selbst kommen sollte."

Es war in einer kurzen Sommernacht des Augusts 1815, als die Patroulle während der Wachestunde jenes Grenadiers ihre erste Runde machte, stand er noch ruhig auf seinem Posten, war aber verschwunden als sie zum 2ten Male kam, wurde gesucht, und endlich in den tief unter jener Terrasse befindlichen Garten-Anlagen liegend gefunden, das Gewehr noch im Arme, aber in einem Zustand der Unmacht, von der er sich unter ärztlicher Hilfe erst den folgenden Vormittag recht erholte. Im Verhöre erklärte er, nichts gesehen zu haben und daß er nicht wisse, wie er hinabgekommen seie, fühlte aber

Schmerz in den Seiten und an seinem Bandeliere sah man deutliche Spuren von Fingern. Der ganze Vorfall wurde zwar möglichst verheimlicht, doch jener Posten bei Nacht von da an mit 2 Soldaten besetzt.

Als der 1811 als Schreiber zum Militär ausgehobene nachherige Rentamtmann Hagen zu L. auf jenen Posten zu stehen kam und nach der Vorschrift den Umgang um das Schloß machte, sah er auf dem Rande der Terrasse eine kleine, ganz schwarz gekleidete Mannsperson stehen und unverwandt in die Anlagen unter derselben hinabschauen. Er fand es nicht gerathen, sie anzurufen, gieng auf seinen Posten zurück und hiess seinen Kameraden den Umgang machen. Dieser aber, dem, wäre es ein lebender Mann gewesen, der schwarze Mann hätte begegnen müssen, sah nichts. (242)

LUDWIGSBURG

DER MEINEIDIGE KAUFMANN

In Ludwigsburg soll vor vielen Jahren ein sehr reicher Kaufmann gewohnt haben, welchem man jedoch nachsagte, er habe einmal einen falschen Eid geschworen. Mehrere Jahre nachher wurde der Mann krank und starb nach einem furchtbaren Todeskampfe. Die Frau des Verstorbenen hörte nun Tags darauf in der Mitternacht ein furchtbares Jammergeschrei, das immer näher und näher kam. Auf einmal aber gieng die Thüre auf, und es erschien ihr verstorbener Mann, todtenbleich und die drei Finger, welche jedoch ganz schwarz waren, wie zum Schwure aufgehoben. Er erzählte ihr hierauf das Verbrechen, welches er begangen und das er ihr lebend verheimlicht hatte. So sei er ihr alle Nacht zu derselben Stunde erschienen, so daß die Frau zuletzt wahnsinnig wurde. Auf gleiche Weise sei er allen Bewohnern des Hauses erschienen und habe ihnen seine Schandthat unter vielen Thränen erzählt und gesagt, wie schröcklich es sei, nicht sterben zu können. Durch sein häufiges Erscheinen erschrekt, hätten die Bewohner das Haus verlassen und lange Zeit sei dasselbe verödet dagestanden. (243)

LUDWIGSBURG

TOD DES HERZOGS
CARL ALEXANDER

Als der Herzog Carl Alexander in Ludwigsburg im Schloß einem Concert beigewohnt hatte, gieng er ermattet in sein Gemach, und begab sich zur Ruhe. Die Mitternachtsstunde nahte heran, da trat der Teufel zu ihm herein, kämpfte lange mit ihm und nahm ihn endlich mit sich fort. Man sagt nun, es habe derselbe seinen Weg durch die Uhrentafel genommen und um hinauszukönnen, habe er die Zahl I derselben ausgeschlagen. Schon öfters habe man seither Versuche gemacht, dieselbe wieder einzusetzen, es gelang aber keinem, in dem man derselben keinen Halt geben konnte. Man sieht daher noch heut zu Tage das sich an der Uhrentafel befindende Loch. (244)

Noch im 19. Jahrhundert beschäftigte der Tod des unbeliebten Herzogs im Jahr 1737 die Ludwigsburger Einwohner. Das Loch an der Uhrentafel war wirklich vorhanden: an dieser Stelle befand sich nämlich die Klappe zum Stellen der Uhr, was nur von außen geschehen konnte.

LUDWIGSBURG

DER UNGLÜCKLICHE SCHUSS

An der Stelle des Schlosses Monrepos stand zur Zeit des 30jährigen Krieges ein Pachtgut, mit Namen Seewiese, welchen Namen diese Gegend noch jetzt führt. Der furchtbare Krieg hatte sich noch nicht in die Nähe von Ludwigsburg gezogen und die Leute lebten noch in Frieden und in Freude. Der Pachter jenes Guts besaß ein ordentliches Vermögen und hatte seiner einzigen Tochter, welche mit einem Trompeter versprochen war, ein hübsches Heirathsgut mitgeben können. Der Trompeter lag auf Hohenasberg in Besatzung, und kam gewöhnlich Abends auf einen kurzen Besuch zu der Pachtersfamilie. So war in Freude und Vergnügen ein heiteres Vierteljahr dahin geflossen, da kam plötzlich wie ein Donerschlag aus heite-

rem Himmel die Hiobspost, daß die Schweden auf Hohen-Asberg los-
rücken, um ihn zu belagern, und zugleich sollte das Glück jener
Pachtersfamilie getrübt werden. Wenige Tage nachdem jene Nachricht
zuerst verlautet war, zeigten sich schon die Vorposten der schwedi-
schen Armee. Hohen-Asberg wurde belagert und nur mit Mühe
konnte der Trompeter manchmal einen Besuch auf der Seewiese machen. Desto zahlreicher stellten sich andere Gäste, die Schweden ein
und nahmen dem Pachter ein Stück seiner Habe um das andere weg.
Dieser aber schwur, daß er den nächsten, der sich zeige, niederschies-
sen werde und stellte sich Abends auf die Lauer. Noch war er nicht
lange auf seinem Posten, als er ein schwaches Geräusch im Gebüsche
hörte, er schoß also in der Richtung, woher der Ton gekommen war
und getroffen sank der Bräutigam seiner Tochter, welcher der Freud
[Feinde?] wegen verstohlen herbeigeschlichen war, zu Boden. Sobald
der Pachter sah was vorgefallen war, erschoß er sich mit der gleichen
Flinte, mit der er den unglücklichen Schuß gethan. Seine Tochter aber
starb aus Gram über den Tod ihres Bräutigams und ihre schauerlichen
Klagen ertönen noch jetzt, so oft man in der Nähe einen Schuß hört, an
der Stelle, wo ihr Bräutigam gefallen war. (245)

LUDWIGSBURG

DAS VEHMGERICHT

Einst, so erzählt die Sage, als das Vehmgericht noch in Deutsch-
land waltete, hauste in der Gegend der heutigen Stadt Ludwigsburg ein Graf namens Emich, welcher von Raubzügen lebte
und beinahe zu einem gemeinen Straßenräuber herabgesunken war.
Er hatte schon manche Mordthat an armen Reisenden begangen und
seine Strafe sollte auch nicht ausbleiben. Als er einst wieder durch
den Wald zog und auf der Lauer stand, nahten sich ihm einige Männer; eben wollte er sie anhalten, als sie sich für Schöffen des Vehmge-
richts ausgaben, welche gesandt seyen, um ihn vor die heilige Vehme
zu laden. Der Graf, welcher wohl wußte, daß er nichts gewinnen
würde, wenn er dem Aufgebot nicht Folge leisten würde, gieng willig
mit ihnen und gelangte so auf manchen Umwegen und durch verwor-
rene Gänge zu einer tief im Wald verborgenen Höhle. Als er eingetre-

ten war, erblickte er in einem schwarz ausgeschlagenen, schwach be-
leuchteten Raum 12 vermummte schwarze Richter vor einem Tisch,
auf welchem Schädel und Kreuz standen. Einer der Richter erhob
sich und las die Beschuldigung und das Urtheil vor, welches auf Tod
lautete. Ruhig hörte der Graf zu; als aber die Henker, welche auf einen Wink des obersten Richters herbeieilten, ihn greifen wollten, zog
er kurz besonnen sein so oft erprobtes Schwert, wand sich aus den
Händen der Henker und legte mit Einem Schlag einem der Richter
den Kopf vor die Füsse. Gleiches Schicksal theilten mit ihm noch 10
der Richter, lauter starke und handfeste Leute; den 12ten aber ließ er
wie aus Zufall entspringen und indem er sich stets an seinem langen
Gewand hielt, gelangte er so wieder ins Freie, was ihm ohne diese
List schwerlich gelungen wäre. Natürlich hatte der Ritter von dieser
Zeit an weder Ruh noch Rast und wandelt noch jetzt als Gespenst in
jenem Walde. (246)

*Keine der in diesem Buch wiedergegebenen Sagen demonstriert deutlicher den
Einfluß der Ritterromane und populären Vorstellungen über das Mittelalter auf
die vermeintlichen „Volkssagen". In der Ludwigsburger Emichsburg, einer
Nachbildung einer zerfallenen Ritterburg, saß Ritter Emich, der angebliche
Stammvater des württembergischen Hauses, der uns bereits in Beutelsbach begegnete, mit seinem Beichtvater an einem Tisch. Noch größeren Eindruck muß
damals eine Grotte bei Schloß Monrepos auf ihre Besucher gemacht haben.
Dargestellt war ein Vehmgericht. Zwölf Ritter saßen an einem Tisch, auf dem –
wie in der Erzählung angegeben – ein Kruzifix und ein Totenkopf lagen.*

NECKARWEIHINGEN

ÜBERRESTE EINSTIGER GRÖSSE

V on vielen alten Leuten hier wird erzählt, der hiesige Ort habe
sich früher weit mehr nach Osten ausgedehnt und zwar soweit,
daß die Kirche, welche nahezu am Südostende des Dorfes
steht, früher in der Mitte desselben gestanden sei; es sei aber – ob im
30jährigen Krieg oder früher kann scheints niemand behaupten und
eine Ortschronik existiert nicht – ein großer Teil zerstört und abgebrannt worden; viele behaupten, daß dies von den Türken geschehen
sei. Eine Bestätigung dieser Sage wollen viele darin erblicken, daß

man in den Auäckern, die sich gerade in dieser Richtung ausdehnen, beim Tiefpflügen oder beim tiefen Hacken schon wiederholt auf altes Gemäuer gestoßen sei, welches den Sockel von Häusern gebildet haben müsse. Die Bezeichnung des mittleren Gewandes dieser Auäcker mit dem Namen „Dukaten-Äcker" sei ein weiterer Beweis dieser Angabe. Denn man habe diese Äcker deshalb mit diesem Namen belegt, weil dort früher schon Geldstücke, angeblich Dukaten gefunden worden seien.

Eine weitere Sage geht dahin, daß auch auf der Neckarweihinger Seite (also auf dem rechten Neckarufer) einst ein Schloß in den sog. Jungen-Weinbergen gestanden haben soll, so daß also in der nächsten Umgebung von Neckarweihingen drei Schlösser gestanden wären, nämlich Harteneck, welches noch steht, Hoheneck, von dem noch Ruinen vorhanden sind und das in den „Jungen". Von diesen seien Harteneck und Hoheneck durch einen unterirdischen Gang verbunden gewesen.

Ferner wird viel von einem unterirdischen Gange gesprochen, der vom Keller des früheren hiesigen Pfarrhauses (jetzt ein Bauernhaus) in die unweit davon stehende Kapelle (jetzt Chor der gegenwärtigen Kirche) gegangen sei. Der erwähnte Keller steht noch und die Vermutung eines Ganges liegt deshalb nahe, weil manche glauben hievon sichere Spuren entdeckt zu haben. (247)

HOHENECK

DER SCHATZ

In den Weinbergen des Generals Röder bei Hoheneck stand früher ein Schloß, von dem noch jetzt Ruinen vorhanden sind, mit einem sehr tiefen Keller, in dem sich ein Schatz befinden soll. Dieser Schatz ist in einer Küste eingeschlossen und auf ihr sitzt ein schwarzer Hund, der den Schlüssel zu ihr in der Schnauze hält. Dieser Hund soll früher der Herr dieses Schloßes gewesen und wegen seiner Grausamkeiten, die er besonders auch auf der Jagd verübte, in diese Gestalt verwandelt worden sein. Wird aber jener Schatz gehoben, so ist er erlöst. Zu dieser Erlösung gehört weiter nichts, als daß einer ohne Furcht in den Keller hinabsteigt und dem Hunde den Schlüssel aus der

Schnauze nimmt. Viele wollten es schon versuchen, sobald sie aber die Treppe zum Keller betreten, ruft jemand darin „Das grüne Männchen kommt" und hat dadurch noch jeden verscheucht. Der Keller ist jetzt so verschüttet, daß nur noch eine Treppe von ihm zu sehen ist. (248)

HARTENECK

DAS HARTENECKER FRÄULEIN

Das Hartenecker Fräulein stellt sich etwa solchen, die auf dem Schloß zu tun haben, in den Weg mit der Aufforderung, daß man sie erlöse und damit sein eigenes Glück mache. Geschieht das nicht, so muß das Fräulein warten, bis eine Eichel im Walde zu Boden fällt und daraus ein Baum erwächst, aus dessen Holz man eine Wiege machen kann. Das Kind, das in dieser Wiege liegt, wird zur Erlösung des Fräuleins und zur Gewinnung eines großen Schatzes an Geld und Edelsteinen fähig sein. In einer anderen Fassung der Sage vom Hartenecker Fräulein heißt es: In der vom Geist bestimmten Nacht ertönt vor den Fenstern der Schäferwohnung in Harteneck ein entsetzliches Geheul, ein leuchtendes Feuer zeigt sich, dann wird es still; die Frau des Schäfers hat es nicht gewagt, im Stall den Hund anzufassen, der einen Bund Schlüssel im Maul trägt. (249)

OSSWEIL

DIE STRIETEMER URSCHEL

In Oßweil bei Ludwigsburg geht die Sage von der „Strietemer Urschel". Sie kommt den Neckar herauf als blaues Flämmchen bis zum großen Birnbaum hinter dem Dorf, in der Nähe des Kirchhofs. Da hält sie sich auf von Mitternacht bis gegen Morgen zur Frühglocke; geht wieder neckarabwärts, von wannen sie gekommen. Der Bergfritz von Oßweil sagte mal Abends in der Kâz, er wolle die Urschel citieren, wer sie sehen wolle. Mehrere Leute stach die Naseweisigkeit, gingen mit unter den Birnbaum. „Strietemer Urschel komm", rief

der Bergfritz und murmelte vor sich hin ein Zauber- und Banngebet-
lein. Wie der Blitz flog blau Flämmchen vom Neckar herauf und war
da. Man sah wahrhaftig nichts von der Urschel, als dies klein blau
Flämmlein, es war mitten unter ihnen drinn und blieb da. Der Bergfritz hub wieder an: „So Urschel, jetzt kannst wieder gehen!" Blau
Flämmchen ging wieder den Neckar nab. Allen kruselte es und jeder
stahl sich so schnell er konnte in's Dorf hinein heim.

Mal stahl Einer Birnen auf dem Baume, stieg hinauf. Wie er wieder herab will, da trat er auf etwas. Aber, o Schrecken, eine himmel-
hohe Gestalt stand unter dem Baume und hatte eine Art Wachstuch-
hut auf, so hoch, daß er bis an die Aeste hinanreichte. Der droben
wagte nimmermehr herabzusteigen, bis gegen Morgen bei der Bet-
glocke die Gestalt mit dem Hut verschwand. (250)

MÖNCH UND BAUER

In Aldingen lebte, wie man mir erzählte, vor etwa 300 Jahren ein
Bauer, der auf Zureden eines Mönches all sein Vermögen der Kirche vermachte. Der Bauer starb und das benachbarte Kloster, wovon jener Mönch Mitglied war, bekam das Vermögen des Bauern. Der
Sohn des Bauern, ein junger Mann von etwa 20 Jahren, beklagte sich
bei der Obrigkeit des Dorfes, konnte aber keine Gerechtigkeit erlan-
gen, worauf er beschloß, sich selbst zu rächen. Als einmal der Mönch
des Nachts allein ausging, erstach ihn der junge Mann und warf den
Leichnam in den Neckar. Nachdem er diese That vollbracht, ängstigte
ihn sein Gewissen so, daß er sich drei Tage nachher erhängte.

Aber die Geister beider haben im Grabe keine Ruh und jede
Nacht findet sich der Mönch auf dem Platze, wo er ermordet wurde,
ein, dann kommt der des jungen Mannes hinzu, ersticht jenen, zerrt
ihn dann an den Neckar und wirft ihn hinein, worauf er sich an einem
nahen Baume aufhängt.

Dieses wollen schon mehrere Bewohner des Dorfes mit angesehen haben. Den Namen des Klosters, welches den Bauer beerbte,
habe ich nicht erfahren können. (251)

ERLÖSUNG DER GEISTER VON ALDINGEN

In dem Dorfe Aldingen habe ich folgendes erzählen hören:
Vor einigen Jahren begegnete einem Manne aus dem Dorfe Öffingen, der in einem Steinbruch bei Aldingen arbeitete, vier Abende
hintereinander ein Jäger, der sich zu ihm gesellte und sich in den ersten
drei Abenden allemal über die Niederreissung einer sehr alten Kelter,
die [sich] früher auf dem Weg von Aldingen nach Öffingen befand, bit-
ter beklagte. Am vierten Abende endlich sagte er zu dem Manne: Vor
800 Jahren war die ganze Gegend um Aldingen Wald und ich war der
Förster darin. Ich hatte einen Liebeshandel mit einer Dirne, die mir ein
Kind gebar. Wir tödteten es und begruben es bei dieser alten Kelter.
Die Kelter stand zwar damals noch nicht, aber sie ist mir schon lange
bekannt, denn ich muß jede Nacht mit dem Geiste meiner Geliebten
auf dem Grabe des Kindes zubringen.

Ferner sagte er zu dem Steinhauer, er sei bestimmt ihn zu erlösen
und wenn er den Muth dazu nicht habe, so stehe es noch 800 Jahre mit
der Erlösung an. Der Steinhauer sagte, er habe Mitleid mit ihm, was er
denn thun solle, worauf der Geist antwortete: Wenn Du einwilligst, so
wird dich heute Nacht um 12 Uhr der Geist meiner Geliebten wecken
und du mußt ihm folgen und dich durch nichts irre machen lassen. Sie
wird dich auf meines Kindes Grab führen, wo du ein Vaterunser für
unsere Seelen beten mußt, dann sind wir erlöst.

Der Steinhauer willigte ein und es geschah, wie der Jäger gesagt
hatte. Er wurde um 12 Uhr aufgeweckt, aber als er in den Wald kam,
der in der Nähe der Kelter war, da seien allerlei Thiere gekommen, die
sich ihm in den Weg stellten, ferner haben gespenstige Mäher ihn mit
ihren Sensen in den Fuß schneiden wollen, aber er folgte muthig seiner
Führerin an das Grab, wo der Geist des Jägers wirklich saß. Alsbald
betete der Steinhauer ein Gebet, worauf der Jäger und seine Geliebte
in die Luft aufflogen, aber ehe sie verschwunden seien, habe der nemliche Geist gesagt: „Für dein Mitleiden wirst du reichlich belohnt werden, denn du wirst bald sterben, und im Himmel deinen Lohn haben."

Der Steinhauer ist ein armer Mann geblieben und hat sein Brod,
wie vorher im Schweiß seines Angesichts gegessen. Ob er aber seinen
himmlischen Lohn schon erhalten hat, ist mir unbekannt, denn ob er
gestorben ist oder noch lebt, kann ich nicht angeben. (252)

ALDINGEN

DAS WILDE HEER

Allgemein bekannt ist die Sage vom „wilden Heer" (Woutans Heer), das zu bestimmten kirchlichen Festzeiten durch die Lüfte dahinsause und wobei man ein Geräusch von Wagenrollen und Kettengerassel höre. Wo es Menschen antreffe, nähme es dieselben mit in die Luft. Dagegen könne man sich aber schützen, wenn man sich zu rechter Zeit zu Boden werfe und da festhalte, wenn es auch nur an einem Grashalm sei. Das unerwartete Erscheinen des Muotes (Mottes-) Heer soll Krieg bedeuten. (253)

ALDINGEN

DIE ERZWUNGENE HEIRAT

Vor mehreren hundert Jahren lebte, wie mir ein Bewohner von Aldingen erzählte, daselbst ein wohlhabender Landmann, der eine Tochter von großer Schönheit hatte. Damals gehörte das Dorf einem Freiherrn, dem dieses Mädchen so gefiel, daß er es um seine Hand bat. Sie aber wollte nicht, weil sie ihrem Geliebten, der ins Feld hatte ziehen müssen, Treue geschworen und gesagt hatte, wenn sie einen andern nähme, so solle sie der Teufel am Altare zerreißen. Der abgewiesene Gutsherr wandte sich an ihren Vater, der sie zur Heirath zwang. Als sie aber mit jenem vor den Altar trat, verschwand sie auf einmal. Nach einiger Zeit aber fand man in der Kirche ein Bein von einem menschlichen Arme und ein zerrissenes Stück Leinwand, woraus man schloß, daß der Teufel sie zerrissen habe.

(Das Bein aber und das Stück Leinwand wurde vor nicht langer Zeit noch in der Sakristei von Aldingen gezeigt.)

Der Gutsherr, der schon vorher ein harter Mann gewesen war, drückte von dieser Zeit an seine Unterthanen immer mehr. Nach seinem Tod aber hatte er, wie man sagt, keine Ruhe im Grabe, sondern mußte allnächtlich in die Kirche gehen, wo er unter großem Jammer seine Kleider von sich warf und zerriß. Um ein Uhr aber morgens sammelte er sie wieder und begab sich in sein Grab. Einer unter seinen Nachkommen hörte dieses und begab sich einmal mit Einbruch der Nacht in die Kirche. Es war ein junger Mann, der aus Prahlerei den Geist erlösen wollte. Um 12 Uhr erschien unter Wehklagen der Geist und warf alle seine Kleider von sich weg, so daß dem jungen Mann ein Strumpf an den Kopf flog. Dieser wußte vor Entsetzen nicht, was er that, nahm den Strumpf und eilte fort. Nun erschien ihm alle Nacht der Geist und bat ihn, den Strumpf in die Kirche zu legen. Dieses that er einmal ab[ends] und am andern Morgen war der Strumpf fort. Von dieser Zeit an hat man von dem Geist nichts mehr gesehen noch gehört. (254)

ALDINGEN

VELTLE

In früherer Zeit habe ein Mann hier mehrere Geister gehabt, die ihm seine Weinberge geschafft hätten. Einer von diesen Geistern habe „Veltle" geheißen, sei oft am hellen Tage erschienen und habe sich eiskalt angefühlt. (255)

ALDINGEN

EIN ERLEBNIS MIT DEM HOLZBACHGEIST

Ein junger Bauer hatte für die Schafe zu sorgen. Eines Nachts musste er noch auf einen in der Nähe des Holzbach gelegenen Acker, um dort zu pferchen. Nun wissen wir ja, dass ängstliche Gemüter glaubten, am Holzbach treibe ein Geist sein Unwesen, und niemand könne bei Nacht ohne Schaden an dieser Stelle vorbei. Einige Männer und Frauen, die an diesem Abend zufällig bei dem Bauern versammelt waren, rieten ihm deshalb dringend ab, noch bei Dunkelheit hinaus zu gehen. Ja, meinte der Bauer, er müsse aber seinen Pferch unbedingt heute Nacht richten: auch hätte er gar keine Angst. Wenn ihm aber der Holzbachgeist begegne?! Es sei jetzt kurz vor Mitternacht, er solle lieber zu Hause bleiben. Noch einmal versicherte der

202

Bauer, dass er keine Angst hätte und ging hinaus trotz der Prophezeiung, dass er am anderen Morgen bestimmt vor lauter Angst weisse Haare hätte!

Als unser Bauer gerade in die Nähe des Holzbaches kam, schlug es auf der Aldinger Kirchenuhr Mitternacht! Die Geisterstunde begann also!! Doch unerschrocken schritt er weiter, denn er glaubte ja an kein Geistlein. Doch plötzlich! ….. was war denn das? – Da sprang ihm doch tatsächlich etwas über den Weg?! Ein Holzbachgeistlein? Tatsächlich!! – Schnell entschlossen warf er den Prügel, den er eben in der Hand hatte, dem Geistlein nach und traf es auch. Nun wollte er doch sehen, wie dieses Geistlein aussah! Er ging also hin und musste die Entdeckung machen, dass das Holzbachgeistlein dieses Mal – ein entlaufener Stallhase war!

Kurz entschlossen wurde der Hase vollends tot gemacht. Der Bauer legte ihn auf einen am Weg befindlichen Steinhaufen, ging weiter, seinen Pferch zu richten und nahm auf dem Heimwege seinen „Geist" mit.

Am anderen Morgen nahm er diesen bei den Ohren und ging an das Haus der Leute, die am Abend zuvor so ängstlich gewesen waren. Nach anfänglichem Zaudern kamen sie vor das Haus, als ihnen der Bauer rief. Nicht wenig verdutzt waren sie über das Ergebnis dieser Geistergeschichte! Am nächsten Tag wurde der Hase zugerichtet und gemeinsam verzehrt! (256)

ALDINGEN

DIE „BILDÄCKER" BEIM KLINGELBRUNNEN

Zeugen aus römischer Zeit gaben Anlass zu der Sage, in früheren Zeiten sei an dieser Stelle einmal ein Schloss gestanden. Zur nächtlichen Stunde will man auch auf den Neckarwiesen die Schlossfräulein gesehen haben, wie sie bei Mondenschein ihre Wäsche aufgehängt haben. Am nächsten Morgen erzählten sich dann die Leute: „D' Schlossfräulein hent Wäsch' ufghengt, s' geit ander Wetter." (257)

DIE GEISTER AM WEIDENBAUM

Der alte Weg von Kornwestheim nach Mühlhausen führt zu einem Weidenbaum, an dem eine Quelle entsprungen ist. Nachts um 12 Uhr trafen sich die Geister an dem Weidenbaum und vollführten allerlei gruselige Hexereien. Nachdem sich die Kunde von ihnen im Dorfe immer mehr verbreitete, nahm sich ein Pfarrer von Kornwestheim ein Herz, ging nachts 12 Uhr an den Weidenbaum und predigte den Geistern. Als er seine Predigt beendigt hatte, machten sich die Geister bemerkbar, den Pfarrer überkam ein Gruseln und er rannte trapp trapp nach Hause. Seitdem scheute sich jedermann, nächtlicherweile an diesem Weidenbaum vorüberzugehen. (258)

SCHWAIKHEIM

GESCHICHTE EINER GEISTERERSCHEINUNG UND ERLÖSUNG

In dem anmuthigen Thälchen, welches das Städtchen Winnenden und das Pfarrdorf Schwaikheim im Würtembergischen verbindet, und durch welches der Zipfelbach fließt, liegt unfern eines vorspringenden Birkenwaldes nahe am Fußwege, der sich durchs Thal hinzieht, der sogenannte Teufelsbrunnen. Schon sein Name bezeichnet ihn als einen bei'm Volke verrufenen Ort, und es ist Thatsache, daß in der Nähe desselben seit vielen Jahren häufig nächtliche Lichterscheinungen beobachtet worden sind, über deren Beschaffenheit man wohl das Urtheil dahingestellt lassen dürfte, wenn nicht folgende amtlich beglaubigte Thatsache alle Zweifel über die höhere Natur derselben beseitigte.

Am 17. Januar des Jahrs 1816 wanderte der hiesige (i. J. 1839) verstorbene Bürger und Maurer J. G. F. Leibfriz von Schwaikheim, ein stiller und christlich gesinnter Mann, das Thal hinauf, um in Winnenden einige Einkäufe zu machen. Es war heller Mittag. Ohne nur entfernt an etwas Außerordentliches zu denken, das ihm hier begegnen könnte, gieng Leibfriz den Fußpfad hin, und war, wie er nachher sagte, in seinen Gedanken meistens mit seinen häuslichen Angelegenheiten beschäftigt, die er jezt vorhatte. Viele Dutzendmal schon hatte er denselben Weg sowohl bei Tag als bei Nacht gemacht, ohne, mit Ausnahme der Lichter, die auch er schon in der Nähe des Teufelsbrunnens, jedoch ohne vor denselben sich zu fürchten, aber auch ohne ihnen nahe zu treten, beobachtet hatte, etwas Außerordentliches erfahren zu haben.

Dießmal sollte es anders seyn. – Als er am Teufelsbrunnen gerade vorübergehen wollte, sah er auf dem Wege, etwa zehn Schritte vor sich, plötzlich eine nebelhafte, jedoch helle Gestalt, welche anfangs einer Dunstsäule glich, allmählich aber menschliche Form erhielt. Langsam schwebte sie auf ihn zu, und nun unterschied er deutlich ein faltenreiches, langes Gewand, den obern Theil des Kopfes verhüllt, und er konnte nicht mehr zweifeln, daß es eine Frauengestalt war. Leibfriz war ganz ohne Furcht, und betrachtete daher, stille stehend, die wunderbare Erscheinung recht genau, welche, als sie sich ihm bis auf einen Schritt genähert hatte, gleichfalls stille stand, und ihn zu beobachten schien. Ihr Angesicht schilderte er als ein sehr zartes, liebliches, übrigens sehr ernstes. – Eine Minute mochten beide so, stille sich gegenseitig betrachtend, einander gegenüber gestanden seyn, da faßte Leibfriz Muth zu einer Frage, worauf sich folgende Unterredung entspann: „Wer bist du?" „Ich bin eine unglückliche abgeschiedene Seele." Während sie diese Worte sagte, trat eine äußerst helle glänzende menschliche Gestalt, einem schönen Kinde von drei bis vier Jahren gleichend, wie aus der größeren Gestalt hervor, und blieb ruhig neben dieser stehen. – Leibfriz fragte weiter: „Was willst du von mir?" „Du allein konntest mich so sehen, wie du mich jezt siehst: andern Menschen kann und darf ich mich nicht offenbaren. Schon lange habe ich auf dich mit Schmerzen gewartet." „Was kann ich für dich thun?" „Du sollst mich erlösen von diesem Ort und von der traurigen Erde." „Wie kann ich das?" „Uebermorgen frühe acht Uhr sollst du an diesen Brunnen kommen, und hier recht brünstig und andächtig um meine Erlösung zum Herrn flehen. Ich bitte dich um unsers Heilands willen, thue mir diese Liebe. Dann – ach dann bin ich erlöst!" – Leibfriz versprach, ihre Bitte zu gewähren, worauf beide Erscheinungen in der Luft zerrannen.

Nachdem er seine Geschäfte, die ihn bis zum Abend in Winnenden aufhielten, besorgt hatte, kehrte er auf demselben Wege nach Hause zurück. Als er am Teufelsbrunnen vorbei gieng, sah er, ob er es gleich wünschte, die Gestalten nicht wieder, dagegen zwei Lichter, ein größeres und ein kleineres, welche sich in dieser Gegend lebhaft hin und herbewegten, und vernahm zugleich von dem gedachten Orte her ein ganz deutliches Stöhnen und Seufzen, was ihm, zumal, da es bereits Nacht war, grauenhaft vorkam, weßhalb er seine Schritte nach Haus möglichst beschleunigte.

Obwohl ihm von verschiedener Seite entschieden abgeraten wurde, entschloß sich Leibfriz, in Begleitung von sechs Freunden sein Wort zu halten.

Am 19. Januar frühe halb acht Uhr machte sich Leibfriz in Begleitung der gedachten Freunde auf den Weg, und bald erreichten sie die nächste Umgebung des Teufelsbrunnens, wo Halt gemacht und berathschlagt wurde, ob Leibfriz die kleine Strecke bis zur Einfassung des Brunnens allein oder in Begleitung zurücklegen solle. Zuerst wurde Lezteres beschlossen, und als Leibfriz mit zwei Begleitern an dem Brunnen angekommen war, sah und hörte er gar nichts. Sobald jedoch die Begleiter sich zurückgezogen hatten, sah er, wie jene weibliche Gestalt an der Wurzel eines Weidenbaumes, der über die Quelle hereinhieng, langsam aus dem Wasser sich erhob, und auf dessen Fläche zu stehen schien. Zu gleicher Zeit bemerkte er dicht neben sich eine schwarze, thierähnliche, abschreckend häßliche, mit wilden Augen ihn anklotzende Gestalt, vor deren Anblick er so gewaltig erschrack, daß er die Besinnung verlor, und am Rande der Quelle niedersank. Schnell sprangen die Freunde herbei, trugen ihn ins Freie, und bald kam er wieder zu sich selbst. – Nach einer Viertelstunde wurde der zweite Versuch gemacht. Leibfriz näherte sich der Quelle allein, sah abermals die Gestalt des „Fräuleins" wie er es nannte, und war im Begriff, auf die Kniee zu fallen, und das zugesagte Gebet zu verrichten, als das schwarze Thier abermals wie drohend sich ihm näherte, die Brust ihm beklemmte, und zulezt den Athem raubte, so, daß er zum zweiten Mal bewußtlos weggetragen werden mußte. „Alle guten Dinge sind drei!" sagten seine Begleiter, und trieben ihn zu einem dritten muthigen Versuche an. Dießmal ließ er sich durch die abschreckende Gestalt und die drohenden Augen des Unthiers nicht einschüchtern. Er fiel auf die Kniee, und betete geraume Zeit andächtig zum Herrn um Erlösung der leidenden Seele, die er während seines Betens öfters seufzen hörte, und neben welcher das freundliche Kind die Händchen gar lieblich wie mitbetend gefaltet hatte. – Schon während seines Gebets bemerkte Leibfriz, daß die Gestalt heller wurde, als sie ihm bisher erschienen war. Als er es beendigt hatte, sagte er zu ihr: „Nun habe ich deinen Willen erfüllt im Namen des Herrn. Er sey dir gnädig!" – Kaum hatte er diese Worte gesagt, so erhob sich die Fläche des Wassers mit dem Kinde, beide gleich lichthell glänzend, das Unthier senkte sich in die Fluthen, und Leibfriz hörte das „Fräulein" mit gen Himmel erhobenen Händen ausrufen:

„Nun Seele, schwing dich in die Höh',
Und sage dieser Welt Ade!"

Nach diesen Worten zerfloß ihre Gestalt in der Luft. Leibfriz verlor abermals die Besinnung, sank zusammen, und die Freunde, welche, obgleich in der Nähe stehend, nichts von allem Vorgegangenen gesehen hatten, eilten herbei, ihm Hilfe zu leisten. – Es war eine Art Starrkrampf, was ihn befallen hatte. Grausam eröffnete ihm einer der Begleiter die starre Kinnlade mit Verlust von drei gesunden Zähnen vermittelst eines Schlüssels: aber dennoch kam das Bewußtseyn nicht völlig zurück. Der halb Ohnmächtige mußte, unter dem Zulauf einer Menge Volks, das die Neugierde zusammengetrieben hatte, nach Hause mehr getragen als geführt werden, wo er erst seine volle Besinnung wieder erhielt, und erzählen konnte, was sich am Teufelsbrunnen zugetragen hatte.

Von dieser Zeit an, also seit 24 Jahren, hat kein Wanderer mehr ein Lichtlein am Teufelsbrunnen leuchten sehen.

1840 erschien im „Magikon", Justinus Kerners Zeitschrift für übersinnliche Phänomene, dieser Bericht, gezeichnet mit „W." Sicher handelt es sich um den damaligen Schwaikheimer Pfarrer Heinrich Werner, Autor eines Buches über „Schutzgeister", der damals mit Kerner in Verbindung stand. Am 23. Januar 1840 übergab er Kerner „etwas nicht Uninteressantes aus meiner Gemeinde" zum Abdruck im „Magikon".

Werner brachte das Geschehen mit einem Eintrag im Totenbuch von Schwaikheim zum Mai 1792 zusammen, demzufolge sich die Dienstmagd Katharina Dorothea Spörlin, die wegen ihrer verheimlichten Schwangerschaft entlassen wurde, aus Verzweiflung im Teufelsbrunnen ersäuft habe. Wem das innere Licht über die moralischen Ordnungen eines anderen (jenseitigen) Lebens aufgegangen sei, finde eine „genaue und sehr ernste Uebereinstimmung".

Abschließend gibt Werner noch Auszüge aus den amtlichen Akten über den Vorfall, den der Schultheiß am 19. Januar 1816 dem Pfarrer und dieser an das Oberamt Waiblingen meldete. Dieses ließ Leibfriz unverzüglich verhaften. Nachdem er zweimal im Verhör behauptet hatte, ein Fräulein und ein Untier, das wie eine wilde Katze aussah, am Teufelsbrunnen gesehen zu haben und daraufhin jedesmal wieder in den Turm geführt wurde, sagte er im dritten Verhör, er habe gar nichts gesehen. Werner äußert Verständnis dafür, daß Leibfriz in seiner bedrängten Lage endlich sagte, was der Oberamtmann wollte. Er schließt:

Es ist jedoch Jedermann im Ort bekannt, daß er die Wahrheit der Thatsache, wie sie oben erzählt worden ist, im Kreise von Freunden bis an seinen Tod behauptet hat. (259)

SCHWAIKHEIM

DER SCHWARZE BRUNNEN

In einem anmuthigen Thale des Württembergischen Unterlandes, welches die kleine Stadt Winnenden mit dem benachbarten Pfarrdorfe Schwaikheim verbindet, liegt unfern einem vorspringenden Birkenwalde, neben dem Fußwege, der sich längs eines Bächleins hinzieht, der sogenannte schwarze Brunnen. Schon dieser Name bezeichnet ihn als einen beim Volke verrufenen Ort, und nicht nur die ältere, sondern selbst die neueste Zeit erzählt schauerliche Vorfälle, die sich in seiner Nähe zugetragen haben sollen. So will man unter Anderem daselbst seit vielen Jahren wiederholte Lichterscheinungen bei Nacht wahrgenommen haben, über deren Veranlassung und Beschaffenheit allerdings das Urtheil nicht weit hergeholt zu werden brauchte, wenn nicht so allerlei Geschichten, unter denen nachstehende wohl eine der ältesten und merkwürdigsten ist, die von dem unheimlichen Brunnen erzählt werden, den Volksglauben immer wieder auf eine übernatürliche Erklärung dieser Visionen hingewiesen hätten.

Es handelt sich natürlich um den Teufelsbrunnen. Auf 30 Druckseiten widmet sich W. Binder in seinen „Alemannischen Volkssagen" von 1842 dem angeblichen Schicksal eines Ulmer Kaufmanns Richard am Ende des 16. Jahrhunderts. Quelle war nicht eine Schwaikheimer „Volkssage", sondern die vielgelesene Erzählung „Das Galgenmännlein" von F. La Motte Fouqué (1810). In einer Vorarbeit für seine gedruckte Sagensammlung tadelt Ernst Meier Binders Vorgehen, die paar „gute Volkssagen" durch die „Novellen-Manier entstellt und verwischt" zu haben. Ursprünglich hatte Meier vor, auch die „Sage" vom schwarzen Brunnen, auf eine „Volkssage" zusammengestrichen, in seinen

208

Band aufzunehmen, unterließ es aber dann doch. Meiers Kurzfassung ist in seinem handschriftlichen Nachlaß erhalten:

Die Sage von einem gekauften Galgenmännlein, die sich an einen Brunnen knüpft, der in dem Thälchen zwischen Winnenden und dem nahen Pfarrdorfe Schwaikheim am Fußwege liegt und der schwarze Brunnen heißt. Ein junger Kaufmann aus Ulm bringt sein Vermögen bei Spiel und Trinkgelagen durch. Ein Spanier verkauft ihm in der Noth ein Galgenmännlein, d.i. einen kleinen teuflischen Kobold, der in einem Glase eingeschlossen ist und soviel Geld herbeischafft als man haben will. Wer ein solches Galgenmännlein (auch Geldmännlein genannt) kauft, verschreibt seine Seele damit dem Teufel, wird aber frei, wenn er den Kobold verkaufen kann, nur muß er immer etwas weniger nehmen, als er selbst dafür gegeben hat. Wer ihn zuletzt um den niedrigsten Preis an sich kauft, kann ihn nicht wieder los werden. So ersteht jener Kaufmann ein solches Männlein um mehrere Dukaten, bekommt Geld im Überfluß, hat es aber bald satt und wünscht das unheimliche Ding los zu sein. Er verkauft es deßhalb, bekommt es aber unvermerkt unter andern Sachen wieder, und das wiederholt sich so lange, bis er es endlich um 1 Heller an sich gebracht hat und nun dem Teufel verfallen ist. Umsonst warf er es zu Boden, in Abgründe; es war sogleich wieder in seiner Tasche.

In seiner Verzweiflung traf er einst einen großen blutrothen Mann auf schwarzem Roß, ein Diener des Teufels, der sich längst ein Galgenmännlein gewünscht hatte und weil er ohnehin dem Teufel verfallen war, auf folgende Weise dem Kaufmann davon half. Er verabredete: er wolle dem Schenken von Limpurg in der Nähe von Schwäbisch-Hall, wenn er am folgenden Tage auf die Jagd gehe, da und da ein Unthier auf den Hals schicken; der Kaufmann solle sich bereit halten und ihn befreien. Dann solle er von dem Grafen, der ihm eine Belohnung anbieten werde, sich als Gnade ausbitten, daß er ihm in der Münze zu Hall einige Halbheller prägen lasse. Diese wolle er ihm dann auswechseln und für einen derselben das Galgenmännlein ihm abkaufen. Sobald er die halben Heller habe, werde er ihn am schwarzen Brunnen bei dem Städtchen Winnenden treffen.

Alles ging nach Wunsch. Der Kaufmann befreit den Grafen von Limpurg von einem furchtbaren Bären und bittet sich zum Dank einige Halbheller aus, die der Graf verspricht und schlagen läßt. Am schwarzen Brunnen trifft er sodann den Kobold, der ein paar Halbheller einwechselt und sodann für einen halben das Galgenmännlein an sich bringt.

Der schwarze Brunnen ist verrufen. Man sagt, daß allnächtlich der Böse hier sich sehen lasse. (260)

WINNENDEN

EINE URALTE STADT

Winneden ein Stadt samt einem Fürstlichen Schloß: Soll ein Uhralte Stadt seyn, welche von Attila zerstört, Anno 930 aber durch Christoph Frey-Herrn von Winneden widerum erbauet worden, wiewol nicht so groß, als vorhin; wie dann ausserhalb der Stadt noch Anzeigung vorhanden, von alten Gebäuen, welche allda erfunden werden. Daß alte Schloß soll von der Regis windis Vatter (von welchem bey Beschreibung Lauffen zu lesen) erbaut worden seyn, von welchem Namen Regis Windis auch dieser Ort den Nahmen Winneden solle empfangen haben. (261)

Weder die Zerstörung durch den Hunnenherrscher noch die Wiedererrichtung im 10. Jahrhundert stimmt mit der wirklichen Geschichte überein. Die (natürlich ebenfalls unhistorische) Ableitung des Ortsnamens, die schon in einem Bericht von 1535 begegnet, knüpft an die Verehrung der heiligen Jungfrau Regiswindis zu Lauffen am Neckar an.

WINNENDEN

DIE GESPENSTER DES SCHULHAUSES
ZU WINNENDEN

Wie in den meisten alten Gebäuden, so spukt es auch in dem Schulhause zu Winnenden, welches früher ein Kloster war. Bevor in dem Hause jemand stirbt, erscheint immer ein weißes Fräulein. Auch treibt ein Kapuziner, der seinen Kopf unter dem Arme trägt, als Poltergeist sein Unwesen, besonders auffallend wenn ein Unglück im Hause geschieht. Ein anderer Kapuziner leistet den Bewohnern des Hauses allerlei Dienste; er trägt Holz in die Küche, heizt die Öfen, hält große Ordnung in der Holzkammer, kehrt bisweilen die Schulen aus u.s.w. Eine merkwürdige Erscheinung findet in der Neujahrsnacht statt. Während es zwölf Uhr schlägt, sieht man ein Schwein an dem Schulhause vorbeispringen, welches den Weinwachs des kommenden Jahres anzeigt. Wird nämlich der Wein sehr gut, so zeigt sich ein Frischling, gibt es vielen Wein, so erscheint ein Mutterschwein, welches, wie manche Leute behaupten, je nach der Quantität des Weines, mehr oder weniger Ferkel bei sich hat. (262)

WINNENDEN

DIE STIFTUNG

Wenn jemand in der Kirche zu Winnenden das Bild näher betrachtet, welches einen gehenkten Menschen und zwei Ratheherren vorstellt, die an einer Tafel sitzen, auf welcher von einem Teller ein Hahn und eine Henne auffliegt, wird sich ihm da nicht die Frage aufdrangen, wie dieses seltsame Bild in die Kirche gekommen sei? Ich will es erzählen (und muß zum voraus bemerken, daß es eine Stiftung ist).

Es ist schon sehr lange, seit eine Familie, bestehend aus Vater Mutter und Sohn, eine Wallfahrt nach Santiago machten, wo sich das Grab des hl. Jacob des Schutzpatrons von Spanien, befinden soll. Wie sie nun unterwegs einmal in einem Wirthshaus einkehrten, so suchte die Magd vom Hause den Sohn dieser Familie zu verführen, und da er sie mit Verachtung zurückwies, so schwur sie ihm insgeheim Rache, und führte solche auch alsbald an ihm aus. Bevor er nemlich mit seinen Eltern weiterzog, verbarg sie in seinem Felleisen Gold und Silbergeräthschaften. Als er fort war, so zeigte sie es an und leitete den Verdacht auf ihn. Man setzte ihm nach und fand auch wirklich bei einer Untersuchung das Fehlende in seinem Felleisen. Da er keine Beweise für seine Unschuld hatte, so wurde er gehenkt. So kam es, daß seine Eltern noch länger hier verweilten. Und als sie nun endlich aufbrechen wollten, so besuchte seine Mutter noch am Vorabend vor ihrer Abreise die Richtstätte, wo sie zu ihrem Erstaunen ihren Sohn noch

Jakobspilgerlegende, kolorierter Holzschnitt, um 1460

lebend am Galken hängen sah. Dieser sagte zu ihr, sie solle gutes Muthes sein, er sei von dem hl. Jacob erhalten worden, sie solle hingehen
und es den Richtern anzeigen, damit man ihn abhole; denn nur durch
das Gericht könne er vom Galken herabgenommen werden. Sie that
wie er ihr gesagt hatte und fand die Richter beim Essen. Da sie ihnen
aber erzählte, so wollten sie es nicht glauben und sagten: Eher werde
der Hahn und die Henne, welche gebraten vor ihnen liegen, lebendig
werden und auffliegen. Dieß geschah und nun wurde der Gehenkte ab-
geholt und freigesprochen. Hierauf vollendete er mit seinen Eltern die
Wallfahrt, kehrte, nachdem er dem hl. Jacob für seine Rettung gedankt
hatte, nach Winnenden zurück und stiftete das Bild. (263)

*Eine weit verbreitete Legende über einen Jakobspilger, die auch auf dem Hoch-
altar der Schloßkirche dargestellt ist, wurde hier in eine „Lokalsage" verwandelt.*

BÜRG

DIE DREI TÜRME

Der Thurm zu Bürg wird wohl der interessanteste Rest aus den
Römerzeiten dieser Gegend seyn. Nach einer Sage standen
hier 3 solche Thürme. Es war also hier eine Hauptwache. (264)

*Hier irrte Oberlieutenant Dürrich, der im Sommer 1836 die Altertümer des
Remstals erkundete. Damals hielt man aber viele mittelalterliche Anlagen
fälschlich für römisch. Bürg, früher „Altwinnenden", war der ursprüngliche
Sitz der Herren von Winnenden.*

212

Nachweise

Mein Dank gilt den zahlreichen Archiven und Institutionen, die bereitwillig Auskunft gaben und Kopien zur Verfügung stellten, sowie den Erzähler/innen und allen anderen, die mich unterstützt haben. Namentlich genannt seien: Dr. W. Bernhardt (Esslingen), W. Gaßner (Hemmingen), R. Götz (Kirchheim), W. Hofmann (Oppelsbohm), E. Scheible (Waiblingen), Dr. G. Schöck (Stuttgart), H.-J. Sostmann (Böblingen), Dr. V. Trugenberger (Ludwigsburg), Dr. U. J. Wandel (früher Schorndorf).

Editorische Notiz: Die Texte sind im allgemeinen wortgetreu wiedergegeben worden. Schreibversehen in ungedruckten Texten wurden stillschweigend verbessert, Abkürzungen in der Regel aufgelöst. Besondere Änderungen sind in den Nachweisen vermerkt. Wo es sinnvoll erschien, wurde die Zeichensetzung modernem Gebrauch angenähert. Sofern die Sagen in der Vorlage einen Titel aufwiesen, wurde dieser fast immer beibehalten. In der Schottschen Sammlung von mir hinzugefügte Überschriften sind mit (Ü) gekennzeichnet.

Aus der mündlichen Überlieferung wiedergegebene Texte beanspruchen inhaltliche Richtigkeit, sind jedoch keine wörtlichen Nachschriften des Erzählten.

In den Nachweisen weist ein Pluszeichen (+) auf weitere, hier nicht berücksichtigte Überlieferungen zum gleichen Ort hin. Abweichende Versionen (Varianten) sind mit einem V gekennzeichnet.

Kleine Literaturauswahl zur Erzählforschung

Das Bild der Welt in der Volkserzählung, hg. v. L. Petzoldt u. a. 1993

Enzyklopädie des Märchens Bd. 1ff. (1977ff.)

FABULA. Zeitschrift für Erzählforschung 1ff. (1959ff.) (laufende Literaturübersicht!)

H. Gerndt, Gedanken zur heutigen Sagenforschung, Bayerisches Jb. für Volkskunde 1991, S. 137–145

K. Graf, Thesen zur Verabschiedung des Begriffs der ‚historischen Sage', FABULA 29 (1988) S. 21–47

K. Graf, Sagensammler vor dem 18. Jahrhundert?, Beiträge zur Volkskunde in Baden-Württemberg 4 (1991) S. 295–304

Brüder Grimm, Deutsche Sagen Bd. 1–3, hg. v. H.-J. Uther/B. Kindermann-Bieri, 1993

R. Schenda, Von Mund zu Ohr, 1993

W. Seidenspinner, Sage und Geschichte, FABULA 33 (1992) S. 14–38

Volkserzählung und Reformation, hg. v. W. Brückner, 1974

Ungedruckte Quellen

Hauptstaatsarchiv Stuttgart (= HStAS)

Staatsarchiv Ludwigsburg (= StAL), E 258 VI Unterlagen für die Oberamtsbeschreibungen

Württembergische Landesbibliothek Stuttgart
– Cod. poet. et phil. 4° 134 Albert Schott d.J.: Schwäbische Volkssagen, 2 Bde, 1847 (= Schott I, II). (Zu Schott vgl. A./A. Schott, Rumänische Volkserzählungen aus dem Banat, 1975, S. 319; E. Gerstner-Hirzel, Schweizer Volkserzählungen aus dem Nachlass von Albert Schott, 1984; M. Harris, Joseph Maria Christoph Freiherr von Lassberg, 1991, S. 363. – Die römischen Ziffern bei den Gymnasiasten, die für ihn sammelten, bedeuten die Schulklassen.)

– Cod. theol. 4° 595 Friedrich August Köhler (1768–1844), Aufzeichnungen über abergläubische Überlieferungen (= Köhler). (Zu Köhler vgl. dessen: Eine Albreise im Jahre 1790, 1984)

Universitätsbibliothek (= UB) Tübingen Mh III 16 Ernst Meier: Sammlung von Volksüberlieferungen, hier Heft 8 (von Math. Groß) und 10 (= NL Meier)

Landesstelle für Volkskunde Stuttgart
– Aufsätze von Seminaristen in ihrer Vakanz über volkstümliche Überlieferungen ihres Heimatortes 1850 (= Seminaraufsätze)
(Nach Hohenstaufen/Helfenstein 4, 1994, S. 115, wurde die Sammlung von dem Nürtinger Seminar-Rektor Theodor Eisenlohr veranlaßt.)

– Konferenzaufsätze. Ergebnisse einer Umfrage nach volkstümlichen Überlieferungen in Württemberg, meist 1900 (= KA) (Für das OA Ludwigsburg ausgewertet von Heubach 1903/11; Leonberg: OAB 2. Aufl. Bd. 1, 1930, S. 440–444)

Unterlagen aus Kommunal- und Kirchenarchiven, aus Bibliotheken sowie aus dem Deutschen Literaturarchiv Marbach

Sagensammlungen und mehrfach benutzte Quellen

Alemannia (= Al.)

E. Benz, Der Häseltrog. Sagen und Geschichten aus Schönbuch und Gäu, o.J. (1950); 2. Aufl. 1993

Beschreibung des Oberamts ... (= OAB)

J. Binder, Heimatbuch für den Bezirk Leonberg, 1924

A. Birlinger, Volksthümliches aus Schwaben Bd. 1, 1861

Ders., Aus Schwaben Bd. 1, 1874

Chr. Böhm/A. Buck/K. Fischer, Das Amtsoberamt Stuttgart, 1915

Th. Bolay, Großmutter erzählt. Volkssagen aus dem Kreis Ludwigsburg, 1957

Fr. Fezer, Unsere Heimat. Ein Lesebuch für den Bezirk Waiblingen o.J.

K. J. Fischer, Unsere Heimat. Beiträge zur Heimatkunde und Geschichte von Stadt und Kreis Esslingen, 1949

R. Haller, Erdmännle, Rogge'lupfer, Pferchschlegel. Sagen und Spitznamen aus dem Kreis Ludwigsburg, 1988

Heubach, Volkstümliche Überlieferungen im Oberamtsbezirk Ludwigsburg, Ludwigsburger Geschichtsbll. 3 (1903) S. 29–52; 6 (1911) S. 51–75

R. Kapff, Schwäbische Sagen, 1926

J. Kettenmann, Sagen im Kreis Göppingen, 3. Aufl. 1989

B. Losch, Sühne und Gedenken. Steinkreuze in Baden-Württemberg, 1981

Karl Mayer, Unter der Teck, 3. Aufl. 1920

Ders., Unter Teck und Neuffen, 1948

Ders., Sagen um Teck und Neuffen, 1972

E. Meier, Deutsche Sagen, Sitten und Gebräuche aus Schwaben, 1852, Ndr. 1983

H. Moser, Schwäbischer Volkshumor, 2. Aufl. 1981

Quellennachweis

H.-D. Mück/D. Blum, Sagen und Bräuche im Kreis Esslingen, 1985

L. Petzoldt, Schwäbische Sagen, 3. Aufl. 1993

Joh. Martin Rebstock, Kurtze Beschreibung des Herzogtumbs Württemberg, Stuttgart 1699

Sagen um Leonberg. Gesammelt, nacherzählt oder erfunden von der Klasse 6b des Kepler-Gymnasiums Leonberg, 1984

M. Wetzel, Aus uralter Zeit. Sagen vom Land zwischen Schönbuch, Schurwald und Alb, 2. Aufl. 1988

1 G. W. F. Hegel, Tagebuch, in: Gesammelte Werke Bd. 1, 1989, S. 8f.

2 Schott II, Bl. 236; kürzer Bl. 230 „Mündlich, Mai 47, nach einem Schoppengespräch niedrer Bürger" mit mytholog. Anm.

3 Schott II, Bl. 240–240v (Mühlbach VIII. 1847). V: ebd. Bl. 231. Grabstein: ebd. Bl. 253. Tschako: Meier S. 36.

4 Schott II, Bl. 256–256v (Ed. Tafel VIII. 1846).

5 Schott II, Bl. 241–241v (Otto Schönlin IX. 1847) und Bl. 249–251. Kurzfassung: ebd. Bl. 232; V: ebd. Bl. 255–255v. Vgl. K. Pfaff, Geschichte der Stadt Stuttgart Bd. 1, 1845, S. 69.

6 Schott II, Bl. 242 („Mündlich v. Hauptm. Dürrich").

7 Schott II, Bl. 243–243v („Mündl. von Hauptmann Dürrich. Merz 1847").

8 Schott II, Bl. 245–247 (Mühlbach VIII. 1847)

9 Schott II, Bl. 244–244v („Mündl. v. Hptmann Dürrich Merz 1847").

10 Schott II, Bl. 254 (Lempenau VIII. 1846) (Ü).

11 Schott II, Bl. 233–233v (Tafel IX. 1847).

12 Meier S. 205f.

13 Rebstock 1699 S. 280f.

14 Zimmerische Chronik, hg. v. P. Herrmann, 1932, Bd. 4, S. 136 (16. Jh.).

15 Die Chronik der Grafen von Zimmern, hg. v. H. Decker-Hauff/R. Seigel Bd. 2, 1967, S. 299.

16 J. Hartmann/K. Jäger, Johann Brenz Bd. 2, 1842, S. 188f. (frdl. Hinweis Dr. Ehmer). Kapff S. 160 ohne Quellenangabe.

17 B. Baader in: Anzeiger für Kunde der teutschen Vorzeit 7 (1838) Sp. 365. Danach Meier S. 199.

18 Narcissus Schwelin, Würtembergische kleine Chronica, 1660, S. 319. Vgl. H. Ehmer in: Bll. württ. Kirchengesch. 88 (1988) S. 183.

19 Fr. Panzer, Bayerische Sagen und Bräuche Bd. 2, 1855, S. 77f. Danach Birlinger 1861, S. 106.

20 Köhler S. 173–175. Aus anderer Vorlage Köhlers A. Birlinger in: Al. 4 (1877) S. 175f. (Aufzeichnung 1.9.1819, Graf von Sax als Gewährsmann genannt).

21 Schott I, Bl. 43–43v (Wilh. Alb. Zeller IX. 1847).

22 OAB Cannstatt 2. Aufl. 1895, S. 187 nach Chronik von Joh. Betz, Archivar 1648–1671. Vgl. schon Jakob Frischlin bei J. D. G. Memminger, Cannstatt, 1812, S. 69. Vgl. H. Bardua, Stuttgarter Wappen, 1973, S. 34, 39f.

23 Schott I, Bl. 281–282 (A. Tafel IX. 1847)

24 I. K. Sommer, Die Chronik des Stuttgarter Ratsherrn Sebastian Küng, 1971, S. 30 (Mitte 16. Jh.). Vgl. auch Rebstock 1699, S. 17f.

25 „Woher Würtemberg den Nahmen hat", Aufzeichnung Math. Groß, NL Meier („Aus Tham bey Margrüningen"). V: Meier S. 346f. (mit richtiger Ortsangabe).

26 Schott I, Bl. 160–163 (Pewnitzky IX. 1847)

27 Schott II, Bl. 44–44v. V: ebd. Bl. 42–42v (Hering IX. 1847); Fr. v. Breitschwert, Geschichte des Orts Mühlhausen, 1852, S. 11; KA S. 10–13 (Gedicht).

28 Schott II, Bl. 41.

29 KA (Unterlehrer Leitze) S. 13.

30 Birlinger 1861, S. 155.

31 Th. A. Faßnacht, Hofen a.N. und seine Burgruine nach Geschichte und Sage, o.J. (1887) S. 13f. Ebenso im KA Hofen. Unterird. Gang von der Engelburg: OAB Cannstatt, 1832, S. 165.

32 Faßnacht S. 14f.; KA.

33 KA (Schullehrer Höltzel) S. 12.

34 KA S. 14.

35 KA (Schullehrer Kolb) S. 14f.

36 R. Kallee in: Feuerbacher Geschichtsbll. 2 (1922) S. 6+ (Handexemplar Nachlaß Rich. Kallee, StadtA Stuttgart, frdl. Mitt. Dr. Drollinger). Vgl. Losch S. 4f.

37 Schott I, Bl. 164–165v (Wanser VIII. 1847).

38 KA (Schullehrer Fetzer) S. 27–29.

39 KA S. 32+.

40 KA S. 32f. V aus Warmbronn (zur Erklärung der reichen Pfarrgüter): KA Warmbronn S. 35f; Böhm usw. 1915 S. 99 (Plieningen).

41 Schott I, S. 78–79 (Wagenmann IX. 1847).

42 Schott II, Bl. 213–213v (Eduard Tafel).

43 R. Weißer, Sagen aus Degerloch, Bll. d. Schwäb. Albvereins 43 (1931) Sp. 45+ (frdl. Hinweis Zentralarchiv der deutschen Volkserzählung Marburg).

44 Ebd. Sp. 45.

45 Ebd. Sp. 45.

46 Ebd. Sp. 45.

47 Ebd. Sp. 46.

48 K. Klunzinger in: Württ. Jbb. 1857 II, S. 151. Danach Birlinger 1861, S. 151.

49 Eigene Zusammenfassung des Verhörprotokolls StadtA Esslingen Reichsstadt Fasc. 50 Nr. 27. Vgl. G. Jerouschek, Die Hexen und ihr Prozeß, 1992, S. 124.

50 Böhm usw. 1915 S. 96.

51 Schott I, Bl. 254–255v („Mündlich in Heumaden, Sept. 1846"). Mit mytholog. Anm.

52 KA (Schullehrer Gengenbach/Clement) S. 16.

53 Böhm usw. 1915 S. 91f.+

54 Böhm usw. 1915 S. 92+.

55 Schott II, Bl. 128 nach hsl. Pfarrbeschreibung 1827.

56 Schott II, Bl. 129 nach hsl. Pfarrbeschr.

57 Stuttgarter Stadt-Glocke 30.3.1845, S. 316–319.
Zu Munder vgl. C. Weitbrecht in: Württemberg wie es war und ist, 8. Aufl. 1898, bes. Bd. 1, S. 503–516; P. Eberhardt, Aus Alt-Eßlingen, 2. Aufl. 1924, S. 163f.; M. Gerster, Unechtes Sagengut, Württemberg 1935, S. 268–272; G. Wais, Alt-Stuttgart, 2. Aufl. 1954, S. 58–63; G. Hole, Histor. Stoffe auf dem volkstümlichen Theater Württembergs, 1964, S. 142; V. Trugenberger/G. Wieland in: Württemberg wie es war und ist, 1980, S. 251–287; O. Kies, Der „Stier von Ilsfeld", Zs. Zabergäuverein 1981, S. 68–74; Katalog W. Melchior 29, Nr. 396; Esslinger Zeitung 25.11.1993.

58 Schott II, Bl. 239–239v (Wagner d.j. IX. 1847).

59 Stadt-Glocke 30.4.1845, S. 421–423.

60 Schott II, Bl. 237–238v (Mezger IX. 1847): „zweifelhaft, s. Stadtglocke".

61 K. Gerok, Blumen und Sterne. 16. Aufl. o.J., S. 228–233.

62 Rebstock 1699, S. 274f. „1190" hsl. korr. (im Exemplar Stuttgart, WLB, w.G.oct. 2305) aus „1290". 1190 auch in der Urquelle: M. Crusius, Annales Suevici (1595/96) (dt. Bd. 1, S. 398). Weitere Versionen (frdl. Mitt. Dr. Wandel): David Wolleber, HStAS J 1 Hs. 24, S. 569; J. M. G. Roesch, Schorndorf, 1816, S. 24f.; E. Fischer, Geschichte Schorndorfs im Munde der Dichter, 1993, S. 10f. Neckreim: Moser S. 477.

63 Schott II, Bl. 197–198 (Stirm IX. 1847).

64 Gg. Rud. Widmann, D. Johannes Faust, 1599 Nachdr. 1978, S. 270. Ausgabe A. v. Keller, 1880, S. 268. Nach Ausgabe 1695 Al. 7 (1879) S. 138.

65 Schott II, Bl. 199–199v (Beunder IX. 1847).

66 Anzeiger für Stadt und Land. Amtsbl. für

den Oberamts-Bezirk Schorndorf 23.7.1861, S. 222. Vgl. I. C. Rösler, in: NWZ Schorndorfer Nachrichten 28.3.1961; danach: E. Fischer S. 11f. Die genaue Stelle verdanke ich Frau Otto, StadtA Schorndorf.

67 Seminaraufsatz (Schwarz von Unter-Urbach). Vgl. auch Meier S. 137 (Groß-Heppach).

68 Schott II, Bl. 339–340v (Schmückle IX. 1847) und 341–341v.

69 KA (Schullehrer Benz 1902) S. 18–20.

70 KA S. 20f.

71 G. Emberger-Wandel, „Man richt mich ohne Urtheil und Recht", in: Heimatbll. Jb. für Schorndorf 8 (1990) S. 82 nach HStAS A 153 Bü 97. Sprachlich von mir modernisiert. Vgl. auch Württemberg wie es war und ist. 8. Aufl. 1898 Bd. 3, S. 459–461; W. Glässner, Wolfgang Zacher und seine Waiblinger Chronik von 1666, 1983, S. 136.

72 Schott I, Bl. 233–234 und 235–235v (Schmückle VIII. 1846). Aus Zweitfassung ergänzt.

73 Seminaraufsatz (Sigle): „Mährchen". KA Winterbach S. 22+.

74 Seminaraufsatz, ebd. Vgl. auch L. Reinhard, Großheppach, 1968, S. 385 („Pfahlbühlmichele").

75 Fr. Panzer, Bayerische Sagen und Bräuche Bd. 2, 1855, S. 180f. Vgl. D. W. Sabean, Das zweischneidige Schwert, 1986, S. 203–229. Lied: A. Keller, Die Schwaben in der Geschichte des Volkshumors, 1907, S. 267–271.

76 M. Hoffmann 19.8.1847, StAL E 258 VI OA Schorndorf. Vgl. H. E. Walter in: Beutelsbach die Wiege Württembergs, 1976, S. 40–45.

77 Hoffmann ebd.

78 R. Oesterle in: 1238–1988 750 Jahre Schnait im Remstal, 1988, S. 121+.

79 KA (Schullehrer Hub) S. 18+.

80 KA S. 22+.

81 Rebstock 1699 S. 148f.

82 Oberlehrer Immanuel Hertter 1934 in: Das Ortsbuch von Rommelshausen im Remstal, 1973, S. 264+.

83 Birlinger 1861 S. 186.

84 Schott I, Bl.156–158 (Pewnitzki IX. 1847)

85 KA (Unterlehrer Wille) S. 17.

86 KA (Lehrer Ph. Dürr) S. 11.

87 M. Zeiller in: M. Merian, Topographia Sueviae, 1646, S. 213.

88 David Wolleber, Chorographia 1591, UB Tübingen Mh 6, Bl. 161v. Zur Sache K. Graf, Gmünder Chroniken im 16. Jh., 1984, S. 158.

89 Schultheiß Chr. E. Mayer (1864–1876) in seiner Orts-Kronik, Ms. Rathaus Beinstein, S. 64. Vgl. E. Rummel, Orts-Chronik 1959 ebd., S. 92; Beinsteiner Heimatblatt 1919 Nr. 7 (alles frdl. Mitt. Herr Großmann); Losch S. 45.

90 Schott I, Bl. 39–40 (H. Wagner VIII. 1846). Vgl. auch Meier S. 33 (Owen); Kettenmann S. 120 (Schlierbach).

91 Erzählerin (1993): Paula Peter, 73, Neustadt. Telefonische Auskünfte gaben Herr Fried und Herr Bindel.

92 Kapff S. 106. Auch Fezer S. 33.

93 H. Raithelhuber, Geschichte des Dorfes Hohenacker Oberamts Waiblingen, 1926, S. 15. Vgl. J. Peterke, Bittenfeld, 1985, S. 123–125. Zu „waldschenkenden Fräulein" allg. H. Jänichen, Beiträge zur Wirtschaftsgeschichte des schwäb. Dorfes, 1970, S. 211–213.

94 Jubiläumsdruck 125 Jahre Liederkranz 29./30.6.1969 (frdl. Mitt. G. Schwarz). Etwas ausgeschmückter: G. Ernst, Korb Steinreinach, 1970, S. 376f. Sage vom alten Wandersmann: Fezer S. 33f.

95 G. Ernst S. 378f.

96 G. Ernst S. 381+.

97 OAB Waiblingen, 1850, S. 171. Vgl. G. Ernst S. 478.

98 G. Ernst, S. 380. Vgl. Meier S. 177 (Möhringen).

99 Pfarrer Heuß, Pfarrbeschreibung 1855, PfarrA Oppelsbohm, S. 17f. Danach W. Hofmann, Berglen, 1993, S. 142f. V: Fezer S. 35f.

100 W. Hofmann S. 137 (nach mündl. Überlieferung). Angedeutet bei Fezer S. 35.

101 Friedrich Fezer, Chronik von Hößlinswart, 1946, Typoskript GdeA Berglen. Danach W. Hofmann S. 162. Ebenso Fezer S. 37.

102 Schott I, Bl. 258–258v (Caspart Cl. IX.)

103 Schott I, Bl. 232–232v (Beunder IX. 1847). Ebenso Meier S. 87 (Bühl).

104 Oberlieutenant Dürrich 1836, StAL E 258 VI OA Schorndorf. Spätere V ebd.; OAB Schorndorf, 1851, S. 74, 172f. A. Lämmle, Der Bezirk Schorndorf, 1909, S. 14f.

105 Tauf- und Totenbuch 1639–1737 der Kirchengemeinde Schwaikheim, S. 194f. (frdl. Mitt. H. Knapp). Die (ungenaue) Wiedergabe bei H. Holub, Das Ortsbuch von Schwaik-

heim, 1979, S. 192 ist durch Weglassung der am Anfang genannten Ortsnamen verfälscht.

106 KA (Schullehrer Stiegelmaier 1902) S. 9.

107 NL Meier. Über den Schatzfund von 1815 berichtet ein Brief von E. Schmidt an F. A. Köhler HStAS J 15 Bü 25 (lose eingelegt).

108 Seminaraufsatz (W. Waldenmeier).

109 Erzähler (31.7.1993): Herr Baisch, Landwirt, ca. 60–70. Auskunft Kreisarchäologe W. Lang, Diegelsberg. Zu Sagen über Bergstollen auf dem Schurwald vgl. M. Bräuhäuser in: Württ. Jbb. 1919/20, S. 81–104.

110 Erz. (31.7.1993): Hauseigentümer (Nr. 2), ca. 70, Landwirt. Vers nach O. Greiner, Thomashardt.

111 Erz. (31.7.1993): Otto Greiner, 92, ehem. Wirt. Vgl. auch Fischer S. 306.

112 Erz.: O. Greiner.

113 Fischer S. 309.

114 Erzählerin (28.8.1993): Anhalterin aus Hohengehren, ca. 20.

115 R. Schilling-Aichele/A. Kiesel, Chronik der Gemeinde Aichschiess-Krummhardt, 1968, S. 29. Vgl. schon Esslinger Zeitung 12.11.1960.

116 Atlas der Dt. Volkskunde. Erläuterungen NF 2, 1966–1982, S. 183 (ca. 1933). Ebenso O. Wurster, Heimat-Geschichte Plochingen, 1949, S. 480.

117 O. Wurster S. 481.

118 Erzähler (28.8.1993): August Beck, Bankdirektor i.R., 74, Schanbach. Vom gleichen Gewährsmann die Fassung bei W. Schmidt, Schurwälder Anekdoten, 1986, S. 54f.

119 Erz. (28.8.1993): Thomas Blauensteiner, 19, aus Krummhardt. Anderer Gewährsmann: A. Beck (s.o.).

120 Erz. (28.8.1993): Landwirt Scharpf, 72. V: Fischer S. 284.

121 Erz.: A. Beck (s.o.). Moser S. 205 (Schanbacher). Vgl. zur Franzosenklinge in Aichschieß Schilling-Aichele/Kiesel S. 21.

122 Fischer S. 279. Satz umgestellt.

123 H. Rath, Ortschronik der Gemeinde Aichelberg, 1956/57, Typoskript GdeA Aichwald, S. 10–11. Losch S. 16.

124 Schott I, Bl. 213–213v (Ü). V: Meier S. 279f.; Kettenmann S. 82.

125 A. Ramsperger, Das Ortsbuch von Uhingen, 1975, S. 234f.+

126 Schott I, S. 291–291v (Ergenzinger X. 1845).

127 Schott II, Bl. 142–143 (Koller).

128 O. Wurster, Heimat-Geschichte Plochingen, 1949, S. 479f.

129 Ebd. S. 479+.

130 Das Apostel- und Missionar-Büchlein. Oder: Abdias, 2. Aufl. 1835, S. 371f. Danach Birlinger 1874, S. 77f.; Petzoldt S. 97f. Zur Sache Ders., Hist. Sagen Bd. 2, 1977, S. 272f.

131 Meier S. 290. V: Fischer S. 212.

132 OAB Eßlingen, 1845, S. 203.

133 H. L. Pleibel, Handbuch der Vaterlandskunde, 1858, S. 206f.+; G. Schwab, Die Neckarseite der Schwäbischen Alb, 1960, S. 158. Vgl. M. Schuster, Der geschichtliche Kern von Hauffs Lichtenstein, 1904, S. 31f. 1817: J.D.G. Memminger, Stuttgart und Ludwigsburg, 1817, S. 44, 375.

134 Seminaraufsatz (Andr. Maner).

135 Ebd. (J. A. Keßler).

136 Mayer 1920, S. 29f. Gekürzt Kapff S. 59f. Verändert Mayer 1972, S. 13. Vgl. aber Ammer, Gab es bei Oetlingen ein (!) Ort Rot?, Beiträge zur Heimatkunde des Bezirks Kirchheim H. 3, 1930, S. 28–31, der die Begründung des Untergangs (Mayers Erfindung?) nicht kennt.

137 Rebstock 1699, S. 201f. Die Lirer-Vorlage ermittelte R. Götz in: Beiträge zur Heimatkunde des Bezirks Kirchheim NF 23 (1976) S. 3–9; Ders., Vergessene Kirchen, Schriftenreihe des StadtA Kirchheim 15 (1992) S. 37–73. Zur Heidenschaft Ders. in: Schriftenreihe 8 (1988) S. 141f.

138 Andreas Rüttel d.J. (2. H. 16.Jh.), Hess. Landes- und Hochschulbibl. Darmstadt Hs. 114, Bl. 179–179v. Vgl. auch R. Götz in: Schriftenreihe 3 (1985) S. 19.

139 Mayer 1948, S. 20f.

140 O. Wildermuth, Bilder und Geschichten aus Schwaben Bd. 1, Ges. Werke, hg. v. A. Wildermuth, o.J., S. 162f. (frdl. Mitt. R. Götz).

141 Schott I, Bl. 290–290v (Ü). Zum Haus vgl. R. Götz, Der Freihof, 1989.

142 Rebstock 1699, S. 260

143 J. Kocher, Geschichte der Stadt Nürtingen Bd. 3, 1928, S. 295+.

144 Ebd. S. 296+.

145 O. Schuster, Heimatgeschichte der Stadt Grötzingen, 1929, S. 173+.

146 M. Zeiller in: M. Merian, Topographia Sueviae, 1646, S. 85 nach M. Crusius, Annales Suevici, 1595/96. Wie Zeiller Rebstock

1699, S. 182f. Vgl. O. Schuster, S. 10f. (Gedicht).

147 O. Schuster, S. 173f.

148 Ebd. S. 175.

149 StAL E 258 VI OA Nürtingen; Gottl. Fr. Rößler, Beyträge zur Naturgeschichte des Herzogthums Wirtemberg Bd. 3, 1791, S. 103. 1803 und Wohnhaus: Sapper in: Württ. Vjh. 12 (1889) S. 114, 116. Vgl. M. Schuster, Der geschichtliche Kern, S. 30; H. Müller, Literaturreisen. Der Neckar, 1994, S. 85–93.

150 Moser S. 89. Vgl. auch Fischer S. 186f.

151 Schott I, Bl. 141–143 (Pewnitzky IX. 1847). Vgl. G. Grimm, Das Mädchen von Esslingen, Esslinger Studien Zs. 18 (1979) S. 167–186.

152 Schott I, Bl. 286–286v (Pewnitzki VII. 1846). V: ebd. I, Bl. 127; P. Schüz, Eßlingen a. N., 1908, S. 26; Kapff S. 97f. 1812: J.D.G. Memminger, Cannstatt, 1812, S. 230f.

153 Joh. Jak. Keller, Beschreibung der Reichsstadt Eßlingen und ihres Gebiets, 1798, S. 118. Beutau: P. Eberhardt, Aus Alt-Eßlingen, 2. Aufl. 1924, S. 20.

154 P. Eberhardt S. 63f. (hiernach zit.). Die Akten im StadtA Esslingen Best. Reichsstadt Fasz. 73/11 (frdl. Mitt. Dr. Bernhardt).

155 Schwäbisches Archiv, hg. v. Ph. W. G. Hausleutner 1 (1790) S. 264f. Küfergeselle: K. Pfaff, Geschichte der Reichsstadt Eßlingen Bd. 1, 1840, S. 502; Fischer S. 193.

156 Birlinger 1874, S. 26 nach dem „Rechenmeister" S. 171 (1. H. 18. Jh., nicht ermittelt). Die gleichnamige Erzählung von Hermann Kurz abgedruckt: Eßlinger Chronik 5 (1929) S. 144–155.

157 G. R. Widmann, D. Johannes Faust, Nachdr. 1978, S. 116f. Ausgabe A. v. Keller 1880, S. 160f. Nach Ausgabe 1695 Al. 7 (1879) S. 138. J. Manlius, Locorum communium collectanea, 1566 (II,2; S. 190f. – frdl. Mitt. Dr. Rhein, Bretten). Weitere Nachweise: Volkserzählung und Reformation, 1974, S. 451, 484, 681.

158 Meier S. 178–180 („Mündlich aus Eßlingen").

159 K. Fischer, Warum die Eßlinger Zwiebel heißen. Eßlinger Geschichten und Sagen aus alter Zeit, Eßlinger Heimatbll. in: Eßlinger Zeitung 7.5.1938. Ebenso Fischer S. 199.

160 Fischer S. 193.

161 J. Ph. Glökler, Land und Leute Württembergs Bd. 2, 1861, S. 250. V: Birlinger 1874,

162 KA (Lehrgehilfe F. Seybold) S. 28.

163 Meier S. 57 („Mündlich aus Berkheim").

164 Kapff S. 34.

165 Schott I, Bl. 102–103v (Ed. Müller VIII. 1847). Vgl. H. Werner, Kloster Denkendorf, 3. Aufl. o.J. (ca. 1980), S. 46.

166 KA (Schullehrer Deuffner) S. 61.

167 Meier S. 91 („Mündlich aus Neuhausen").

168 W. Böhringer/H. M. Murr, Das Ortsbuch von Sielmingen im Kreis Esslingen, 1974, S. 240f.+

169 Ebd. S. 41.+

170 Heimatbuch Bonlanden, 1970, S. 22.

171 M. Bürkle, Orts-Chronik von Plattenhardt, 1891 (schlecht erhaltenes Exemplar und masch. Abschrift im PfarrA) S. 54f. Sagenkranz: S. 4. Einige Nacherzählungen: H. E. Walter, Das Ortsbuch von Pl., 1969, S. 166–174.

172 Bürkle S. 49f.+. Hochdt. bei Fischer S. 267+ (Vogelstimme!). Kapff S. 32 (Nellingen, Öschelbronn). Vgl. auch Meier S. 248.

173 R. Weißer in: Denkmale der Filder aus vergangenen Tagen, 1929, S. 72 nach Bürkle S. 4–9. Ausführlicher Böhm usw. 1915 S. 85f. und Walter S. 162f. Vgl. auch Losch S. 18 u. Hinweis Schott II, Bl. 127.

174 A. Murthum, Altertümer auf Markung Echterdingen, 1935, Typoskript StadtA Leinfelden-Echterdingen, S. 5 (frdl. Hinweis Dr. Klagholz) nach Böhm usw. 1915 S. 80+. V: Kapff S. 36. Schanze Federlesmad 1830 als Riesenwohnung bezeugt: StAL E 258 VI OA Stuttgart Amt.

175 Schott II, Bl. 305 („Mündl. v. Wa. – Oct. 1846").

176 O. Springer, Geschichte der altwürttembergischen Landstadt Waldenbuch, 1912, S. 168f.

177 KA (Schullehrer Hettich).

178 Herm. Kayser in: Böblinger Bote 1850 S. 228 (frdl. Mitt. H.-J. Sostmann). Bobilo: NS-Kreiszeitung 27.2.1943; Benz S. 17f. Dagersheim: künftig R. Janssen in: Herrenberger Studien 1, 1994.

179 Schott I, Bl. 70–70v (v. Osten Cl. 9 1845).

180 KA (Oberlehrer Wandel, 1899) S. 3f.

181 KA S. 3.

182 Schott I, Bl. 67–68 (E. Tafel v. Stuttgart VIII. 1846)

183 E. Kläger, Böblingen im Banne des Aberglaubens, 1991. Gespenstergeschichte 1724: HStAS A 209 Bü 517. Vgl. auch E. Kläger, Böblingen, 1979, S. 93–95.

184 G. Schwab: Gedichte. Sammlungen XI ohne Titel 1829, Deutsches Literaturarchiv/Schiller-Nationalmuseum Marbach, Signatur: 1805 (von fremder Hand). Ohne Str. 1 gedruckt: W. Schulze, Gustav Schwab als Balladendichter, 1914, S. 59–61. Zweitfassung (1829): G. Schwabs Gedichte, 1882, S. 307–309. O. F. H. Schönhuth, Die Burgen, Klöster, Kirchen und Kapellen Württembergs Bd. 1, 1860, S. 149–151; ders., Chronik der Stadt und des Stifts Sindelfingen, 1864, S. 12–14. Winnenden: G. Börner, W. in Sage und Geschichte, 1923, S. 129. KA (Schullehrer Lamparth); Benz S. 26.

185 Schönhuth, Die Burgen Bd. 1, 1860, S. 148f.

186 Bericht Conz 14.5.1836, StadtA Sindelfingen A 1513. Danach H. Weisert, Der Sindelfinger Kuchenritt, in: Festschr. für Walther Bulst, 1960, S. 307.

187 KA (Schullehrer Lamparth) S. 20f. Birkhuhn: Kapff S. 157f. Weiteres bei Benz S. 91–95. Martertal schon OAB Böblingen, 1850, S. 88; Böhm usw. 1915, S. 93. Oberes Tor B.: A. Fischer in: Böblingen, 1953, S. 214.

188 KA S. 21.

189 KA S. 18.

190 KA S. 17.

191 KA S. 17.

192 Johann Wilhelm Löher, Chronik (17. Jh.), Hs. StadtA Sindelfingen B 471, S. 311 (nach Abschrift Dr. Burr). Verändert: Benz S. 106.

193 J. Hartmann in: Schwäbische Kronik 1881, S. 978.

194 K. Doll in: Al. 7 (1879) S. 148. „Althengstett". Schreibweise „im" in „ihm" geändert.

195 K. Doll in: Al. 7 (1879) S. 148f. „Mündlich aus Döffingen". Schreibweise „im" in „ihm" geändert.

196 KA (Pfarrer Bilfinger) S. 23+.

197 OAB Böblingen, 1850, S. 189.

198 KA (Schullehrer Bernhard).

199 Mitteilungen d. Heimatvereins Weil der Stadt 1 (1950) Nr. 5; (Ph. L. H. Roeder), Geographisches Statistisch-Topographisches Lexikon von Schwaben 2. Aufl. Bd. 2, 1801, Sp. 1077. Namen 1900: KA (Stadtpfarrer Haecker) S. 7.

200 KA (Stadtpfarrer Haecker) S. 6.

201 Binder S. 122 („Mündlich: Christiane v. Au, geb. Kalb von Renningen").

202 Schott II, Bl. 98–98v (Tafel) (Ü).

203 KA (Lehrgehilfe Schüle) S. 30f.

204 KA S. 35+.

205 KA S. 37.

206 KA S. 36f.

207 KA S. 37f. V: Binder S. 120.

208 Birlinger 1861, S. 24f.

209 Binder S. 120+.

210 F. Bühler, Heimatbuch Leonberg, 1954, S. 253+.

211 Ebd. S. 253. V: Binder S. 119. Vgl. K. Fröschle, Eltingen, 1982, S. 255.

212 PfarrA Leonberg-Eltingen Kirchenkonventsprotokolle 1736–1776, S. 90 (frdl. Mitt. Dr. Trugenberger).

213 Hermann Dreher, Ortschronik 1904, Ms. StadtA Gerlingen, S. 9.

214 Glems- und Würmgauzeitung 15.8.1919 Nr. 190. Binder S. 118.

215 Haller S. 40. Quelle nicht ermittelt.

216 KA (Schullehrer Nonnenmacher) S. 44.

217 KA S. 44f.

218 KA S. 47.

219 KA S. 45+. Auch Haller S. 41.

220 KA S. 49f.

221 KA S. 49.

222 W. Irtenkauf in: Ditzinger Heimatbll. 1971 Nr. 1, S. 7 ohne Quellenangabe. Quelle nicht ermittelt. Ebenso Heimatbuch Münchingen, 1973, S. 154.

223 Rebstock 1699, S. 296f.

224 Brief Werner Gaßner, Hemmingen, Anfang Dezember 1993. Erster Satz umgestellt. Geschichte vom Spitzengeist im Stil einer „Sage der Vorzeit" von Hauptlehrer L. Speidel, Glems- und Würmgauzeitung 1910 Nr. 264–273, zusammengestrichen bei Binder S. 116.

225 Brief W. Gaßner.

226 Ebd.

227 Ebd. (kleine Umstellung).

228 Ebd.

229 KA (Schullehrer Heubach) S. 23f. Verändert Bolay S. 95f.

230 KA S. 25. Verändert Bolay S. 16.

231 „Nippenburg bey Schwiebertingen", Aufzeichnung Math. Groß, NL Meier.

232 Ebd.

233 Schott II, Bl. 211–212 (Tafel IX. 1847)

220

234 NL Meier („Von einem Schäfer, der bei der Preisvertheilung mitwürkte aus Thamm"). Ähnlich schon Heyd (1829), vgl. Der Markgröninger Schäferlauf, hg. v. E. Tomschik, 1971, S. 4f., 27.

235 KA (Schullehrer Grieb) S. 10.

236 Schott II, Bl. 14–15 (Fr. Schmückle VIII. 1846).

237 Willi Müller in: Hie gut Württemberg 10 (1959) S. 68. An den Absätzen gekürzt. Teilquelle: A. Rentschler in: Gemeindeblatt (Ausgabe Möglingen) 1930 (frdl. Mitt. A. Seybold). Vgl. auch KA Schwieberdingen S. 25.

238 Bolay S. 90+.

239 Birlinger 1861, S. 450. Vgl. Moser S. 63.

240 Bolay S. 105. V: Atlas der Dt. Volkskunde. Erläuterungen NF 2, 1966–1982, S. 183 („Hummelberger" verspielt Gewann).

241 Bolay S. 104. Gekürzt.

242 Köhler S. 199–200. Danach H. Bausinger, Düsteres Barock. Teufelsspuk im Ludwigsburger Schloß, Hie gut Württemberg 6 (1955) S. 38. Vgl. auch J. Kerner, Das Bilderbuch aus meiner Knabenzeit 2. Aufl. 1886, S. 143f. sowie die in der Ludwigsburger Zeitung vom 30.5.1936 S. 3 zitierten Lebenserinnerungen Obersts von Schäffer (konnten nicht ermittelt werden).

243 Schott I, Bl. 341–341v (Enzberg VIII. 1846). Ebenso Bl. 343–343v.

244 Schott I, Bl. 344. V: ebd. Bl. 342–343v (Maucler VIII. 1846). Vgl. Chr. Belschner, Ludwigsburg im Wandel der Zeiten, 2. Aufl. 1936, S. 122–124; Th. Kerner, Das Kernerhaus und seine Gäste, 2. Aufl. 1897, S. 295f.; Bausinger a.a.O.

245 Schott I, Bl. 345–346v (Häring IX. 1847).

246 Schott I, Bl. 339–340v (Häring IX. 1847, „Mündlich aus der Gegend von Ludwigsburg") (Ü). Emichsburg: J.D.G. Memminger, Stuttgart und Ludwigsburg, 1817, S. 433f. Vehmgericht: Zs. württ. Landesgesch. 51 (1992) S. 284.

247 KA (Schullehrer Klein) S. 28f.

248 Schott I, Bl. 259–259v (C. A. Zeller IX. 1847). Vgl. R. Stein, Chronik von Hoheneck im Oberamt Ludwigsburg, 1921 S. 174.

249 R. Stein S. 174+.

250 Birlinger 1861, S. 284f+.

251 Schott I, Bl. 1–1v (Richard Hetsch VIII. 1846) (Ü).

252 Schott I, Bl. 10–11v (Hetsch VIII 1846).

253 KA (Schullehrer Kipple) S. 29.

254 Schott I, Bl. 2–2v (Richard Hetsch VIII. 1846) (Ü).

255 KA S. 29f.+

256 Else Maier, Kleine Geschichten und Begebenheiten aus Aldingen, Typoskript ca. 1940, GdeA Remseck. Verändert Bolay S. 147f.

257 Maier, ebd. Danach Bolay S. 61f.

258 Bolay S. 52, 54 („Mitgeteilt von V. Stemmler").

259 Magikon 1 (1840) S. 162–169. Brief 23.1.1840: Marbach, SNM KN 7480 (frdl. Hinweis Dr. Simon). Totenbuch 1738–1807, S. 81. Vgl. auch G. Börner, Winnenden in Sage und Geschichte, 1923, S. 348–350; OAB Waiblingen, 1850, S. 203.

260 W. Binder, Alemannische Volkssagen, Geschichten und Mährchen, 1842, S. 51f. NL Meier. Vgl. auch Meier S. VII (zur seitengl. Ausgabe: Schwäbische Volkssagen, 1845). F. de la Motte Fouqué, Romantische Erzählungen, 1977, S. 5–33.

261 Rebstock 1699, S. 329. 1535: HStAS A 4 Bü 41a Nr. 14.

262 Schott II, Bl. 337 (Jul. Caspert IX. 1843–44). Vgl. G. Börner, Winnenden in Sage und Geschichte, 1923, S. 100.

263 Schott II, Bl. 338–338v (Maehrle Cl. VIII). Vgl. Börner S. 116f.; Volkserzählung und Reformation, 1974, S. 222f.; Schwert und Rose. Kat. Schloß Tirol 1994, S. 105.

264 StAL E 258 VI OA Schorndorf.

221

Sachgruppen

Die Zahlen bezeichnen die Nummern der Texte. Eine erschöpfende Aufschlüsselung nach Motiven und Erzähltypen, insbesondere ein vollständiges Register aller Gespenster, darf hier nicht erwartet werden. Aber: ein subjektives Register ist allemal besser als gar keines.

Ortsverzeichnis

Die Zahlen bezeichnen
die Seiten.